l'esprit d'ouverture

Retrouvez-nous sur la page Facebook
de l'Esprit d'ouverture :

www.facebook.com/esprit.douverture

Inscrivez-vous à la newsletter : recevez des informations en avant-première sur les nouvelles parutions, découvrez les coups de cœur du directeur de collection, Fabrice Midal, et participez aux jeux-concours et autres surprises exclusives. Connectez-vous sur :

www.espritdouverture.fr, rubrique newsletter.

DOG MÉDECINE

Vous pouvez consulter le site de l'auteur à l'adresse suivante :
www.byjuliebarton.com

JULIE BARTON

DOG MÉDECINE

Traduit de l'américain
par Chloé Royer

belfond

Titre original :
DOG MEDICINE
How My Dog Saved Me From Myself
publié par Think Piece Publishing (USA)

Édition publiée en accord avec Marly Rusoff Literary Agency of Bronxville, New York, USA, par l'intermédiaire d'Anna Jarota Agency of Paris, France.

Retrouvez-nous sur www.belfond.fr
ou www.facebook.com/belfond

Éditions Belfond,
12, avenue d'Italie, 75013 Paris.
Pour le Canada,
Interforum Canada, Inc.,
1055, bd René-Lévesque-Est,
Bureau 1100,
Montréal, Québec, H2L 4S5.

ISBN 978-2-7144-7431-5

Belfond | un département **place des éditeurs**

place
des
éditeurs

À Greg, papa et maman,
et à Bunker, encore et toujours

« La fonction vitale que remplissent en ce monde
les animaux de compagnie n'est pas encore
reconnue à sa juste valeur.
Ils protègent la santé mentale de millions de gens.
Quand vous caressez un chien,
quand vous écoutez le ronronnement d'un chat,
il arrive que vos pensées se figent en vol
et qu'apparaisse en vous une sérénité sans bornes,
un portail vers l'Être. »

Eckhart TOLLE

« Écoute avec l'oreille de ton âme, à présent,
Car telle est la mission des histoires. »

Clarissa PINKOLA ESTÉS

Femmes qui courent avec les loups

Prologue

Voici ce que je crois : alors que j'étais au plus mal, l'Univers m'a envoyé le salut sous la forme d'un chien. Certaines personnes trouvent cette idée risible, infantile, bizarre ou idiote. Ce n'est pas grave. D'autres hochent la tête et comprennent parfaitement ce dont je parle.

Depuis plusieurs années, je couche sur le papier les souvenirs que je garde de mon cher Bunker. J'ai écrit ce livre afin de partager un peu de sa sagesse, car elle a été pour moi un véritable remède.

Merci de me faire confiance pour vous guider sur ce chemin. Que vous ayez un chien, un chat, un cheval ou quelque autre animal que ce soit, j'espère sincèrement que vous vous reconnaîtrez dans ce récit. C'est mon histoire, mais je ne pense pas me tromper en supposant que, si vous avez choisi ce livre, la vôtre y ressemble beaucoup.

Première partie

POINT DE RUPTURE, NEW YORK CITY

16 avril 1996

Six pâtés de maisons seulement séparaient le métro de mon appartement, mais je n'étais pas sûre de pouvoir franchir la distance. Je me suis concentrée sur le sol : le lino crasseux de la ligne 4, les marches constellées de vieux chewing-gums qui montaient vers la 86e Rue, les remous de la flaque noirâtre au coin de Lexington et de la 85e. Je m'étais installée à Manhattan presque un an plus tôt, une semaine après avoir décroché mon diplôme universitaire dans l'Ohio, et je travaillais comme assistante d'édition dans une maison de SoHo. Mon nom figurait dans les remerciements de deux livres. D'après mon patron, j'étais la meilleure assistante qu'il ait jamais eue. J'avais réuni assez d'argent pour payer à temps mon loyer et mes factures. J'avais des amis attentionnés, des parents qui me soutenaient et voulaient me voir réussir. Et j'étais au bord de la crise.

Quelques rues à peine après la sortie du métro, des pensées sanglantes ont commencé à m'assaillir : *Passe sous les roues de ce taxi qui file sur Lexington Avenue. Jette-toi devant le bus qui arrive en face.* Ce n'étaient pas des voix dans ma tête, mais des pensées incontrôlées, des pensées affreuses que je n'arrivais pas à maîtriser.

En me croisant dans la rue, vous auriez vu une femme d'une vingtaine d'années aux traits tirés. Vous auriez probablement pensé que j'avais la gueule de bois ou que je n'avais pas mangé le moindre légume depuis des mois, ce qui, dans le cas des légumes, était assez proche de la réalité. Plutôt grande, je portais majoritairement des chemises amples sur une longue jupe noire, et mes vieilles Doc Martens coquées. Mes cheveux, autrefois blonds et longs jusqu'au milieu du dos, étaient grossièrement coupés en dessous de mes oreilles et avaient pris une teinte marron qui semblait presque grise dans les reflets des vitrines – séquelles d'une bouteille de teinture achetée à la pharmacie pour trois dollars.

J'ai tourné au coin de la 82e Rue, dépassé les immeubles de grès avec leurs baies vitrées et leurs lourdes portes, puis l'école élémentaire PS 290 où je n'apercevais que rarement des enfants. J'ai monté les quelques marches menant à mon appartement au rez-de-chaussée, passé deux portes fermées à clé et déverrouillé encore trois serrures avant de me retrouver enfin seule. J'ai poussé le verrou derrière moi. Mon appartement sentait la poussière et le lait tourné. Pour un tout premier logement, il n'était pas si mal : deux petites pièces sur deux niveaux, reliées par un escalier en bois assez raide. Dans celle du haut, un mur de briques nues faisait face à un minuscule coin cuisine. En bas, on avait ménagé juste assez d'espace pour une salle de bains et une chambre, sombres et humides, dont les fenêtres situées à un mètre cinquante du sol ne laissaient voir que les jambes des passants.

Il n'y avait pas de meubles dans le salon, juste la chaîne stéréo que j'avais depuis le lycée, et à côté d'elle une pile écroulée de CD et de cassettes : Van Morrison, Ani DiFranco, Tori Amos, Big Star, Ella Fitzgerald, Metallica. Leur musique me tenait compagnie aux heures les plus sombres. Sans elle, dans le silence, je n'entendais que les pensées qui traversaient mon crâne, des pensées que je ne remarquais pas plus que je ne les remettais en question, des pensées qui me disaient que j'étais inutile, moche, bête et faible. Qu'il n'y avait rien de bien en moi. Que je ne méritais pas de vivre.

J'ai mis de l'eau à bouillir pour les pâtes : allumer la cuisinière électrique, remplir une casserole au robinet et la poser dessus. Un tel acte peut sembler trivial, mais ce jour-là, il m'a semblé aussi dur que soulever un rocher. Récemment, les tâches quotidiennes étaient devenues extraordinairement difficiles. Mettre des chaussures. Boutonner une chemise. Se réveiller le matin. Je suis restée debout devant la casserole, les yeux fermés.

Puis je me suis assise par terre, sans lâcher ma cuillère en bois. Je ne sais toujours pas si j'étais consciente de ce que je faisais ou non. En tout cas, je m'en souviens. L'eau s'est mise à bouillir. Des gouttelettes brûlantes ont sauté en grésillant sur les plaques chauffantes. J'ai cligné des yeux, posé une main à plat sur les lattes poussiéreuses, et je me suis laissée glisser jusqu'à me retrouver étendue sur le plancher usé de la cuisine. Ma paupière gauche tressautait.

Je me voyais comme un robot qui tombe en panne de batterie, une marionnette avec deux fils cassés. Il fallait que j'atteigne le téléphone. J'avais besoin d'aide. Il se passait quelque chose de grave. Je me rendais vaguement compte que le sol de la cuisine était un drôle d'endroit où s'endormir. Puis j'ai remarqué une vieille tache de sauce brunâtre sur la porte du frigo, une ancienne coulure qui avait séché. Je l'ai regardée avec attention parce qu'elle n'avait rien à faire là. Je n'avais rien à faire là. La tête sur le bras, un mouvement convulsif du dos, et j'ai disparu.

Tous les sons se sont mués en un gigantesque écho : les klaxons dans la rue, les battements d'ailes des pigeons, les pas et les voix des passants, le vrombissement du réfrigérateur. Immobile, engourdie, je me répétais : *crise de nerfs, crise de nerfs.* Les mots se répercutaient dans ma tête comme une triste litanie, un disque rayé. *Pas la peine d'en faire un drame*, ont continué les pensées. *Ce n'est pas une crise de nerfs. Tu es une merde, c'est tout. Va te pendre. Accroche une corde quelque part, passe-la autour de ton cou et saute.*

Avant New York, j'avais toujours vécu dans l'Ohio. Je m'étais lassée du Midwest, de ses horizons s'étendant à perte de vue et du silence de ses nuits noires. Je ne m'y sentais jamais complètement à l'aise. J'ai passé la majeure partie du lycée et de l'université à me dire que j'étais tout simplement née au mauvais endroit. À force de regarder la télévision, je me suis persuadée que j'étais une fille des villes, pas des champs. Simple erreur de géographie. Je ne pouvais pas attribuer mon malaise à mes parents et leur couple harmonieux. Je me disputais beaucoup avec mon frère, et violemment, mais je pensais que c'était normal. Il m'a fallu cette dépression et plusieurs années de thérapie pour comprendre que ça ne l'était pas.

Ma vie citadine avait plutôt bien commencé. Puis une connaissance m'avait appris que le garçon avec qui je sortais depuis ma troisième année de fac, Will, avait couché à droite à gauche pendant que je terminais mes études. Il était censé attendre à New York que je le rejoigne afin de commencer notre vie ensemble. J'ai exigé une explication ; nous nous sommes déchirés pendant des semaines avant de rompre. Il faisait partie d'un groupe et a déclaré qu'il avait besoin de se concentrer sur sa musique. C'était cliché et je le savais, mais la mort de notre histoire d'amour m'a profondément blessée. Will était mon ancre, et je l'avais perdu. Je ne pouvais me sentir bien que lorsqu'un homme m'aimait, et il fallait que ce soit lui. Will. Aucun autre. Les autres hommes me faisaient peur. J'errais seule dans la ville avec l'impression que je n'avais plus nulle part au monde où me réfugier. Et là, après des semaines de silence, Will m'appelait à trois heures du matin pour demander s'il pouvait venir, si on pouvait parler. Je disais toujours oui, et je me retrouvais toujours au lit avec lui, pleine d'un désir et d'un manque si immenses que j'étais attirée par lui comme par un aimant. Quand notre relation s'est aigrie et a commencé à saper mes émotions, j'ai failli ne jamais m'en relever.

Le choc culturel qu'a constitué la vie citadine, couplé à cette rupture difficile, a montré clairement que quelque chose n'allait pas chez moi. Ce n'était pas seulement dû à ma jeunesse, mon manque de confiance en moi, ma naïveté et mon cœur brisé. Ni au fait que mon petit ami m'ait préféré d'autres femmes et son groupe de rock. Non, quelque chose de sombre et d'immuable était à l'œuvre dans mon esprit.

Ma colocataire, Leah, avait quitté Manhattan quelques semaines avant le début de cette histoire, et à l'époque j'étais persuadée que son départ un peu hâtif était ma faute. On s'était rencontrées à la fac et on avait ensuite décidé d'habiter ensemble à New York, davantage par esprit pratique que par véritable affinité. Elle était belle, gracieuse, petite et blonde avec des yeux bleu azur. Son petit ami, à elle aussi, avait fini ses études un an avant elle et l'attendait dans la Grande Pomme. Après quelques mois, ils se sont séparés également, mais elle n'a pas eu l'air d'en souffrir. Elle a continué sa vie comme si lui seul avait perdu au change. Moi, ma rupture avec Will m'avait plongée dans le désespoir. J'étais obsédée par ce qu'il faisait, avec qui il était, au point d'en devenir distraite et imprévisible, de très mauvaises qualités pour une amie.

Quand je me suis réveillée, je ne voyais que du gris. J'ai passé mes mains devant mes yeux pour vérifier si j'avais vraiment perdu la vue. Mes doigts étaient à peine décelables à travers un épais brouillard. Je me suis mise à tousser. C'était comme si mes poumons étaient remplis de coton brûlant. Une odeur lugubre flottait, semblable à celle du charbon qui se consume. J'ai agité le bras, et le dos de ma main a heurté le réfrigérateur. J'ai senti la tache qui n'avait rien à faire là.

Une odeur de fumée. La respiration sifflante, je me suis traînée du frigo à la cuisinière. Si mon appartement avait eu un détecteur de fumée en état de marche, l'alarme aurait été en train de hurler. J'ai éteint les plaques et écouté les crépitements de la casserole avant de me rallonger et de sombrer à nouveau.

À mon réveil, le soleil brillait. J'entendais des klaxons. C'était le matin.

Chez moi. Il faut que j'appelle chez moi. À travers une brume encore enfumée, je me suis rendu compte que je sanglotais. J'avais passé la nuit sur le sol de la cuisine. Je toussais et sifflais, les dents serrées. Le chagrin s'est emparé de moi avec une telle force que j'ai craint qu'il ne me pulvérise en un million de molécules. Le sentiment de solitude atroce, indescriptible, qui rôdait sous ma peau depuis si longtemps avait fini par prendre le dessus. Pendant que je pleurais, les pensées ont surgi : *Espèce d'idiote. Lève-toi et va bosser, comme le reste du monde. Qu'est-ce qui te fait croire que tu peux rester allongée par terre toute la journée ?*

Je me suis réveillée à nouveau, sans le moindre souvenir de m'être endormie. J'ai rampé en m'aidant de mes coudes, un bras après l'autre, en m'arrêtant pour pleurer et tousser, puis je suis de nouveau tombée dans le sommeil. C'était un tel soulagement. J'étais si fatiguée.

En milieu de matinée, alors que la fumée s'était presque entièrement dissipée, j'ai atteint le téléphone. Je me suis endormie en serrant la base sur ma poitrine et me suis réveillée en sursaut quand le combiné a glissé avec un crissement. J'ai pressé une touche, entendu une tonalité, et appelé ma mère à son travail. Elle était professeur au lycée, mais j'appelais rarement là-bas. J'ai laissé un message à la secrétaire.

« Dites-lui que c'est sa fille, et que c'est urgent. »

La sonnerie du téléphone m'a réveillée en sursaut.

« Maman ? »

J'avais la voix rauque à cause de la fumée.

« Julie ? Qu'est-ce qui se passe ? »

Elle a attendu.

« Julie ? » a-t-elle répété, au bord de la panique.

Sa voix a agi comme un remède. Quelqu'un s'inquiétait pour moi. Dieu merci.

« Il m'est arrivé un truc. »

Un sanglot m'a échappé.

« Je crois que je fais une crise, quelque chose comme ça. »

Je gisais dans un appartement presque vide, les cheveux emmêlés, les yeux cernés, les jambes si faibles que je ne pouvais pas tenir debout. J'avais envie de mourir.

« Je viens te chercher, a-t-elle répondu. Je prends ma voiture et je serai là dans neuf heures pour te ramener à la maison. »

J'ai lâché le téléphone, qui a rebondi sur le plancher, et murmuré :

« Merci, maman. »

Et j'ai sombré à nouveau dans le sommeil.

Ma mère m'a raconté plus tard s'être dirigée droit vers le bureau du principal pour lui dire :

« Il faut que je parte. Urgence familiale. »

Elle est rentrée à la maison en hâte, a jeté quelques affaires dans un sac et a entamé les neuf heures de route reliant Columbus, Ohio, à Manhattan. L'inquiétude l'a maintenue éveillée jusqu'au milieu de la Pennsylvanie, où elle a failli s'endormir au volant. Elle a alors quitté l'autoroute, pris une chambre dans un motel et dormi tout habillée. À sept heures du matin, elle m'a appelée pour annoncer qu'elle serait là avant midi.

« Je te ramène à la maison », a-t-elle dit à nouveau.

Je n'allais pas la contredire.

J'avais vingt-deux ans, j'étais fraîchement diplômée, avec une vie pleine de promesses, mais incapable de fonctionner correctement. Ce n'est qu'après que j'ai appris à nommer ce sentiment « dépression » : à l'époque, je n'avais pas de nom pour ça. C'était une présence, une présence qui me hantait et qui avait pris le dessus. Elle pesait sur ma poitrine en me disant de rendre service à tout le monde et de tout simplement disparaître.

Pour ce qu'on en sait, à en croire les archives et les vieux journaux de l'American Kennel Club (AKC), ce jour de printemps où j'ai cédé au chagrin correspond à celui où Bunker Hill est né. Un minuscule bébé golden retriever, qui a vu le jour dans une petite ferme familiale située en plein centre de l'Ohio. Il faisait partie d'une fratrie de sept, dont il n'était ni le plus robuste ni le plus faible. Il est venu au monde dans une buanderie, sur de vieilles serviettes qui sentaient la lessive et le chien mouillé. Il y avait une dame près de lui, mais il ne pouvait ni la voir ni l'entendre, seulement renifler l'odeur de sa peau. Bunker est venu au monde sans défense et presque sans vie, jusqu'à ce que sa mère, grosse, rousse et consciencieuse, le nettoie et lui fasse prendre son premier souffle. Il était le deuxième mâle en bonne santé, une petite boule de fourrure, de désir et de besoins. Aveugle et sourd, dénué de dents, incapable de réguler sa température corporelle et même de se soulager sans une stimulation de la part de sa mère. Rien qu'un chiot informe en train de se tortiller, paupières closes, oreilles encore inexistantes, de quémander désespérément à sa mère nourriture, contact, chaleur et soins.

Tout comme moi.

SUPER SPÉCIALE, OHIO

Automne 1982

J'ai toujours le journal intime que m'ont offert mes parents lors de mon neuvième anniversaire. C'est là où j'ai recherché en premier des messages de mon enfance, après m'être effondrée sur le sol à New York. Il était intitulé *Super spéciale : Un livre qui parle de moi, de la tête aux pieds.* La couverture jaune vif représentait un enfant unisexe et souriant brandissant un pinceau. Après le départ du dernier invité de la fête, je me suis précipitée dans ma chambre pour commencer à remplir les blancs de cette autobiographie. Blottie dans mon lit, j'ai écrit que mes cheveux étaient couleur *paille* et mes yeux comme du *chocolat*. Que ma couleur préférée était le *vert*. Mes séries préférées étaient *Fame* et *Les Schtroumpfs*, et mes livres favoris *La Toile de Charlotte* et *Le Vent dans les saules*. J'ai écrit que les jours de pluie, j'adorais *écrire et dormir*.

La page sur les sentiments commençait par : *J'ai plein de sentiments différents…* J'ai rempli les espaces laissés vides.

Je suis vraiment contente quand *mon papa est content.*

Je suis vraiment triste quand *je suis toute seule.*

Je suis en colère quand *mon frère se moque de moi.*

Et je suis vraiment blessée quand *mon frère me fait mal.*

J'ai dessiné un petit visage triste, avec deux grosses larmes perlant de deux yeux au beurre noir. J'ai écrit : Je sais compter jusqu'à *huit* sans cligner des yeux et *mon chien* est beau/belle et les *bleus* sont moches.

J'avais déjà beaucoup de bleus, la plupart sur les bras. Mon frère me frappait de préférence sur les bras, mais j'en avais aussi sur les jambes, à cause de ses coups de pied ou des chaises qu'il lançait devant moi. Les coups tombaient sporadiquement, souvent quand nous étions tout seuls. En l'absence de mes parents, il me lançait :

« Nullarde. Regarde comme t'es moche. »

Il feignait de m'envoyer un coup de poing et riait de ma réaction. Ces feintes me laissaient nerveuse et tremblante.

Beaucoup de grands frères sont cruels. Je ne pensais pas que la tendance de mon frère à m'insulter sortait de l'ordinaire : *connasse, salope, nullarde, conne, moche, tarée, sale pute*… Ni sa tendance à me frapper. Fort. À me cracher au visage. Me pousser. Me marcher dessus. Me tirer les cheveux. Me poursuivre un couteau à la main. Je ne comprenais pas que Clay avait des problèmes. Je croyais que tous les grands frères se comportaient ainsi. J'ignorais que le travail très prenant de notre père lui causait des soucis, que la déconnexion émotionnelle de notre mère le privait de repères. Tout ce que je savais, c'est qu'il me haïssait, qu'en sa présence tout ce que je faisais était mal, que je n'étais pas en sécurité dans ma propre maison. Pour ne rien arranger, j'étais une enfant très sensible. Je m'imaginais que mes peluches avaient des sentiments, et je leur lisais des histoires de Beatrix Potter avant de les coucher gentiment dans mon lit.

Une fois, Clay m'a poussée si fort que j'ai rebondi sur un mur et que ma tête est venue heurter un gond de la porte de la buanderie. Il m'avait poussée parce que je lui avais demandé, une fois de trop, quelle fille lui et son ami trouvaient la plus jolie dans le catalogue de maillots de bain *Sports Illustrated* de 1982 (chapitre), celui avec Cheryl Tiegs sur la couverture, debout sous une cascade et vêtue d'un maillot une pièce blanc presque transparent.

Mon père a entendu le choc et a surgi de son bureau en courant, me trouvant inconsciente dans une mare de sang. Je suis revenue à moi, désorientée : penché au-dessus de mon visage, il poussait des cris de panique. Il m'a portée jusqu'à la voiture et a foncé aux urgences, où l'infirmière la plus gentille du monde m'a tenu la main pendant qu'une doctoresse à la queue-de-cheval châtain me faisait cinq points de suture sur le crâne. Je me rappelle avoir trouvé ces deux femmes aussi radieuses que des anges. Quand nous sommes rentrés, mon père a crié sur Clay à travers la porte de sa chambre, et je me suis sentie responsable. Je n'aurais pas dû les ennuyer, lui et son ami. Je voulais que mon père arrête de crier car je savais que, bientôt, il retournerait au travail et que je me retrouverais à nouveau sans défense, face à un adversaire encore plus enragé.

Depuis, la cicatrice s'est estompée pour devenir un petit croissant de lune rose sur ma tempe droite, une ouverture par laquelle se sont échappés mon espoir, mon amour-propre et ma foi. J'ai passé des heures innombrables à tenter de donner un sens à ma relation avec mon frère, que ce soit par l'écriture ou la thérapie. À tenter de comprendre où se trouvaient mes parents pendant ces agressions, et pourquoi ils ne faisaient rien pour m'aider.

Mon père passait presque tout son temps dans le centre-ville de Columbus, où il travaillait comme avocat dans une entreprise. Nous ne roulions pas sur l'or, aussi son travail était d'une importance capitale. L'humeur familiale variait en fonction de son niveau de stress. S'il avait un gros procès de prévu, il ne fallait en aucun cas le déranger. Idem s'il avait perdu sa dernière affaire. Il n'avait pas de temps à consacrer à ce qu'il considérait comme des bagarres fraternelles sans conséquences. En tant que fils unique, il n'avait pas d'élément de comparaison pour jauger les conflits de ses enfants. Une fois adulte, je lui ai demandé pourquoi il ne nous avait pas aidés : il a répondu qu'il était trop souvent absent pour être au courant de ce qui se passait et qu'il ignorait sincèrement à quel point les choses étaient graves.

Ma mère ne savait pas comment s'y prendre. D'après elle, dans son enfance, elle se disputait souvent avec ses deux sœurs, mais ce n'était que pour des vétilles, comme l'utilisation du fer à friser, et elles en venaient rarement aux mains. Elle se trouvait donc elle aussi en terre inconnue, face à notre relation dysfonctionnelle. Son approche s'est limitée à espérer que les choses s'amélioreraient. Elle essayait de faire comme si tout allait bien, et alors, raisonnait-elle, peut-être que ce serait le cas. Quand nos disputes tournaient au pugilat, il lui arrivait de quitter la pièce. Bien plus tard, elle m'a avoué qu'il lui était arrivé de se cacher sous son lit pendant une dispute particulièrement difficile. Elle avait vu dans une émission – peut-être *Phil Donahue* – que les enfants se querellaient pour attirer l'attention de leurs parents. Si les parents ne sont pas là, les enfants ne se querellent pas. Je ne peux m'empêcher d'imaginer ma mère rouler sous son lit pendant que je me faisais brutaliser quelques pièces plus loin. Elle essayait de bien faire.

J'ai compris très tôt que mes parents ne se sentaient pas de taille à affronter notre rivalité, et que personne ne m'aiderait. Je sais à présent que Clay me faisait du mal pour des raisons qui ne dépendaient que de lui. Il s'est excusé depuis, d'une manière à la fois sincère et distante. Il se sent coupable, mais le fait qu'une grande partie des incidents, gravés au fer rouge dans ma mémoire, lui soient sortis de l'esprit me fait me demander si la gravité de son traumatisme ne l'aurait pas poussé à oublier volontairement son passé. Ou pis encore, si ce ne serait pas ma mémoire qui est défaillante. Voilà pourquoi je caresse aujourd'hui encore le croissant de lune rose sur ma tempe droite. Il est la preuve que c'est vraiment arrivé, que j'ai souffert. Bien sûr, rien ne dit que c'est ce traumatisme seul qui m'a fait sombrer dans la dépression vers vingt-deux ans. Dans la plupart des cas, les maladies mentales font leur apparition tard dans l'adolescence et se révèlent au grand jour peu après vingt ans, j'étais donc parfaitement synchrone.

Le 1er octobre 1973, le jour de ma naissance, la lune était croissante : vingt-quatre pour cent de sa surface bulbeuse étaient visibles depuis la terre, de la forme exacte de la cicatrice sur ma tempe. C'est ce qui me rend si certaine que ce traumatisme d'enfance fait partie de l'histoire que je dois raconter. Mais le tiraillement de ces souvenirs m'inspire des sentiments contradictoires. Je peux ressentir une profonde empathie envers mon frère et la terrible souffrance qu'il devait endurer, et l'instant suivant me retrouver furieuse, enragée jusqu'au tréfonds, au point de vouloir tout casser autour de moi. Pourquoi est-ce que personne ne m'a aidée ?

Évidemment, je ne comprenais pas encore, allongée sur le plancher à Manhattan, à quel point tout cela m'avait affectée. Je me disais juste que j'étais faible et stupide. Pendant ma crise sur le sol de la cuisine, je m'étais dissociée de mon cerveau – rien de plus qu'un signal sonore dans mon crâne. J'allais et venais sans cesse entre mes attentes et mes exigences, sans le moindre lien avec la petite fille ensevelie sous ce lourd et sombre amas de poussière de lune.

DÉBUT D'ÉCLIPSE, NEW YORK CITY

17 avril 1996

Je me suis réveillée complètement perdue. Une migraine me taraudait le crâne. Il m'a fallu plusieurs secondes pour me rendre compte que le téléphone sonnait. J'ai rampé jusqu'à lui et pressé la touche d'appel.

« Allô ?

— Bonjour, ma chérie, a lancé ma mère de sa voix chantante. Je suis tout près de Harrisburg, en Pennsylvanie. Je fais le plein, je devrais arriver vers midi.

— D'accord. »

J'avais la voix cassée.

« Je serai là très bientôt. Commence à préparer tes affaires, je te ramène chez nous. »

J'ai entendu qu'elle raccrochait. J'aurais voulu lui demander quelle heure il était. Était-ce le matin ? La nuit ?

J'ai émergé à nouveau. Ce type d'endormissement avait tout d'un malaise : je basculais sans prévenir de la conscience au sommeil, avant de me réveiller sans la moindre notion du temps écoulé, plongée dans un égarement des plus complets. Mais cette fois-ci, il fallait que j'aille aux toilettes. Je me suis redressée lentement. La pièce a tournoyé autour de moi, cette pièce que j'avais prévu de transformer en salon après le départ de Leah, et qui n'était meublée en tout et pour tout que d'une commode récupérée sur le trottoir et d'un téléphone fixe au câble emmêlé. La casserole brûlée trônait sur la cuisinière ; la boîte de pâtes éventrée avait déversé son contenu sur le plan de travail.

Des points bleus et des étoiles ont dansé devant mes yeux. Je suis restée assise, jambes tendues, mains inertes, jusqu'à ce que le rugissement dans mes oreilles se taise. Ma peau couinait sur le sol. Je me suis hissée sur mes pieds, les fesses en l'air, en titubant comme une ivrogne. Puis, essoufflée, j'ai pris appui contre le mur de brique. Dans ma tête, les pensées que je ne reconnaissais pas encore disaient : *Espèce d'idiote. Faiblarde. Grosse et moche, pas foutue de faire quoi que ce soit. L'appartement tout entier n'attend qu'une chose, que tu disparaisses avec ton peu d'énergie.* Les pensées devenant des certitudes, je devenais certaine de mon inutilité. De la haine que les espaces inanimés nourrissaient à mon égard. Ces pensées étaient aussi familières que les fringales ou les coups de fatigue, elles faisaient partie de moi.

J'ai fini par atteindre l'étage du dessous et la douche, poussée par une idée fixe : ma mère allait frapper à la porte dans quelques heures. Il ne fallait pas qu'elle voie toute l'étendue des dégâts.

La caresse de l'eau sur mon visage m'a évoqué les mains d'un ange. J'étais si reconnaissante de ce contact que je me suis mise à pleurer. Puis les pleurs se sont mués en autre chose, d'irrégulier et de strident. Quel genre de personne imagine l'eau comme un ange qui lui caresse les cheveux ? Je connaissais la réponse : une folle. Une folle qui finirait sa vie vêtue d'un manteau en sacs-poubelles et d'un pantalon trempé d'urine, avec un caddie contenant toutes ses affaires.

Quelque part au fond de mon esprit, je voyais la personne que j'étais réellement, l'orbe minuscule d'âme intacte, profondément enfouie. Elle lâchait prise. Sous le jet d'eau, je n'entendais plus que : *Laisse-toi aller. Tout simplement. C'est trop dur. Il est temps de te laisser aller.*

Et j'ai obéi. Je me suis assise sur le sol de la douche et j'ai hurlé à la mort. J'ignorais ce qui n'allait pas chez moi. J'avais perdu mon petit ami, oui. Je m'ennuyais au travail, c'est vrai.

Mes amis en avaient assez de mon mal-être, d'accord. Mais rien de tout cela ne justifiait une souffrance pareille. Je me suis mise à imaginer quel soulagement ce serait de mettre fin à mes jours.

J'avais passé des années à édifier une digue pour contenir mon chagrin. Mais après mes études, d'une manière ou d'une autre, on aurait dit que la crevasse sur ma tempe s'était élargie. La lune croissait. Je détestais qu'on me regarde. Prendre le métro jusqu'au travail tous les matins était une torture à cause des regards. Tous ces regards. Les pensées m'avaient convaincue que tout le monde me toisait avec dégoût.

La sonnerie de l'interphone m'a réveillée. J'avais à nouveau sombré dans l'inconscience comme un astronaute sans attache attiré par le vide sidéral. J'ai frissonné, frigorifiée malgré ma vieille serviette de bain râpeuse ornée de bateaux rouges et bleus. L'interphone a sonné de nouveau, impitoyable. Je me suis redressée et, serrant la serviette humide contre ma poitrine, j'ai forcé mon corps nu et pesant à monter l'escalier. La sonnerie me vrillait les tympans et je voulais crier que j'arrivais, mais je n'en avais ni le souffle, ni l'énergie, ni la volonté.

J'ai déclenché l'ouverture de la porte extérieure. Puis, les yeux à peine ouverts, j'ai déverrouillé les quatre serrures. Je savais que ce moment était un point de non-retour. En laissant entrer ma mère, je m'apprêtais à abandonner et retourner dans l'Ohio. Je laisserais derrière moi tout espoir de réconciliation avec Will, l'homme dont je croyais avoir besoin. Je laisserais derrière moi ma vie à New York. Ma vie tout court, peut-être.

Le 17 avril 1996, le deuxième jour de l'existence de Bunker, mon deuxième jour sur le sol, il y a eu une éclipse de soleil partielle. La Lune est passée entre le Soleil et la Terre, assombrissant le ciel. Ce n'était visible que depuis le fin fond de l'hémisphère Sud, mais la Lune, mon alliée de toujours, a masqué le Soleil et laissé le champ libre à l'obscurité.

Pas de lumière pour moi. Pas de lumière pour Bunker, dont les yeux ne s'étaient pas encore ouverts. Les pièces du puzzle s'assemblaient : l'obscurité était notre lieu de rencontre, notre repaire spirituel. Nous ne le savions pas encore mais, à cet instant sombre où la Lune glissait devant le Soleil, nous entamions tout juste le long chemin difficile qui nous mènerait l'un à l'autre, et à la lumière.

GRAFFITIS DE BANLIEUE, OHIO

1983

J'avais dix ans, mon frère treize, et nous nous battions encore. Il m'a poursuivie dans le couloir jusqu'à ma chambre. J'ai bondi à l'intérieur, hors d'haleine. Juste le temps de claquer la porte et de la verrouiller, puis de me recroqueviller sur un coin de mon lit tandis qu'il se mettait à frapper de toutes ses forces. Il a donné un coup de pied dans la porte, et elle a tremblé en émettant un étrange son creux, comme un *bottleneck* sur une corde de guitare. Puis il l'a heurtée si fort que ça a ébranlé le mur derrière ma tête.

« Ouvre cette putain de porte ! »

J'ai remonté mes genoux sous mon menton, plaqué mon dos contre le mur, et regardé ma porte frémir sous la violence de ses coups. Je ne me rappelle pas ce qui l'avait rendu si furieux. Ma mère était à la maison, mais dehors, en train de ratisser les feuilles. Mon père était au travail.

À chaque impact, Clay hurlait une obscénité. « Sale pute ! Je vais t'arracher la tête ! » Les premières fissures sont apparues en haut à gauche du battant, puis la porte tout entière est sortie de ses gonds, enfoncée en plein milieu, et s'est abattue sur mon tapis vert citron avec un bruit sourd. La chute d'un arbre dans une forêt. Mon frère s'est jeté sur moi de tout son poids, sur mon lit de rotin blanc bordé de draps à œillets, et a martelé mes bras en ajustant son poing de telle façon que la phalange de son majeur dépasse tandis qu'il frappait encore et encore au même endroit. Je me suis tassée, la tête pressée si fort contre le papier peint qu'une de mes oreilles s'est mise à bourdonner. Mes cheveux s'accrochaient aux cannes de la tête de lit.

Je n'arrivais pas à le repousser. À treize ans, il était en surpoids et dépassait déjà le mètre quatre-vingts.

« Lâche-moi ! »

Je me suis débattue, mais il était trois fois plus fort. Il m'a craché dans les yeux avant de se redresser.

« T'as de la chance que je ne t'aie pas tuée. Parce que j'aurais pu, tu sais. »

Je me suis redressée et j'ai remis de l'ordre dans mes cheveux en prenant un air de défi. Il a feint de m'asséner un dernier coup de poing, qui s'est immobilisé à quelques centimètres de mon visage. J'ai eu un mouvement de recul et tendu les mains, ne rencontrant que le vide. Quand j'ai rouvert les yeux, il était parti.

Je ne sais pas où Clay est allé après ça. Peut-être s'est-il caché, parce que ma porte défoncée était une preuve de sa rage. Je suis passée devant sa chambre sur la pointe des pieds avant de me précipiter vers celle de mes parents, à l'autre bout du long couloir.

« Maman ! ai-je crié en entendant le bruissement d'un tiroir qu'on ouvrait. Clay a cassé ma porte ! Il l'a fait tomber ! »

Elle était en train d'enlever sa tenue de jardinage. Chaque automne, elle passait des week-ends entiers à ratisser les feuilles mortes sur notre hectare de jardin. Une mince pellicule de sueur lui couvrait le front. De la terre et des morceaux de feuilles étaient restés collés sur sa peau et dans ses cheveux.

« Ne l'embête pas », a-t-elle soupiré.

Elle a ramassé une serviette et l'a pressée contre son visage en inspirant profondément. Elle avait horreur que nous nous battions. Parce qu'elle n'en comprenait pas les raisons, et n'arrivait pas à nous en empêcher.

Je n'ai rien dit d'autre. Je me suis assise sur son lit pendant qu'elle se déshabillait en silence et allait prendre une douche dans sa salle de bains carrelée de bleu ciel. J'ai pris le coupe-ongles de mon père dans sa table de nuit et je me suis concentrée sur mes orteils, en faisant bien attention de ne pas laisser de rognures sur le couvre-lit à fleurs.

Plus tard, lorsque mon frère est parti chez un ami et que j'ai pu retourner dans ma chambre sans danger, j'ai retrouvé ma porte gisant sur le tapis tel un soldat abattu, qui avait fait de son mieux mais échoué à me défendre. En la contournant, j'ai remarqué des lettres griffonnées à la va-vite sur le bois fendu : « *Nullarde* », « *Gouine* », « *Salope* », et « *Tout le monde te déteste* ». J'ai eu un hoquet. J'étais malheureuse qu'il ait écrit ces mots, mais plus terrifiée encore à l'idée que quelqu'un d'autre les lise. Car ce que Clay pensait de moi, je le pensais aussi. Il était plus grand, plus fort, plus intelligent. Je n'avais aucune preuve du contraire, et je craignais que mes parents et mes amis, en voyant ses graffitis, ne tombent d'accord avec lui. J'ai pris une gomme sur mon bureau et tenté de les effacer, en vain. Il avait écrit au stylo, et appuyé si fort que les mots étaient gravés dans le bois.

ÉCLIPSE PARTIELLE, NEW YORK CITY

17 avril 1996

Ma mère se tenait dans l'encadrement de la porte, et la voir là, devant moi, était tout ce qui comptait : ses yeux bleu clair, ses petites mains industrieuses, son odeur si familière de café, de draps frais et de parfum. Elle m'a serrée dans ses bras, fort, mais j'étais trop faible pour lui rendre la pareille.

« Tu vas bien ? a-t-elle demandé, une main au creux de mon dos. Comment te sens-tu ?

— Il faut que je m'allonge. »

J'ai tourné les talons et descendu l'escalier en boitillant jusqu'au lit. Elle a posé son sac sur le sol et est venue s'asseoir sur le bord du matelas.

« Tu peux m'expliquer ce qui s'est passé ?

— Pas vraiment. »

Je me suis glissée sous les couvertures. Je ne portais toujours rien d'autre que ma serviette de bain. La lumière du plafonnier me faisait mal aux yeux, et je les gardais fermés.

« Je suis juste tellement, tellement fatiguée. »

Fatiguée, mais aussi terrifiée. Il m'était arrivé quelque chose, je le savais, mais j'étais juste capable de penser que je n'avais aucune idée de ce que j'allais faire de ma vie. J'allais me retrouver dans l'Ohio, chez mes parents, sans emploi, sans petit ami, sans amis et sans perspectives d'avenir.

« D'accord, ma chérie. Endors-toi.

— Oui. »

J'ai ressenti une ombre de soulagement à l'idée que je n'étais plus seule, avant de basculer dans un sommeil proche de l'évanouissement.

À mon réveil, l'appartement sentait le café, alors que je n'en buvais jamais. En plissant les yeux, j'ai vu ma mère en train de nettoyer ma salle de bains le plus silencieusement possible. Elle m'a entendue bouger et a posé le café et les produits d'entretien pour venir vers moi. Assise sur le rebord du matelas, comme elle le faisait si souvent quand j'étais petite, elle a écarté une mèche de mon visage et l'a glissée derrière une oreille. Ce simple geste m'a fait monter les larmes aux yeux.

« Tu as dormi pendant trois heures, a-t-elle dit. J'ai commencé à emballer tes affaires. Il faut que tu préviennes ton patron que tu t'en vas. »

Avec un sourire, elle est retournée à son ménage.

Ma mère sourit en permanence. Elle ne mesure qu'un mètre soixante, mais je la crois sérieusement capable de n'importe quelle tâche physique. Je l'ai vue arracher des broussailles aux racines longues de plus d'un mètre, le tout avec ses petites mains gantées de rose. Je l'ai vue décapiter un serpent avec une binette. Pendant des années, je l'ai regardée tondre sa pelouse de plus d'un hectare, juchée sur une tondeuse John Deere, les cheveux ramassés sous une casquette de base-ball. Elle n'a pas peur de se mettre de la terre sous les ongles, ce qui ne l'empêche pas d'aimer porter des robes et de se rendre à des fêtes. Elle a toujours eu ses cheveux châtains longs, au moins une dizaine de centimètres sous les épaules. Ses yeux sont bleu pervenche, et elle a été élue reine du bal à l'université, lors du match de bienvenue pendant lequel mon père a marqué le point gagnant. Elle porte du parfum presque tous les jours, *Knowing* d'Estée Lauder. Cette fragrance est pour moi synonyme d'amour inconditionnel. Et même si tout se passait très vite, je savais qu'en suivant ses indications, je serais entre de bonnes mains. Peut-être même que tout s'arrangerait...

En 1996, on ne parlait pas beaucoup de maladies mentales. Mes parents n'avaient donc aucune idée de ce qu'est une dépression clinique sévère, et moi non plus. Une sale journée, ça oui. Une mauvaise passe, pourquoi pas. Mais un vrai problème médical ? Nous allions finir par arriver à ce diagnostic, toutefois pas avant que l'obscurité se soit approchée beaucoup trop près de nous.

Avec l'aide de ma mère, j'ai réussi à me lever et à m'habiller, et j'ai pris un taxi jusqu'à SoHo pour apprendre à mon patron que je démissionnais. J'avais l'impression de marcher sur du caoutchouc, mais j'y suis arrivée. Je me suis faufilée dans les bureaux à quinze heures, après avoir manqué une journée et demie de travail : mon patron m'a accueillie d'un regard qui disait : « Mais où diable étais-tu passée ? » J'ai tenté de lui expliquer calmement que je voulais quitter mon travail, au lieu de quoi j'ai éclaté en sanglots hystériques et dit :

« Il est arrivé quelque chose. Il faut que je parte. Je m'en vais. Je quitte New York. »

Il n'a rien su répondre, à part :

« D'accord, calme-toi. »

Je suis repartie dix minutes plus tard en m'excusant à travers mes larmes, après un résumé hâtif de mes dossiers en cours.

Je suis rentrée en métro, parce que faire signe à un taxi me semblait insurmontable. Une fois de plus, je me suis imaginé que tous les autres passagers trouvaient mes défauts répugnants : mes boutons, l'état déplorable de mes cheveux, mes joues sillonnées de larmes. À une exception près : cette fois, j'ai décidé de lever les yeux. J'ai fait l'inventaire de ces gens, sachant que je ne reprendrais pas le métro avant très longtemps. Tout le monde tirait une tête de trois pieds de long. Le contact, ce contact qui me manquait si affreusement, était chose interdite dans le métro de Manhattan. Nous étions tous pareils à des ions, à se cogner partout sans jamais pouvoir se connecter les uns aux autres à cause de notre charge trop négative. Mon esprit avait depuis longtemps retourné l'anonymat et le détachement de ce lieu contre moi-même. Les pensées ont refait leur apparition : *Pourquoi est-ce que les gens voudraient te regarder ? Nulle et bête comme tu es, avec ton visage hideux.*

La rame s'est immobilisée à la station de la 86e Rue dans un crissement, et je me suis faufilée par les portes à peine ouvertes. Tête baissée, je me suis dirigée vers mon appartement en priant pour m'enfoncer dans le ciment du trottoir et m'y fondre. Mes pensées se sont encore assombries : *Descends juste du trottoir, pile sur la trajectoire de ce taxi. Ce sera tellement facile. Tu seras assommée, tu ne sentiras rien.* Mais je savais que ma mère m'attendait.

En tournant au coin de la 82e Rue, j'ai vu qu'elle avait chargé toutes mes affaires dans la voiture et même réussi à traîner mes pauvres meubles sur le trottoir, à la disposition des passants. Il n'y a que ma mère, petite mais formidable, pour réussir le tour de force de charger un appartement entier dans une voiture en un après-midi. Je suis entrée à l'intérieur et il ne restait rien, juste des moutons de poussière, des fils électriques, et la casserole brûlée dans la cuisine. J'avais envie de m'asseoir sur le plancher et de pleurer. Mais ma mère m'a pris la main, a tourné la poignée pour qu'elle se verrouille, jeté les clés à l'intérieur et claqué la porte derrière nous.

Nous sommes redescendues jusqu'à sa voiture, garée en double file avec le moteur déjà en marche. Elle me soutenait par la taille.

« Monte. On sera rentrées en un rien de temps. »

J'ai obtempéré au ralenti. Elle a incliné le siège passager et a attaché ma ceinture tandis que je pleurais. Elle ne m'a pas demandé ce qui n'allait pas et a juste replacé mes cheveux derrière mon oreille de telle manière que je me suis crue revenue en enfance, bien au chaud dans mon lit avec les arbres, les cerfs et la lune tout autour de ma chambre pour me protéger. Des larmes coulaient dans mes oreilles et le long de mon cou pendant toute la traversée de Manhattan. Je me suis endormie avant que nous ayons quitté la ville.

L'une des raisons pour lesquelles mon parcours vers le désespoir est si déroutant, c'est que, la plupart du temps, mes parents ont été là pour moi. S'il m'arrivait quelque chose à l'école, mon père lâchait tout ce qu'il était en train de faire pour me rejoindre. C'était arrivé une fois au lycée, quand j'avais eu une mauvaise note à un examen de français. Je l'ai appelé, en larmes, et il est venu me chercher pour m'emmener prendre des donuts et un lait cacaoté en me rappelant que ce n'était pas une note à un bête examen qui allait me dicter mon avenir. Et à dix-sept ans, quand j'ai perdu ma virginité et que j'étais certaine d'être enceinte, c'est ma mère qui m'a emmenée à la pharmacie acheter un test de grossesse fiable, parce que celui que j'avais essayé, bon marché, avait donné un résultat positif. Elle est restée calme, douce et compréhensive pendant toute l'opération. Je me rappelle qu'elle me tenait la main.

À bien des égards, ils ont été des parents phénoménaux. Alors pourquoi n'ont-ils rien fait pour mettre un terme aux conflits entre leurs enfants ? Je ne connais toujours pas la réponse. J'ai de nombreuses théories, mais le fait est que même les parents les plus géniaux, adorables et pleins de bonnes intentions peuvent commettre des erreurs. La leur a été l'inattention. Un crime par omission. Ils ne savaient tout simplement pas comment réagir, je pense.

Un chiot de quatre jours vit toujours dans l'obscurité. Ses yeux sont clos, il ne peut pas aller très loin, ses seuls objectifs sont la chaleur et la nourriture. Il se bat avec ses frères et sœurs pour atteindre le ventre maternel, et de là, suit son flair vers une mamelle inoccupée. Lorsqu'il la trouve, il tire dessus de toutes ses forces, mordille et laboure le ventre de manière à stimuler la lactation. Les mamelles de sa mère sont rougies, étirées jusqu'à dix fois leur taille normale, gonflées et pleines. Mais elle sait que ses petits ont besoin d'elle. Ils ont besoin de son amour infini, de son attention, et ils aboient, mordent et griffent jusqu'à l'épuisement. Bien sûr, la mère tolère presque tout de ces maltraitances. Les yeux fermés, couchée sur le côté pour exposer son ventre vulnérable, elle respire vite et fort mais demeure parfaitement immobile afin que ses petits si fragiles puissent obtenir ce dont ils ont besoin pour grandir et affronter le monde. Il s'agit principalement d'instinct ; le reste est dicté par un amour absolu.

MAGIE DÉCROISSANTE, OHIO

1984

Enfant, je parlais aux arbres. Mon meilleur ami était un bouleau de plus d'un siècle que j'avais appelé Alice. Si on m'avait demandé pourquoi, à six ans, j'aurais répondu qu'Alice était comme mon arrière-grand-mère. J'étais sa préférée. Elle voulait que je vienne la voir tous les jours. Elle me parlait gentiment. Elle me laissait de petits cadeaux : cinq coccinelles joyeuses, un monarque qui tournait autour de son tronc. Elle me disait de ne pas m'inquiéter, que tout irait bien.

Je passais des journées entières seule, à explorer la campagne près de notre maison. J'emportais un sandwich au beurre de cacahuète dans un sac en papier, traversais le jardin des Killian, de l'autre côté de la route, et me glissais sous la clôture barbelée tordue. Derrière cette clôture, il y avait des champs de maïs, des forêts, des prairies et la tranquillité.

Juste après le premier champ de maïs à droite, caché et presque isolé, se trouvait Lehman's Pond, un petit étang fourmillant de vie sauvage : grenouilles, poissons, serpents, oiseaux, escargots, insectes. Tout au bord, presque penchée au-dessus, il y avait une vieille grange abandonnée, ou peut-être la maison d'un ancien ouvrier agricole. Elle s'élevait sur deux étages, et l'un de ses murs, complètement écroulé, laissait voir un escalier pourrissant et la fragilité de son architecture. À certains endroits, la peinture rouge et blanc subsistait. Si je m'asseyais sur le plancher vermoulu et laissais pendre mes jambes, mes orteils effleuraient la surface de l'étang. Je passais des heures à sommeiller, lire, faire des ricochets et attraper des grenouilles.

Juste à côté de Lehman's Pond, il y avait un bosquet de grands pins plantés sur quatre lignes. Ces arbres d'au moins cinquante ans formaient une merveilleuse chambre en extérieur, dont le plafond de branches et le tapis d'aiguilles étouffaient les sons de la forêt. Si j'y restais assise suffisamment longtemps, suffisamment silencieuse, je n'entendais plus rien… Et en même temps, j'entendais tout. Un oiseau se poser sur une branche. Une feuille tomber au sol. Le vol d'un colibri produisait le même son qu'une roue de bicyclette à pleine vitesse.

Une fois, alors que je m'y trouvais déjà depuis un certain temps, j'ai entendu le sous-bois craquer sous les sabots d'une biche en train de passer avec son faon. Elle a remarqué ma présence et s'est immobilisée à moins de trois mètres de mes genoux écorchés. Puis, les grands yeux noirs et brillants, elle m'a contournée et a mené son petit jusqu'à l'étang pour boire. Les jambes du faon étaient d'une finesse incroyable, son dos encore largement tacheté de blanc, sa petite queue dressée, ses sabots plus étroits qu'un bâton de colle. Il m'a dévisagée avec méfiance en traversant le bosquet de pins. Puis, une fois dans la clairière, il s'est arrêté et a soutenu mon regard pendant ce qui m'a semblé une éternité. Quelque chose est passé entre nous. Quelque chose que j'ai choisi de voir comme de la magie. J'ai compris que j'aurais pu lui parler. Il me comprenait. Les animaux me comprenaient. Cette pensée était un réconfort immense. J'avais des alliés. Le faon s'est détourné pour rejoindre sa mère, et ensemble ils ont disparu en bondissant parmi les rangs de maïs.

J'avais une dizaine d'années, mais je me sentais déjà intimement liée à la terre, aux arbres, aux bêtes sauvages qui m'environnaient. Je me voyais comme l'un d'entre eux – membre de cette tribu qu'est la nature, le peuple des bois, les oiseaux, les grenouilles, la lune, les biches, les chouettes, le chien de la maison. Ils étaient mes compagnons, mon rayon de soleil dans la nuit.

Pendant les après-midi d'hiver, je n'avais personne avec qui jouer à part Alice. Et quand il faisait trop froid pour sortir la rejoindre, je m'inquiétais. Lors d'une journée particulièrement glaciale, je l'ai regardée ployer sous les assauts d'une tempête de neige et j'ai essayé d'imaginer ce que cela ferait d'avoir les doigts exposés en permanence, à quinze mètres du sol, tout l'hiver. Une telle existence m'a paru abominable : il fallait que je fasse quelque chose.

J'ai tiré de mon placard deux de mes couvertures de bébé, et je suis allée enfiler mes bottines de neige dans le garage. Dehors, je devais cligner des yeux sans cesse pour éviter que mes cils ne gèlent. À force de me démener, j'ai réussi à accrocher le tissu à son écorce et à faire le tour de son tronc. J'ai noué deux extrémités des couvertures et accroché les deux autres avec une épingle de nourrice. Alice avait l'air de porter un tablier trop petit. Je l'ai entourée de mes bras.

« J'espère que ça va t'aider, Alice, ai-je murmuré. Le printemps reviendra bientôt. »

Après avoir tapoté l'écorce, je suis rentrée à la maison en courant.

Des jours durant, je l'ai observée depuis la salle à manger. Les couvertures ont vite été recouvertes de glace. La nuit, blottie sous plusieurs édredons, je craignais que le bruit du vent ou les craquements de ses branches ne marquent le début de sa chute. Si elle tombait, ce ne serait pas sur notre maison : elle en était trop éloignée. Mais l'extrémité de ses branches pourrait racler les fenêtres, comme pour nous agripper, nous demander de la sauver, alors qu'elle saurait pertinemment qu'il n'y avait rien à faire.

LES HOMMES, KENYON COLLEGE ET NEW YORK CITY

Hivers 1994 et 1995

Si ma relation conflictuelle avec mon frère avait ébranlé les fondations de mon amour-propre, mon petit ami de New York, Will, était l'invasion de termites qui a fini de condamner toute la structure. Je l'ai rencontré en troisième année d'université, au cours d'une soirée chez un ami. Il était en dernière année, et arborait un bouc et une queue-de-cheval brune : pas du tout mon genre. Je ne m'intéressais qu'aux mauvais garçons, aux hommes virils, séduisants et peu bavards qui me reconduisaient chez moi et se servaient de moi pour leur plaisir. Les paumés étaient juste ce qu'il me fallait. Les hommes qui laissaient tomber leur copine pour passer du temps avec leurs potes ne me posaient aucun problème. Et s'ils réclamaient du sexe à tout bout de champ pour m'ignorer ensuite à la cafétéria, cela me convenait parfaitement. Les hommes étaient ce qu'ils étaient, ils pouvaient m'abandonner ou me traiter n'importe comment : je n'en attendais pas moins d'eux.

Ce soir-là, une demi-douzaine d'entre nous a entamé une partie de poker et Will s'est assis à côté de moi. Il avait une voix sexy, grave et profonde, mais son look de grand sensible à queue-de-cheval ne m'attirait pas. C'est pourquoi j'ai été aussi surprise quand, en posant mon coude sur sa jambe pour attraper une carte, j'ai ressenti une espèce de décharge électrique. Nous avons échangé un regard : il l'avait ressentie aussi.

Quelques jours plus tard, je suis tombée sur lui à la librairie. En plein jour, dans cette atmosphère si différente, je ne l'ai pas reconnu. Mince comme il était, il devait mesurer un mètre quatre-vingts mais peser moins lourd que moi. Il a failli perdre son pantalon en se levant pour me dire bonjour.

« Salut, Julie. Je te cherchais, justement. Ça te dit de venir au Philander's Phling avec moi ? »

J'ai éclaté de rire, certaine qu'il plaisantait. Qui invite une fille au bal de l'université ? Mais j'ai vu à son expression qu'il était sérieux. Et que moi, j'étais une connasse.

« Oh ! ai-je dit. Euh, d'accord.

— Génial ! On se retrouve devant Pierce Hall à neuf heures tapantes. Ça marche ?

— Ça marche. »

Je me suis éloignée avec un signe de la main, tout en me maudissant de n'avoir pas trouvé une excuse.

Philander Chase était le fondateur de Kenyon College. La soirée éponyme était un bal organisé chaque hiver dans le but de conjurer la déprime du mois de février (ou, comme le voulait la blague, « phévrier »). Seuls les ringards et les intellos se donnaient rendez-vous là-bas ; les rebelles se pointaient en retard, à moitié saouls et habillés n'importe comment. Je m'identifiais davantage à ces derniers, mais je ne pouvais pas faire faux bond à Will. J'ai donc ressorti du placard la robe bustier noire à froufrous que j'avais portée à d'innombrables soirées lycéennes, et je me suis présentée au rendez-vous à neuf heures pile, en collants et escarpins, frissonnant dans l'obscurité d'une nuit d'hiver dans l'Ohio.

Pour mes amis, mes nouvelles fréquentations étaient bon signe. Ils n'en pouvaient plus de m'entendre pleurer mon ex, Brian, que j'avais rencontré le mois de mon arrivée à la fac et avec qui j'étais sortie par intermittence tout au long des deux années suivantes. Nous échangions des lettres manuscrites rendues illisibles par nos larmes. Je l'aimais avec une ferveur que seule inspire une première passion, ce bonheur absolu et désespéré qu'on ressent en tombant amoureux pour la première fois. Mais, du point de vue de mes amis, Brian m'avait traitée avec si peu de respect que mes regrets étaient incompréhensibles. Notre relation avait été aussi brûlante que dysfonctionnelle. Brian était très beau avec ses yeux noisette, ses cheveux bruns bouclés, ses longues jambes puissantes, son mètre quatre-vingt-cinq et ses épaules deux fois plus larges que les miennes, qui expliquaient facilement son titre de champion régional de natation. Son attention envers moi, quant à elle, était inconstante et addictive. Il y avait eu de sales histoires d'infidélité quand nous étions ensemble, mais aussi après notre rupture. Par la suite, lorsqu'on se croisait à une fête, on se retrouvait invariablement au lit. Mais juste pour la nuit. Au matin, je priais pour qu'il me confesse un amour éternel et déclare que notre rupture était la pire erreur de sa vie ; au lieu de quoi, dans la cruelle lueur du jour, il disait :

« Il vaudrait mieux que tu t'en ailles. »

L'amour vache de Brian me fournissait une adrénaline indispensable, et à l'époque je ne perdais pas de temps à me poser des questions sur le sujet. Au contraire, j'allais au-devant de ce genre de relations malsaines. Je ne me voyais donc pas changer du tout au tout pour Will, le guitariste sensible à queue-de-cheval.

J'ai encore une photo de nous deux prise ce soir-là, au Philander's Phling, par un photographe chargé d'immortaliser tous les couples. Will se tient derrière moi, les bras passés autour de ma taille. Penchés vers la caméra, nous donnons l'impression d'être en train de danser. Ma première pensée, en voyant cette photo, a été que j'avais le visage bouffi. Mais, dans un second temps, je me suis fait la réflexion que je semblais heureuse – réellement, profondément heureuse.

À la fin de la soirée, il m'a raccompagnée à ma résidence, dans ma chambre. J'ai mis un CD de Tori Amos et une chanson est passée, qui disait : *« God, sometimes you just don't come through. Do you need a woman to look after you ?* » Will m'a prise par la taille d'un geste ferme, son bassin pressé contre le mien, et s'est lentement penché vers moi. Quelque chose s'est produit quand ses lèvres ont touché les miennes, comme une illumination, un coup de tonnerre. Je me souviens d'avoir pensé que ce devait être ça, les fameux feux d'artifice que se doit de produire un premier baiser. Et à partir de ce moment-là, il n'y avait plus moyen de faire marche arrière.

On s'est mis à passer tout notre temps ensemble, s'embrasser, discuter, faire tout ce qu'on voulait à part coucher. Je ne voulais pas m'embarquer dans une autre relation destructrice fondée sur le sexe. Comme si je protégeais une chose sacrée et tentais enfin de me respecter moi-même, j'ai décidé de le renvoyer systématiquement chez lui vers deux ou trois heures du matin. J'aimais bien l'avoir dans ma chambre, mais j'aimais aussi qu'il s'en aille. Une telle relation me semblait saine.

Il était guitariste, et me jouait des morceaux pendant que nous parlions de notre enfance et de nos familles. Il me disait qu'il n'avait jamais rencontré quelqu'un comme moi, qu'avec moi il se sentait en sécurité. Je n'avais jamais imaginé qu'un homme puisse se sentir vulnérable : ceux de mon entourage ne semblaient jamais avoir besoin de protection. À mes yeux, la vulnérabilité de Will était une chose sage, belle et rare.

Il a aussi été le premier à essayer de me comprendre sexuellement, à identifier les énormes verrous mentaux qui m'empêchaient de parvenir à l'orgasme. Il s'est démené sans relâche afin de me satisfaire. Je parlais de lui à mes amies et elles m'écoutaient, bouche bée, leur dire que je n'avais jamais eu autant d'orgasmes avec un homme, qu'il me chuchotait des phrases incroyables dans ma chambre, au beau milieu de la nuit. « Tu es belle. Je t'aime. J'ai envie que tu jouisses pour moi. Et maintenant, j'ai envie que tu recommences. » C'était une histoire d'amour épique, le meilleur coup de ma vie, et je souhaitais de tout cœur qu'elle se poursuive à Manhattan. Nous étions deux oiseaux blessés qui s'envoleraient ensemble. Très vite, on a décidé que la terre entière était contre nous, que tous les autres étaient bêtes, méchants, arriérés. La seule manière de survivre, pour nous, serait de rester ensemble.

Lorsqu'il a terminé ses études, un an avant moi, j'ai acheté une robe spécialement pour sa remise de diplôme et posé avec lui sur toutes les photos. Il était beau avec sa robe et son chapeau de cérémonie. La veille de son départ, on a passé la moitié de la nuit à parler de la manière dont il préparerait la ville pour mon arrivée, pour notre vie commune, pendant ma dernière année d'études. Je nous imaginais aller à des concerts de Wilco, de Paul Weller et de tous les autres compositeurs-interprètes indépendants qui se produisent au Ludlow Cafe. Je voulais aider son groupe à organiser des concerts, trimballer l'équipement et lui trouver des fans. Je serais toujours au premier rang, et je lancerais des pogos avant de m'écarter pendant que la foule se déchaînerait. Je nous voyais déjà sortir boire un verre avec des amis et nous éclipser pour se rouler des patins dans un coin sombre, puis rentrer en vitesse dans l'un de nos appartements pour faire l'amour passionnément, bruyamment, délicieusement. On marcherait au petit matin le long de rues bordées d'arbres et on piqueniquerait sur une couverture à Central Park, les membres entremêlés, avec des bagels chauds et d'énormes bouteilles d'eau. Puis on se caresserait sous la couverture, parce que la pire malédiction imaginable aurait été de nous empêcher de nous toucher.

Mais il ne m'a fallu que quelques heures, après mon arrivée à New York, pour me rendre compte qu'une distance s'était établie entre nous. J'avais prévu d'habiter plusieurs semaines avec Will et son colocataire Jeff, dans leur tout petit appartement de Hell's Kitchen, le temps que Leah et moi trouvions un logement à louer. J'avais eu des visions de nous trois en train de manger des pizzas assis par terre, pendant que Jeff me dirait à quel point il appréciait une touche féminine dans son environnement. À la place, il m'a demandé : « Tu vas rester longtemps ? », puis s'est appliqué à m'ignorer et à soupirer théâtralement chaque fois qu'il devait contourner mes cartons dans le couloir étroit. Will s'est excusé auprès de lui :

« C'était pas mon idée. Putain, c'est naze. »

Je me suis sentie trahie, mais ma déception était tempérée par ce que je comprenais des hommes en général : ils n'aiment les femmes que lorsqu'elles leur sont utiles.

C'est pourquoi, un jour où Will était au travail, je me suis emparée de plusieurs gros sacs de linge sale que j'ai traînés sur plusieurs pâtés de maisons jusqu'à une laverie où, telle une jeune épouse dévouée, j'ai fait toute sa lessive. Après avoir tout trimballé sur le chemin du retour, je me suis rendu compte que certains vêtements étaient encore un peu humides ; mais je les ai pliés tout de même. En rentrant, lorsqu'il a vu les piles bien nettes de vêtements propres sur son lit, il n'a pas souri. Il m'a demandé pourquoi j'avais fait ça. Puis il m'a déclaré catégoriquement qu'il ne me voyait pas du tout comme le genre de femme qui fait les corvées pour son homme. Bien sûr que je n'étais pas ce genre de femme. J'étais pire, faible et apeurée, une petite campagnarde larguée dans la ville, sans une miette de confiance en moi. Je me suis excusée en quelques phrases :

« Désolée. Je voulais juste donner un coup de main. Pour te remercier de me laisser habiter ici.

— Ouais, ouais. Pas de problème. »

Il m'a embrassée sur le haut du crâne, s'est approché du lit et a touché l'une des piles de vêtements. Il s'est retourné vers moi, les yeux plissés.

« T'es au courant qu'ils sont encore mouillés ?

— Merde. »

Oui, j'étais au courant. J'avais juste espéré qu'il ne le remarquerait pas. Je ne savais pas pourquoi. Je voulais juste qu'il soit gentil et tendre avec moi, comme il l'avait été dans l'Ohio… New York semblait l'avoir endurci, et m'avoir affaiblie, moi. J'avais envie de pleurer et de lui demander pardon, même si j'ignorais ce que j'avais à me faire pardonner. Sans son approbation, sans son amour, je me sentais complètement perdue.

Quelques semaines et bien des disputes plus tard, j'ai appris par une certaine Jane que Will m'avait trompée. Jane travaillait comme réceptionniste dans la maison d'édition de Leah : brune, jolie et enjouée, elle portait toujours la même teinte de rouge à lèvres vermillon. Un après-midi, avant qu'elle n'apprenne que Will était mon petit ami, on papotait et j'ai découvert qu'elle sortait avec le chanteur de son groupe. Comme il m'avait exclue de toutes ses activités liées au groupe, je n'avais pas encore rencontré les autres membres. Jane me disait en rigolant que tous les membres du groupe de son copain étaient de vrais lapins.

« Ah bon ? Ils couchent à droite à gauche ?

— Oh mon Dieu, tu n'as pas idée. »

Son accent de Staten Island déformait la fin de chacun de ses mots.

« Le guitariste, Will, est toujours en train de nous harceler, moi et mes copines, à me demander de lui présenter des belles blondes. Une fois... (Elle s'est interrompue en me faisant signe de me préparer mentalement.)... Je suis arrivée chez Jon et je suis tombée sur Will à poil. Il y avait une fille qui l'attendait dans la chambre en gloussant comme une pétasse. Tu sais le pire : il a déjà une copine, à ce qu'il paraît, dans l'Idaho je crois. Et il a le cul tellement plat, c'est à vomir. »

Elle avait raison. Il n'avait pas de fesses.

Je me suis éloignée en plein milieu de la conversation. Tout ce dont je me souviens, c'est de cette sensation acide au creux de l'estomac, comme lors d'une chute. J'ai pris l'ascenseur pour sortir dans la rue et obliqué vers le magasin de disques Tower Records, et ce n'est qu'une fois arrivée là-bas, appuyée contre la vitrine, le front moite reposant sur un poster de Tupac haut de trois mètres, que je me suis mise à pleurer. Comment avais-je pu être aussi bête ? Comment avait-il pu me faire ça ? On était censés affronter le monde ensemble…

J'ai répété à Will ce qu'on m'avait dit. Il a commencé par nier faiblement, puis s'est défendu avec virulence, me traitant de folle hypersensible, accusant Jane de mensonge. S'en sont ensuivies des disputes terribles sur la véracité de ces rumeurs et, très vite, de tout ce qui avait eu lieu entre nous. On s'est séparés, réconciliés pour se séparer de nouveau, et ainsi de suite. Parfois, lorsqu'il était là, je me surprenais à penser clairement : *Je ne veux pas être avec cet homme*. Cela aurait dû me permettre de couper les ponts, mais dans les faits rien ne comptait autant pour moi que son soutien. Rien. C'était un besoin dicté par la force du désespoir, sur lequel je n'avais aucun contrôle.

J'ai souvenir de nombreuses scènes dramatiques et larmoyantes dans des restaurants, dans la rue, dans nos appartements respectifs. Une fois, un barman nous a demandé de sortir, nos cris dérangeaient les autres clients. J'ai passé des mois à pleurer, incapable de penser à quoi que ce soit d'autre. Je le guettais en permanence, et la quasi-impossibilité de le croiser par hasard à Manhattan renforçait mon sentiment de perdition, de solitude sur une île peuplée de millions d'individus.

C'est dans ces moments-là qu'il refaisait surface, sur le pas de ma porte à trois heures du matin, comme un miracle à l'haleine chargée de bière. On retombait dans les bras l'un de l'autre, on faisait l'amour, on se demandait tout haut pourquoi on n'était plus ensemble et on renouvelait nos serments d'amour éternel. Puis, avec le matin, les défauts réapparaissaient, les blessures se rouvraient, les disputes recommençaient. On finissait par repartir chacun de son côté. J'étais déchirée, anéantie. J'envisageais de sauter du toit de mon immeuble. Même alors, je me rendais bien compte qu'une telle souffrance ne pouvait pas être causée uniquement par la fin de notre histoire.

ÉCLIPSE TOTALE, PENNSYLVANIE ET OHIO

17 et 18 avril 1996

Ma mère et moi avons traversé l'est de la Pennsylvanie à toute vitesse. Nous nous sommes arrêtées dans une station-service près d'Allentown ; et là, comme dans le scénario du film le plus cliché de la Terre, se trouvait Will. Il était en tournée avec son groupe, une tournée financée par le père du bassiste.

Nos regards se sont croisés devant les distributeurs.

« Oh mon Dieu. »

Il est venu vers moi et m'a attirée contre lui, pressant son corps tout entier contre le mien. Ma mère nous a vus, mais n'a rien dit et s'est contentée de retourner à la voiture.

« J'ai quitté New York », ai-je murmuré dans son cou.

Il sentait la bière et la cigarette.

« D'accord.

— Je suis désolée.

— Chut. »

Il m'a serrée encore plus fort. Je l'aimais toujours. J'aimais son corps, si mince et si puissant. J'aurais voulu sentir ce corps contre moi tous les matins et toutes les nuits de mon existence. Mais l'odeur de tabac m'est vite devenue insupportable, et ma mère m'attendait. Il m'a dit :

« Je t'aime. Je t'aimerai toujours. »

Je l'ai repoussé en essuyant mes larmes avec ma manche. Le reste de son groupe est passé près de nous, des sourires narquois sur le visage.

« Moi aussi. »

Je suis allée rejoindre ma mère, qui avait déjà démarré, les mains crispées sur le volant. J'avais à peine refermé la portière qu'elle a mis le pied au plancher.

« Ça va ? »

Elle a rejoint l'autoroute à pleine vitesse, en se retournant pour vérifier son angle mort.

« Tu parles d'une veine. Je n'arrive pas à croire qu'on soit tombées sur lui.

— Ouais. »

J'ai bouclé ma ceinture d'un geste lent.

« Conduis, tu veux ? »

Fermant les yeux, je me suis préparée à me rendormir. Je ne voulais pas repenser à ce qui était arrivé.

Ni ma mère ni moi n'avons prononcé un mot pendant plusieurs centaines de kilomètres. Je me suis réveillée au bout d'un moment et j'ai regardé dehors, le nez presque collé à la vitre, en attendant de sombrer à nouveau dans le sommeil. Environ une heure plus tard, nous nous sommes arrêtées pour la nuit dans un motel au bord de la route.

J'ai refait surface dans le motel, désorientée à l'issue d'un rêve extrêmement réaliste sur New York, Will et l'existence que j'avais laissée derrière moi. Ma mère me tapotait l'épaule : il était presque midi, l'heure de libérer la chambre.

« Eh bien, tu avais terriblement besoin d'une vraie nuit de sommeil. »

Je l'ai imaginée en train de me regarder dormir, surveillant ma respiration comme si j'étais un nouveau-né dans son berceau.

Je me suis traînée jusqu'à la salle de bains où j'ai uriné les yeux fermés, me suis brossé les dents et l'ai suivie jusqu'à la voiture. Pelotonnée contre la vitre, j'ai senti mes paupières s'alourdir et le sommeil s'emparer de moi.

J'ai entendu la voix de ma mère :

« On devrait y être dans une heure. »

Ouvrant les yeux, j'ai vu ses petites mains posées sur le volant, ses ongles bien limés recouverts de vernis orange. Je n'ai pas répondu, mal réveillée. Dehors, le jour déclinait déjà. Quitter Manhattan était comme retourner une carte topographique : de ce côté-ci, tout était plat, presque concave. Après plusieurs mois d'espaces clos, de murs et de recoins, il y avait quelque chose d'alarmant dans l'immensité de l'est de l'Ohio.

Des champs défilaient à toute allure de part et d'autre de la route : maïs, soja, parsemés de vieilles granges gargantuesques. J'ai commencé à reconnaître certains lieux. Le grand grenier rouge juste à l'extérieur de Pataskala, si penché qu'il semblait sur le point de basculer. Un peu plus loin, Roush Hardware, où papa nous achetait toujours une rose des sables au chocolat et à la noix de coco pour nous récompenser de supporter ses détours prolongés au rayon jardinage. L'animalerie Noah's Ark, où je vendais les petits de mes hamsters et de mes cochons d'Inde à vingt-neuf cents pièce. Le glacier où toute la famille se rendait les dimanches après-midi lors des fortes chaleurs – tout le monde prenait un Rocky Road, sauf maman qui se contentait généralement d'un verre d'eau. Puis Dublin Middle School, le collège où M. Niemie, mon professeur d'anglais en sixième, avec ses boucles auburn, ses yeux brillants et ses lunettes à la John Lennon, a été le premier prof à me conseiller de continuer à écrire.

Nous avons pris à gauche sur la route 745 et dépassé Oscar's Deli, le restaurant où j'avais travaillé en tant que serveuse, mangeant plus que je ne servais, essayant de ne pas pleurer quand la cliente qui voulait ses œufs pochés « comme ci, pas comme ça » renvoyait six fois de suite son petit déjeuner en cuisine. Puis la longue route qui étreint la rivière boueuse, la maison de ce salaud de Robbie Thompson, qui parfois se joignait aux assauts de Clay, et celle de Tricia, ma camarade de jeux quand j'étais enfant. Je me suis dit que tous ces gamins avaient quitté cet endroit et n'étaient pas revenus. Je les imaginais en école de médecine ou de droit, en train de dégoter des boulots fantastiques et de danser au ralenti avec leur partenaire sur un toit d'immeuble illuminé.

Après quelques kilomètres, nous avons pris Birchwood Road, notre rue, et monté lentement la colline où j'avais fait mon jogging tant de fois, devant les maisons de Mmes Pethel et de Jacoby, deux vieilles dames qui, pendant les longues journées d'été, m'accueillaient chez elles et me préparaient des tartes. Devant le trou dans la clôture de l'autre côté de la rue, qui menait à Lehman's Pond et au bosquet de pins, où j'avais passé des heures, jusqu'à ne plus pouvoir les compter.

Ma mère a arrêté la voiture au bout de notre longue allée pour prendre le courrier, provoquant le grincement familier de notre boîte aux lettres et l'écho de sa fermeture. J'ai regardé ma maison au crépuscule, son haut avant-toit central flanqué de longues arêtes sur un modèle de Frank Lloyd Wright, avec du bois blond un peu partout et d'énormes fenêtres qui vont du sol au plafond. La chambre de mes parents se trouvait dans l'aile sud, la mienne et celle de mon frère dans l'aile nord. Au milieu, des voûtes spacieuses surplombaient la cuisine, le salon et la salle à manger.

Ma mère est remontée en voiture et a claqué la portière avec un soupir de soulagement.

« Ah, on y est. C'est bon. »

Nous avons remonté l'allée. Je devais plisser les yeux pour bien voir, à demi aveuglée par le soleil couchant derrière les arbres. Ses rayons éblouissants donnaient à notre maison l'apparence d'une église, un lieu où je pourrais reposer mon esprit éteint, ou peut-être me cacher pour mourir.

Les premières semaines de la vie d'un chiot ont de nombreuses manières de tourner court. La mère peut s'occuper trop sommairement de ses petits et les laisser mourir de malnutrition ou d'hypothermie. Elle peut attraper une mastite et empoisonner lentement toute sa progéniture avec les toxines apparues dans son lait. Elle peut les écraser par inadvertance, sous le coup de l'épuisement. Ou bien, tout simplement, il peut ne pas y avoir suffisamment de lait pour tout le monde, ce qui condamne certains chiots à mourir de faim.

J'étais plus à vif que jamais, entièrement disposée à devenir de plus en plus autodestructrice jusqu'à mettre fin à ma vie. Quelque chose n'allait pas dans ma tête, et je le savais, ce qui me terrifiait. La conscience que l'on n'est pas rationnel, que nos pensées échappent à notre contrôle, est terrifiante. On a l'impression de s'asseoir sur un canapé et de regarder notre corps se lever et s'éloigner sans nous. Dans une telle situation, il est capital d'appeler à l'aide, mais je n'étais pas suffisamment consciente de mon état pour me rendre compte que j'avais besoin d'aide. Je n'étais pas différente d'un nouveau-né : aveugle, faible et vulnérable.

Plus je me rapprochais de l'Ohio, plus mon lien avec Bunker s'affermissait. Je me rappelle qu'en entrant dans le garage, j'ai repensé à tous les chiens de mon enfance et au réconfort qu'ils me procuraient. Le germe d'une idée s'est fait jour en moi, l'idée que je pourrais retenter l'expérience avec un chien qui ne serait qu'à moi. Un chien que je pourrais protéger, et qui me protégerait en retour. Ce n'était encore qu'une idée.

MIDNIGHT, OHIO

1977 puis 1980

Le premier chien dont je me souviens s'appelait Midnight, et c'était une chienne. Nous l'avons trouvée abandonnée à une station-service pendant une tempête de neige quand j'avais quatre ans et mon frère sept. La légende familiale veut qu'elle ait été tapie dans un recoin, avec des stalactites de glace accrochées dans sa fourrure sale. Ma mère l'a ramassée, ramenée à la maison et n'a jamais posté de petites annonces : ses propriétaires, disait-elle, devaient être irresponsables. Et puis nous étions tous tombés sous le charme. Mes parents ont vu en elle un « Cockapoo », mi-cocker, mi-caniche, à la fourrure douce et densément frisée, et à la queue longue et fine.

Mon père en particulier adorait Midnight. Elle ne faisait pas de saletés dans la maison, ne perdait pas ses poils, aimait les câlins et faisait preuve d'une joie de vivre incoercible.

« Midnight est le meilleur chien qu'on ait jamais eu », disait-il souvent.

Il faisait beaucoup de déclarations merveilleuses dans ce genre, une manie que j'aimais beaucoup chez lui.

« On a eu tellement de chance de la trouver. C'est le destin qui nous a guidés vers elle. Ce chien est incroyable, incroyable. »

Je l'écoutais, muette de ravissement. Je ressentais la même chose, et la profondeur de notre relation avec Midnight me remplissait d'allégresse. Midnight se roulait à ses pieds avec adoration, et mon père se penchait, tout imposant qu'il était, pour la prendre dans ses bras et la laisser lui couvrir le visage de baisers.

« Oh oui, moi aussi je t'aime. Moi aussi je t'aime, bonne fille. »

Toutes les petites filles aiment leur chien, mais l'amour que je ressentais pour Midnight était empreint de désespoir. Quand je l'appelais, elle se précipitait auprès de moi comme si elle comprenait à quel point j'avais besoin d'elle. Elle se roulait en boule sur mes genoux et je sentais ma respiration s'apaiser, mon corps se détendre, mes épaules se relâcher. J'avais le devoir de la protéger parce que sa présence rendait la maison plus sûre.

Pendant mes disputes avec Clay, elle allait se cacher dans la chambre de mes parents, s'aplatissait le plus possible si bien que ses pattes arrière ressemblaient à des cuisses de grenouille, et se glissait sous le lit où elle rampait jusqu'au mur en tremblant. Parfois, après le conflit, j'essayais de la faire sortir, mais elle me regardait d'un œil suspicieux depuis son recoin sombre et refusait de bouger. À d'autres occasions, elle attendait simplement, assise à côté du lit. Puis elle sortait de la chambre d'un air penaud, la queue – dont l'extrémité frétillait toujours légèrement – entre les jambes, geignait un peu, se pelotonnait contre moi et me léchait le visage furieusement. Je lui murmurais :

« Tout va bien, ne t'en fais pas. »

Je lui expliquais que, parfois, les gens se disputent. Certains jours, je pleurais en disait que j'étais bête. D'autres, je pleurais en disant que Clay était bête. La plupart du temps, je gardais le silence. Mon frère et moi nous affrontions tous les jours. C'était des insultes, des cris, puis, immanquablement, il se jetait sur moi et me frappait. Sans retenue. À sept ans, je savais ce que c'était de prendre un coup de poing en plein visage, un coup de pied sur le tibia, un coup de genou dans le bas-ventre.

Un jour, ma mère a enfermé Midnight dans la buanderie en nous disant de ne pas ouvrir la porte, sinon Midnight nous mordrait. Elle a levé une main, sur laquelle s'étalait une ecchymose bleue tirant sur le brun.

« C'est Midnight qui a fait ça ? ai-je demandé.

— J'ai l'impression qu'elle s'est blessée au dos. Elle ne va pas bien du tout, ma puce. Même bouger lui fait mal.

— Pourquoi elle ne va pas chez le docteur ?

— J'ai essayé de l'emmener, c'est là qu'elle m'a mordue. Alors j'ai appelé le vétérinaire, et il m'a dit de l'isoler et de voir si les choses s'arrangent. »

La buanderie avait deux portes. Ma mère en avait sorti le panier à linge et recouvert le sol de draps et de serviettes. J'ai jeté un coup d'œil à l'intérieur depuis la salle de bains de mes parents : Midnight tremblait, je voyais le blanc de ses yeux. De temps en temps, elle bougeait, puis gémissait et criait. Ensuite, elle restait tellement silencieuse que je la croyais partie. Il faisait tellement sombre, là-dedans.

Je n'ai pas ouvert la porte pour essayer de la consoler. Je ne me rappelle pas si je lui ai parlé à travers le bois, afin qu'elle se calme. Tout ce que je sais, c'est qu'elle est morte. Elle avait le dos brisé. Je ne sais plus si elle est morte dans le placard ou si on l'a euthanasiée à la clinique, mais je me souviens du visage de mon père, baigné de larmes. Je ne l'avais jamais vu pleurer. Mes parents nous ont dit que, d'après le vétérinaire, Midnight avait dû se faire une hernie discale en se cachant sous le lit. L'une des lattes en métal devait avoir appuyé sur son dos, déplacé un disque et endommagé sa colonne vertébrale.

J'ai compris que c'était la peur qui l'avait tuée. Quand on court se cacher, on meurt. Sa mort a déclenché quelque chose de noir en moi. Parce que tout ce que je souhaitais faire, chaque jour qui passait, c'était courir me cacher.

COUCHER DE SOLEIL

18 avril 1996

Ma mère a rentré la voiture dans le garage d'un seul mouvement souple, si familier qu'on aurait cru le stationnement de la voiture familiale encodé dans mon sang. Je l'avais fait tant de fois, et tant de fois j'avais ressenti cette impression complexe, que je ne parvenais pas à nommer – terreur pure, amour et chagrin, formant un nœud obscur au creux de mon estomac.

Elle a coupé le moteur, récupéré les clés sur le contact et contourné le capot avant que j'aie pu ne serait-ce que cligner des yeux. En entrant dans la maison, elle a prononcé quelques mots joyeux que je n'ai pas compris tandis que j'ouvrais ma portière et posais les pieds sur le sol maculé d'huile. Le claquement de la porte moustiquaire m'a figée sur place. Pour moi, ce bruit était synonyme de cinq mots : *Tout le monde te déteste.* Je les entendais, comme scandés d'un ton menaçant par une foule en colère. Je me suis demandé si je devenais folle, si j'entendais vraiment des voix à présent. Autour de moi flottait une odeur de gasoil et d'herbe fraîchement coupée. Ma chambre était à côté du garage, et de là où j'étais je voyais déjà le papier peint à fleurs. Je ne voulais pas y retourner. Les mains moites, j'ai vu défiler devant mes yeux le jour où mon frère avait défoncé ma porte.

« Tu viens ? » m'a demandé ma mère.

Elle est revenue d'un pas vif, a ouvert le coffre et traîné ma valise à l'intérieur. Notre cocker de treize ans, Cinder, a bondi par le trou dans la porte moustiquaire et s'est précipitée vers moi. Elle était petite et adorable, mais l'anxiété la poussait parfois à se soulager dans les recoins de la maison. Sa queue courtaude et frétillante m'a ramenée à l'instant présent. Après quelques pas maladroits, je me suis penchée pour la caresser. Elle m'a léchouillé l'oreille en gémissant et un frisson m'a parcouru le dos, une décharge d'adrénaline dont j'avais désespérément besoin.

Mon père était encore au travail. Il savait sûrement que sa fille rentrait à la maison, qu'elle avait laissé derrière elle (Dieu merci !) cette affreuse ville surpeuplée et crasseuse. Amoureux des vastes espaces du Midwest, mon père appelait fièrement New York « la plus petite ville qu'il ait jamais visitée », parce que chaque fois qu'il y allait sa chambre d'hôtel était minuscule.

J'ai suivi Cinder à l'intérieur et retrouvé ma chambre, son papier peint fleuri rose et vert, son mobilier de rotin blanc et ses étagères encombrées de peluches et de trophées de course. J'y avais passé tant de nuits, à redouter le lendemain. C'était là que je me réfugiais ; adolescente, c'était dans ce placard que j'étais entrée dans une rage incontrôlable et que j'avais tout saccagé autour de moi, arrachant du mur les étagères et les tringles pendant que ma mère, terrifiée, attendait derrière la porte que le vacarme cesse. C'était dans ce lit que je faisais des insomnies, à me demander pourquoi je ressentais tant de choses, et les autres presque rien. J'étais revenue dans ce lieu où la noirceur semblait inhérente. Revenue à cette sensation de chute permanente, à cette lutte de tous les instants pour survivre, heure par heure. Revenue à cette question, toujours la même : *Qu'est-ce qui ne va pas chez moi ?*

Je me suis laissée tomber sur mon lit comme si je m'étais cassé tous les os. Cinder a bondi à côté de moi, s'est blottie contre mon flanc, et j'ai passé un bras autour d'elle. Une main contre son poitrail, j'ai senti les battements de son cœur éclaircir légèrement l'obscurité qui m'entourait. Je l'ai gardée contre moi aussi longtemps que j'ai pu, jusqu'à ce que ma mère lance :

« Cinder, dehors ! »

La porte du jardin a claqué. Cinder s'est dégagée de mon étreinte, a sauté sur le sol en remuant la queue, et le cliquetis de ses griffes sur le carrelage s'est éloigné dans le couloir.

Depuis la fenêtre de ma chambre, je voyais ma mère faire les cent pas dans le patio, bras croisés, son cardigan noir serré contre sa poitrine. Elle inspirait profondément en scrutant le ciel, avec l'air de chuchoter une prière.

Quand elle est revenue à l'intérieur, elle s'est postée à l'entrée de ma chambre et a proposé que je me repose pendant qu'elle préparait le dîner. J'ai ouvert la fenêtre, inhalant l'odeur familière de notre forêt que son butin printanier avait densifiée et reverdie. J'avais l'impression de vibrer, comme si les événements de Manhattan habitaient encore la moindre fibre de mon être. Mes oreilles bruissaient, ma tête me paraissait si lourde que je l'imaginais remplie de tumeurs. Assise sur le lit, j'ai regardé le soleil disparaître sous l'horizon et la lune se lever, pleine comme je ne l'avais jamais vue, un ballon de baudruche sur le point d'éclater. Elle montait lentement derrière les arbres du jardin, centimètre par centimètre, et on aurait dit que les extrémités de leurs branches la portaient vers le firmament. J'ai pensé que ce n'était peut-être qu'un problème hormonal. Que j'étais trop intimement liée à la lune. Qui sait si je ne passerais pas le restant de mes jours à devenir folle à chaque pleine lune, perdant la tête jusqu'à ce que les nuits s'assombrissent à nouveau et me laissent en paix.

Bientôt, ma mère a lancé :

« À table ! »

La même phrase que j'avais entendue tous les soirs pendant dix-huit ans, sur le même ton. Je me suis assise à table, les mains légèrement tremblantes, et nous avons dîné sans un mot. Je me suis surprise à imiter l'attitude guillerette de ma mère en débarrassant la table et en chargeant le lave-vaisselle : à cet instant, j'étais contente d'être rentrée, de retrouver cette bonne vieille cuisine lumineuse, avec son carrelage brun-beige immaculé. La maison sentait les spaghettis à la bolognaise et le beurre fondu sur des pommes de terre au four. Des épis de maïs étaient posés près de la cuisinière, et des petits grains de pollen jaune parsemaient le plan de travail.

Ma mère a lancé le lave-vaisselle, puis, avec un profond soupir, elle a éteint la lumière et est allée regarder la télévision dans le salon. Je me suis essuyé les mains sur le torchon bleu layette, le même depuis des décennies, et je l'ai regardée se pelotonner sur le canapé et poser une couverture sur ses genoux. Mes pensées s'affolaient. J'avais imaginé qu'elle voudrait me parler. Elle savait que j'avais besoin de parler, de lui raconter tout ce qui s'était passé, l'enchaînement de catastrophes qui m'avait acculée à la crise de nerfs. Je voulais avoir une conversation à cœur ouvert, et son silence me prenait au dépourvu. Savait-elle quelque chose que j'ignorais ? Est-ce que mon effondrement dans l'appartement de Manhattan ne valait pas la peine de s'inquiéter ? J'ai essayé de me rappeler si j'avais réellement prononcé le mot *crise*. Oui, je l'avais dit. Enfin, il me semblait. Peut-être que je me trompais, que je ne faisais pas de crise, que c'était juste une mauvaise journée. Mais pourquoi est-ce qu'elle ne voulait pas en parler ?

Elle s'est levée pendant une pause pub, est allée dans sa chambre et est revenue vêtue de son pyjama et de sa robe de chambre. Toujours souriante, elle a noué la ceinture de sa robe de chambre et s'est rassise sur le canapé en repliant ses jambes sous elle. La façon dont elle évitait mon regard m'a confirmé qu'il n'y aurait pas de discussion.

Vers dix heures du soir, alors que je somnolais à moitié sur le canapé, mon père est rentré du travail. J'ai entendu s'ouvrir la porte du garage, le bruit de ses chaussures dans le couloir et de son attaché-case quand il l'a laissé tomber par terre sur le chemin du placard à manteaux. Tous les soirs, sans exception, ranger son manteau était la première chose qu'il faisait en rentrant : un bruissement de tissu, le son métallique du cintre sur la tringle, et enfin le grincement de la porte qui se referme. J'ai pensé qu'ensuite il irait prendre son assiette froide dans la cuisine et se mettre à table, ou alors qu'il irait se changer, troquant son costume-cravate contre une tenue plus confortable.

Mais il n'a accompli aucun de ces rituels. Il s'est dirigé droit vers moi, s'est assis, m'a serrée contre lui et, en me prenant les mains, m'a demandé avec douceur :

« Comment ça va ? »

J'ai senti le parfum de son eau de Cologne. Tout d'abord, le contraste entre la froideur de ma mère et l'affection de mon père m'a décontenancée, et je me suis sentie étouffée, mal à l'aise ; puis, lorsque j'ai levé les yeux pour croiser son regard, les larmes sont venues. Toutes mes émotions se sont massées dans ma gorge, me coupant le souffle. Il a secoué la tête, m'a attirée contre lui, et ne m'a pas lâchée quand je me suis mise à pleurer, doucement, puis plus fort, secouée de sanglots.

Il m'a aidée à lâcher un peu prise. Je savais que j'en avais terriblement besoin. Il fallait que j'arrête de lutter contre la noirceur. Je lui ai rendu son étreinte et, en ôtant mes mains de mes yeux, j'ai vu que ma mère avait éteint la télévision et pleurait elle aussi.

Je n'ai compris qu'à ce moment-là. Ses larmes étaient celles d'une mère terrifiée, qui n'avait pas la moindre idée de ce qu'elle devait dire ou faire. Son attitude n'avait pour cause ni le désintérêt ni la colère, juste une profonde incompréhension de ce qui m'avait laissée à moitié morte sur le plancher de mon appartement. Elle craignait que, en disant quelque chose de mal ou en tentant de me sonder trop profondément, je ne me renferme sur moi-même pour toujours. L'arrivée de mon père, le risque qu'il avait pris en tentant de m'atteindre, de me faire ressentir quelque chose, la soulageaient au-delà de toute expression.

C'était ainsi que nous fonctionnions. Mon père était capable de me regarder dans les yeux et de voir que quelque chose n'allait pas. Quand il était à la maison, son détecteur de malaise émotionnel ne se trompait jamais. Il m'avait sauvée d'innombrables fois quand j'étais enfant, simplement en m'attirant à l'écart pour me demander si tout allait bien, aussitôt qu'il décelait les ombres dans mon regard. Le problème, c'est qu'il travaillait la plupart du temps où j'étais éveillée. J'avais une bouée de sauvetage, oui, mais elle était hors d'atteinte. Toujours trop occupée.

Mon père m'a gardée contre lui pendant que je pleurais, les bras ballants, le visage rendu insensible par les larmes. Ma mère avait saisi l'une de mes mains entre les siennes et hochait la tête tandis que mon père répétait à voix basse, encore et encore :

« Ça va aller, Julie. Ça va aller. »

Puis il m'a demandé :

« Qu'est-ce qui s'est passé ? »

Et j'ai entendu : « Qui t'a fait ça ? Qu'est-ce qui est cassé, et comment puis-je le réparer ? »

« Rien. »

Je ne lui ai pas dit que j'avais passé des mois à vouloir me jeter sur la chaussée ou sur les rails du métro. Je ne pouvais pas. Ni lui avouer que, en ce moment même, je rêvais d'avaler tous les cachets de la maison.

« Je n'arrive pas à réfléchir… Je déteste… Je déteste être. J'ai envie de dormir jusqu'à ma mort. C'est trop dur, je n'y arrive pas.

— À quoi ? m'a demandé ma mère.

— À exister. »

Ce n'est pas facile d'être un chiot. Ses frères et sœurs sont tout aussi affamés que lui, tout aussi maladroits, sourds et aveugles. Il n'est pas encore un chien, juste une boule de besoin. Une boule de faim. Même s'il parvient à se frayer à grand-peine un chemin jusqu'à une mamelle, il sera très probablement délogé par un autre chiot plus grand et plus fort qui, tout comme lui, essaie simplement de survivre.

Parfois les chiots s'éloignent en chancelant de leur mère et de la couverture qui leur sert de foyer, et se retrouvent sur le sol dur et froid. Là, la mère se lève péniblement, marche vers le petit égaré, le ramasse avec douceur et le ramène à sa famille. Le ramène au nid, où il trouvera nourriture et chaleur.

LE MAUVAIS CHIEN, NEW YORK CITY

Début du printemps 1996

Pendant toute cette histoire avec Will, avant que je craque, j'ai décidé d'adopter un chien. Mon raisonnement était le suivant : Will refusait de m'aimer, mais un chien, lui, ne ferait pas tant de manières. Notre immeuble autorisait les chiens, notre proprio se désintéressait de la question, et même Leah avait accepté l'idée, bon gré mal gré, à condition que ce soit moi qui m'en occupe. Nous avions déjà fait une tentative avec une petite lapine grise, mais elle mordait et n'exprimait jamais la moindre émotion, si ce n'est le jour où je lui avais acheté une laisse pour la promener sur la 82e Rue : elle s'était soulagée sur le trottoir, tétanisée de terreur.

J'ai profité de l'absence de Leah, un week-end, pour me rendre au refuge de la Deuxième Avenue, priant pour trouver auprès d'un chien le même réconfort que lorsque j'étais petite. Je me suis présentée à la réceptionniste, une Latina à la peau superbe et au sourire chaleureux, et lui ai exposé mon projet d'adopter un chien. Elle m'a donné un formulaire à remplir, et nous avons discuté poliment pendant que je notais mon adresse, lieu de travail et situation familiale.

« J'ai toujours eu des chiens, expliquais-je. Toujours. C'est tellement bizarre de ne pas en avoir un en ce moment. »

Elle a hoché vigoureusement la tête.

« Je comprends très bien ! Rentrer à la maison sans être accueillie par une petite queue qui remue, ça n'a aucun intérêt. J'en ai trois. »

J'ai ri et senti les larmes me monter aux yeux. Je ne voulais en aucun cas me mettre à pleurer là, maintenant, alors j'ai fait semblant d'éternuer, j'ai fermé les yeux et je les ai essuyés avec un mouchoir.

Elle a parcouru le formulaire que je venais de lui rendre.

« Super. »

Puis elle a levé les yeux, l'air ennuyé.

« Vous travaillez à plein temps ?

— Oui, mais je travaille depuis chez moi un ou deux jours par semaine. »

C'était un mensonge.

« Je suis écrivain, alors je peux me permettre de rester à la maison. »

Autre mensonge. Elle m'a souri.

« La chance ! Je suis jalouse. Vous n'avez pas d'autres animaux ?

— Non », ai-je répondu très honnêtement en secouant la tête, ayant subitement oublié l'existence du lapin.

« Eh bien, tout ça me semble parfait. Venez avec moi, allons voir quelques chiens. Vous aviez un choix en tête ? »

Je lui ai indiqué que je préférais généralement les gros chiens.

« Avec toute votre expérience, on pourra sans doute vous confier l'un de nos grands. Oh, je sais ! J'ai exactement celle qu'il vous faut. »

Ravie de sa confiance en moi, j'ai fourré les mains dans mes poches afin de ne pas avoir l'air trop enthousiaste.

Elle m'a escortée dans la pièce où ils présentent les chiens aux adoptants potentiels : du béton partout, le sol peint en violet et les murs en orange vif. Une femme massive aux cheveux courts est entrée, chaussée de sabots bleu roi, et s'est présentée comme Rita, maître-chien, avant de me parler un peu d'un chien qu'elle pensait idéal pour moi.

« C'est un amour de fofolle. Pas agressive pour un sou, elle sait obéir aux ordres simples ; elle a juste besoin d'un peu de temps et d'un foyer bien à elle. »

Elle a juste besoin d'un foyer, me suis-je dit. *Elle a juste besoin d'amour. Je peux lui offrir tout ça.*

La réceptionniste a ouvert la porte et laissé entrer un mastodonte gris dans lequel j'ai reconnu un croisement entre un mastiff et un bouledogue. Je n'ai pas ressenti d'affinité immédiate mais, lorsque la chienne est venue vers moi en remuant la queue, un tel contentement m'a envahie que je me suis mise à m'extasier, à sourire, à rire et à tendre la joue pour qu'elle la lèche, avant d'annoncer que je la prenais. J'ai signé tous les papiers à la va-vite, payé cent dollars, et je me suis retrouvée à descendre la Deuxième Avenue derrière mon nouveau chien de quarante kilos.

Arrivée à l'appartement, j'ai peiné à ouvrir la porte tandis que la chienne tirait sur sa laisse. En la faisant entrer, je commençais déjà à me demander si je n'avais pas commis une erreur. J'avais l'impression d'introduire un poney dans mon petit deux-pièces. À peine avais-je poussé la porte que la chienne s'est élancée vers la cage du lapin en aboyant avec fureur, la gueule écumante de bave, ses griffes rayant le plancher. Je l'ai attirée dans la pièce du bas et j'ai tenté de la calmer. Pendant un temps, elle a continué à vouloir remonter l'escalier, puis a semblé s'intéresser à une pile de vêtements sales sur le sol de ma chambre et a fini par grimper sur mon lit. Ses grosses pattes laissaient des traces sur mes oreillers. Enfin, elle en est redescendue.

« Chut, chut, tout va bien. »

Elle a levé vers moi des yeux emplis non d'angoisse ou d'effroi, mais d'absence. Elle semblait avoir basculé dans un état second où la distraction, la méfiance et la peur s'étaient muées en un masque inexpressif. Après tout, je l'avais entraînée dans une pièce sans fenêtres et je l'y retenais de force. Comment savoir ce qu'elle avait traversé avant que je la rencontre ? J'ai mis un peu de musique douce, histoire de l'apaiser et de lui faire oublier la présence de la lapine à l'étage. Allongée sur mon lit, je l'ai invitée à venir s'étendre contre moi, mais elle était trop occupée à renifler frénétiquement tout ce qu'elle voyait, visiblement à la recherche d'un autre petit animal comestible. J'ai pris ma voix la plus affectueuse.

« Viens là, ma belle. Viens sur le lit. Allez, monte. »

J'ai tapoté les draps, et elle a obéi. Je lui ai dit de s'asseoir, puis de s'allonger, ce qu'elle a fait à moitié. Elle est restée à côté de moi pendant environ quatre secondes, rigide, et ces quelques battements de cœur brisé m'ont suffi pour comprendre ce que je souhaitais vraiment : plus que ce chien, plus que tout, c'était le poids d'une autre personne sur ce lit qui me manquait. Je voulais qu'on m'étreigne. Je voulais Will.

Elle ne s'est pas couchée. Au contraire, elle a bondi et couru vers la porte en aboyant. J'ai su que j'avais commis une énorme erreur. Je ne pouvais pas garder ce chien. Le monde entier allait me détester pour ce que j'avais fait. Je lui ai remis sa laisse, j'ai ouvert la porte et j'ai conservé tant bien que mal mon équilibre tandis qu'elle se jetait de toutes ses forces vers la cage du lapin, les poils hérissés, les babines retroussées et baveuses.

« Non ! C'est pas vrai ! »

Je l'ai traînée hors de l'appartement et jusqu'à la Deuxième Avenue.

Le refuge s'apprêtait à fermer quand je suis entrée avec la chienne. Derrière le bureau, la même réceptionniste m'a dévisagée, surprise.

« Vous avez oublié quelque chose ? »

Je n'ai pas pu soutenir son regard.

« Je ne peux pas la garder. Je suis vraiment désolée. »

La chienne haletait, examinant le hall de ses yeux injectés de sang.

La réceptionniste m'a toisée comme s'il venait de me pousser une seconde tête.

« Quoi ? Mais pourquoi ?

— J'avais oublié la lapine de ma colocataire. Il a failli l'avaler tout rond. »

Encore un mensonge.

« *Elle*, a-t-elle dit en m'arrachant pratiquement la laisse des mains. C'est une femelle.

— Je suis désolée. Vraiment. »

Elle a soupiré en regardant sa montre.

« Je vais appeler Rita pour qu'elle la remette dans sa cage. Ensuite, il faudra s'occuper de votre remboursement.

— Ce n'est pas nécessaire. Gardez tout, ai-je dit en évitant soigneusement son regard. Excusez-moi. »

Je suis sortie en courant, bouleversée, parcourue de frissons en repensant à ce que je venais de faire – forcer un animal énorme, terrorisé et surexcité à se coucher auprès de moi sur mon lit... La panique m'a submergée à l'idée que cette année passée en ville m'avait peut-être fait perdre mon lien avec les animaux et la nature. Si c'était vrai, je n'aurais plus aucun recours, ni animal ni humain, rien. Je suis retournée à l'appartement et je me suis couchée, seule, dans un état d'accablement profond, en me promettant que jamais au grand jamais je ne raconterais à quiconque ce que je venais de faire.

Ce retour solitaire depuis le refuge a été comme une vague s'abattant sur une digue déjà fragilisée. Je l'ignorais encore à l'époque, mais la dépression peut fonctionner à la manière d'une simple fuite. Une fois la digue fendue, l'eau commence à s'infiltrer, et la faille s'élargit jour après jour.

Au cours des mois passés à Manhattan, j'ai essayé de m'en remettre à la lune pour m'orienter et ralentir la perte de mes repères. Mais, le plus souvent, je ne la voyais pas. Parfois, un mince croissant apparaissait entre deux gratte-ciel. Je ne parvenais pas encore à m'avouer que les grands espaces de l'Ohio, et ses nuits au silence seulement troublé par les grillons, me manquaient. À New York, je passais la plupart du temps en intérieur, voire en sous-sol. J'ai vite oublié de lever les yeux vers le ciel. Et, quelque effort qu'on fasse, quand l'eau commence à s'infiltrer sous notre porte, impossible de continuer à faire semblant.

NAUFRAGE

19 avril 1996

Le premier matin après mon retour, je me suis réveillée à onze heures, désorientée une fois de plus par un sommeil léthargique. Malgré une nuit de douze heures, je me sentais aussi fatiguée que si j'avais dormi cinq minutes. Le simple fait de sortir du lit m'aurait demandé un effort surhumain.

À onze heures et demie, je n'avais toujours pas bougé. Je ne savais pas quoi faire. Le moindre mouvement me paraissait déplacé, malaisé, étrange. J'avais réprouvé une sensation similaire tout au long de ma vie, mais celle-ci avait dorénavant pris le contrôle. Je ne rêvais que d'immobilité, de silence et de ténèbres. La majeure partie de cette première matinée, je l'ai passée avec un oreiller plaqué sur le visage. Je ne supportais pas le souvenir de mon échec à New York et de ma fuite vers la maison de mon enfance.

Au bout d'un moment, j'ai entendu un déclic lorsque ma mère a entrebâillé ma porte. Elle est entrée sur la pointe des pieds avec des tartines et un jus d'orange, qu'elle a déposés sur ma table de nuit. Avide de solitude, je voulais qu'elle reparte aussitôt, mais elle s'est assise sur le rebord de mon lit, posant une main sur ma hanche. J'ai tressailli à ce contact.

« Ma puce ?

— Quoi ? » ai-je marmonné.

Elle a redressé un peu mon oreiller, et j'ai dû lutter contre une envie soudaine de repousser sa main.

« Je vais déjeuner avec Lynn Sears. C'était prévu depuis un moment, je ne peux pas annuler. Ça va aller ?

— Ouais. »

L'annonce de son départ m'ennuyait tout autant qu'elle me soulageait. Je me suis demandé si elle craignait que je ne lâche délibérément mon sèche-cheveux dans la baignoire.

« Bon… »

Elle a hésité, comme si la phrase suivante nécessitait d'être mûrement réfléchie.

« Euh… Qu'est-ce que… tu vas faire aujourd'hui ? »

Avec le recul, je me rends compte qu'elle faisait de son mieux pour se montrer gentille avec moi. Vérifier comment j'allais. Me faire la conversation. Mais j'ai pris mon oreiller et je le lui ai lancé à la figure. Elle a eu beau lever un bras, un coin de l'oreiller a tout de même atteint sa joue. J'ai ricané et dit :

« Casse-toi, maman. »

Elle s'est levée et est sortie sans un mot.

Je me suis retournée dans mon lit, tremblante. C'était toujours la même chose. Ma mère faisait son possible, et je la punissais. Elle essayait de faire preuve de tendresse, mais ses tentatives pleines de bonnes intentions n'avaient pas l'effet escompté. Elle souffrait d'une sorte de malédiction consistant à toujours dire ce qu'il ne fallait pas, quels que soient ses mots, et à supporter ensuite les conséquences de ma rage et de mon chagrin.

Comme à son habitude, elle est partie en silence, avec précaution. J'ai entendu sa voiture démarrer et la porte du garage se refermer avec un bruit sourd. Son départ a provoqué un maelström de culpabilité, de soulagement et de désespoir, plus d'émotions qu'il n'en fallait pour me replonger dans un sommeil profond. Le sommeil était devenu une échappatoire si précieuse. En sombrant dans les ténèbres, j'ai fait le vœu distinct et pressant de pouvoir dormir pour l'éternité.

Si le destin fonctionne comme je l'imagine, je suis à peu près sûre qu'à cette époque mon chiot dormait énormément, lui aussi. Sa mère lui nettoyait les oreilles à grands coups de langue chaude. Il ne pouvait que téter et dormir. C'est une tâche ardue que d'être un chiot nouveau-né : piétiné, pressé, pris de vitesse pour atteindre la dernière mamelle libre, il avait désespérément besoin de sa mère, mais elle était épuisée. Seul son flair pouvait le guider jusqu'à la mamelle nourricière. Il ne se déplaçait qu'en rampant maladroitement, ses yeux n'étaient toujours pas ouverts, mais il savait que, s'il restait au chaud et en sécurité au sein de sa famille, s'il dormait autant que son petit corps le réclamait, alors tout irait bien.

J'aime à croire que Bunker et moi étions également sans défense face aux écueils de la vie et que notre seul espoir était l'amour inconditionnel de nos mères, qui ont fait ce que font toutes les mères : tout ce qui est en leur pouvoir, afin de sauver leur enfant.

BLARNEY

1982

Après la mort de Midnight, mes parents ont décidé qu'ils voulaient un chiot de race. Ils se sont renseignés et ont trouvé qu'un setter irlandais serait parfait pour notre famille. Nous avons ramené Blarney à la maison quand j'avais environ neuf ans : c'était une minuscule chienne couleur de châtaigne, toute en pattes et aux énormes pieds ronds, qui adorait se rouler en boule et dormir au creux de mes genoux. En dehors des accès d'exubérance communs à tous les chiots, elle était calme et timide, et je lui embrassais souvent la tête, juste sur la protubérance au sommet de son crâne, pendant qu'elle me regardait comme si j'étais un ange. J'aimais aussi brosser ses oreilles soyeuses, dont la fourrure orangée en pagaille avait viré à un riche marron le temps qu'elle atteigne un an.

Clay avait remarqué à quel point nous étions proches et prenait un malin plaisir à la tourmenter devant moi en la poussant, ou en pesant de tout son poids sur elle de sorte que ses longues pattes s'étalent dans toutes les directions, griffant le parquet pour tenter de reprendre leur équilibre. Mais je me rappelle aussi l'avoir vu se blottir contre elle sur le sol, en face de la télévision, quand il pensait que je ne le regardais pas.

Quand nous quittions la maison, Blarney essayait parfois de s'échapper pour nous suivre. Si elle y parvenait, elle courait tout le long de notre allée et poursuivait la voiture pendant plusieurs centaines de mètres, sourde à nos cris.

« Non, Blarney ! Rentre à la maison ! »

Elle fonçait ventre à terre dans l'herbe, évitant les arbres et les boîtes aux lettres, les oreilles rabattues par le vent, les yeux écarquillés, le corps tout entier dédié à sa course.

Un jour, lorsque Blarney avait deux ans, ma mère a sorti sa berline du garage pour aller faire des courses. J'étais dans la cuisine, en train de grignoter quelque chose, quand j'ai vu une tache marron filer à toute vitesse devant la fenêtre.

J'ai couru jusqu'à la porte d'entrée en hurlant :

« Blarney ! »

J'étais émerveillée par sa puissance, par le fait que ses poumons puissent contenir assez d'oxygène pour alimenter son sang. Un setter irlandais lancé à pleine vitesse constitue un spectacle fascinant, les oreilles couchées, la langue pendante. Sa place était dans un pré ensoleillé, entourée de fleurs sauvages et de campagnols ; mais au lieu de ça, elle poursuivait la voiture de ma mère, dans l'espoir de ne jamais être abandonnée. Ma mère a tourné au bout de l'allée et Blarney l'a suivie sur la route, gracieusement, vivement, au moment même où un bus de ramassage scolaire arrivait dans l'autre sens.

Je me suis immobilisée à mi-chemin de l'allée et j'ai vu le bus la percuter de plein fouet. Sa tête a rebondi contre la grille du radiateur, ses douces oreilles agitées de soubresauts. Puis son corps est tombé sur la chaussée et le bus a roulé dessus avant de s'arrêter quelques dizaines de mètres plus loin.

J'ai porté les mains à ma bouche pour savoir si le hurlement que j'entendais provenait vraiment de moi. Je me suis mise à courir. Dans le bus, les enfants se pressaient aux vitres pour contempler ma chienne adorée. Le chauffeur a ouvert la porte et est descendu à l'extrémité du marchepied, mais pas plus loin. Immobile au bout de l'allée, à cinq mètres de l'endroit où gisait Blarney, je n'ai compris que ma mère avait arrêté sa voiture que lorsqu'elle m'a saisi les poignets en me criant d'arrêter de hurler.

« Respire, Julie ! Respire ! »

Je ne savais plus que hurler. J'ai voulu me rapprocher de Blarney, mais ma mère m'a retenue en faisant signe au chauffeur de bus de reprendre sa route. Quand le bus s'est éloigné, j'ai enfin réagi :

« Il s'en va ! Il a écrasé Blarney et il s'en va ! Maman, appelle la police ! Il ne peut pas partir comme ça ! »

Mme Rankins, la veuve âgée qui habitait seule dans la maison d'en face, est sortie et s'est postée sur le bord de la route, les bras croisés. Elle n'avait jamais aimé Blarney : elle la chassait de son jardin à coups de balai. Rabougrie, les cheveux bruns et courts, elle passait ses journées à regarder par la fenêtre en faisant la grimace.

« Madame Rankins, lui a lancé ma mère. Vous voulez bien garder Julie pendant que j'emmène Blarney chez le vétérinaire ? »

Je me suis tournée vers elle, outrée.

« Non, maman, je veux y aller aussi ! Je me mettrai derrière avec Blarney. »

Si ma chienne souffrait, si elle devait mourir, il fallait que je sois avec elle, que je la rassure. Elle avait mal ; moi aussi. Elle avait peur ; moi aussi. Elle ne pouvait pas mourir sans que je lui dise que le monde était beau, qu'elle avait été merveilleuse, et que je l'aimais. Pas question de la laisser affronter tout cela seule.

« Julie, a dit ma mère. Vas-y.

— Mais je ne peux pas l'abandonner ! »

Ma mère voulait me protéger : elle ignorait qu'à mes yeux Blarney était à moi. Elle représentait l'amour et le réconfort dans cette famille que je ne comprenais pas. Elle ne pouvait pas mourir sans que je sois à ses côtés.

Mais je n'ai pas eu le choix. Mme Rankins m'a saisie par le bras et tirée dans son jardin. L'image de Blarney percutant le bus et retombant sur la route défilait sans cesse devant mes yeux, me réduisant au silence. Mes larmes se sont taries brusquement. Mes lèvres me picotaient. En tournant la tête, j'ai aperçu les deux fils des voisins qui hissaient le corps de

Blarney à l'arrière de la voiture de ma mère. Sa tête pendait, inerte, sans vie.

Mme Rankins m'a fait entrer dans sa maison qui sentait l'antimite et le désinfectant. Tout y était marron foncé : la moquette, les murs, le tapis, la cuisinière, le réfrigérateur. J'ai accepté sans un mot les biscuits et le lait qu'elle m'a proposés, et j'ai attendu que ma mère revienne.

Quand la sonnette a enfin retenti, j'ai suivi Mme Rankins dans l'entrée, et il m'a suffi d'entrevoir le visage de ma mère par l'entrebâillement de la porte pour savoir que Blarney n'était plus. Elle était morte, et je n'avais pas pu être avec elle.

Ce soir-là, j'ai regardé mon père jouer du piano et pleurer. Ces quelques jours de deuil, chaque membre de la famille les a vécus séparément. Tout le monde mangeait seul, sanglotait seul, et se couchait tôt. Dans la nuit, alors que je me tournais et me retournais dans mon lit, j'ai entendu Clay pleurer à travers le mur. Une main levée, j'ai hésité à toquer contre la cloison pour qu'il sache que moi aussi j'étais triste. À tous les coups, il me répondrait par une insulte ; mais j'ai pris le risque, plié le doigt et frappé trois coups légers. Silence. Plus jamais je n'entendrais notre belle, grande Blarney se précipiter dans le couloir. Mais, alors que j'avais abandonné tout espoir, trois petits coups ont retenti en réponse.

LAC BEAUCHÊNE, QUÉBEC

Mai 1996

Quelques heures après que je lui ai jeté mon oreiller à la figure, ma mère est rentrée et m'a trouvée au lit, toujours. Elle a ouvert les fenêtres de ma chambre avant de ressortir sans un mot. J'ai apprécié son silence, l'air frais, le son du vent dans les arbres, le chant des oiseaux. La nature foisonnait dans les bois juste à l'extérieur de ma chambre, et la vie se poursuivait pendant mon sommeil. Que je sois là ou non n'avait aucune importance. La Terre continuait à tourner, le Soleil à se lever et se coucher, la Lune à croître et décroître. Cette continuité était pour moi une consolation, et la preuve que je n'avais pas besoin de vivre.

La faim a fini par me tirer du lit et je suis allée me servir un bol de céréales dans la cuisine. Pendant que je mangeais à table, somnolente, ma mère s'est assise face à moi avec une tasse de café et le journal. L'horloge indiquait treize heures trente. J'ignorais quel jour on était, si ma mère avait pris un congé ou si c'était le week-end.

« Tu as le bonjour de Lynn. »

Elle a pris une longue gorgée de café.

« Elle est contente que tu sois rentrée. Elle aussi a vécu à New York pendant plusieurs années, et elle avait vraiment hâte d'en repartir. »

J'ai fixé le mur en ravalant une envie instinctive de défendre Manhattan. Une partie de moi adorait New York, son énergie, son potentiel, son agitation.

« Oh, et papa a appelé, a dit ma mère, qui se cachait maintenant derrière son journal. Il essaie de voir s'il ne peut pas t'emmener au lac Beauchêne dans les semaines qui viennent. »

Le lac Beauchêne était une réserve de pêche québécoise. Mon père l'adorait : il y avait emmené Clay tous les étés. Parfois, mes parents s'y rendaient avec des amis. Je n'y étais jamais allée. La dernière fois que mon père et mon frère avaient fait le voyage, ils étaient accompagnés d'un ami de Clay et de son père, en phase terminale. Cet homme, qui n'avait plus que quelques semaines à vivre, voulait passer quelques-uns de ses derniers jours sur ces eaux sacrées en compagnie de son fils, à prononcer des paroles que personne d'autre qu'eux et les pygargues n'entendraient. J'avais trouvé cela terriblement beau et tragique, et j'en avais conçu une vision du lac Beauchêne comme d'un endroit réservé aux conversations exceptionnelles.

J'étais bien consciente que ce voyage était pour mon père l'occasion de *sauver Julie*, mais je m'en moquais. S'il voulait me sauver, qu'il essaie. Il y avait treize heures de route jusqu'au lac, et je ne demandais pas mieux que de passer treize heures en tête à tête avec mon père, suivies de plusieurs journées en barque. J'avais besoin d'un endroit isolé, sans interruptions, sans travail, avec seulement des arbres, des oiseaux, du matériel de pêche et l'attention de mon père. J'avais envie d'entendre les cris des pygargues dans la brume du matin.

« Tu penses que ça pourrait te plaire, d'aller pêcher ? » a demandé ma mère.

J'ai remarqué avec quelles précautions elle avait formulé sa phrase.

« Ouais, pourquoi pas. »

Elle a abaissé le journal pour me dévisager par-dessus ses lunettes, eu un léger sourire et proposé de débarrasser mon bol.

« Merci. »

Je me suis hissée sur mes pieds, traînée jusqu'au canapé et me suis absorbée dans la télévision : d'abord MTV, puis, en cherchant un film bien ringard, je suis tombée sur *L'Amour à l'envers* et je me suis blottie dans les coussins, ravie de cette escapade.

À quelques détails près, les jours suivants se sont déroulés de la même façon : je dormais jusqu'à midi, et ma mère se déplaçait sur la pointe des pieds pour me fournir en nourriture tandis que, couchée sur le canapé, j'allais et venais entre télévision et sommeil. Je lui étais reconnaissante de sa patience et de sa réserve. Elle était venue jusqu'à New York pour me secourir, et le lendemain je lui avais jeté un oreiller au visage. Elle aurait eu parfaitement raison de m'en vouloir.

Papa a organisé notre voyage pour la semaine suivante. Pendant quelques jours, j'allais pouvoir m'échapper de cette chambre étouffante. Le samedi matin, mon père et moi avons chargé la voiture tandis que ma mère s'affairait autour de la glacière, remplie de sandwichs à la confiture et au beurre de cacahuète, de chips, de pommes, de cookies et de sodas. Je me sentais à nouveau mal, mes pensées s'assombrissaient, mais j'ai réussi à fourrer quelques sous-vêtements dans un sac et à m'installer sur le siège passager.

Mon père et moi avons commencé à parler une fois sur l'autoroute. Depuis mon retour à la maison, excepté le soir où il m'avait prise dans ses bras, nous avions à peine échangé quelques mots. Il passait la majeure partie de son temps à travailler, et moi à dormir.

C'est donc dans sa voiture, sur la route 71 en direction du nord, qu'il m'a demandé ce qui s'était passé avec Will. Je lui ai dit que j'étais tombée profondément amoureuse, mais que Will avait des démons à affronter. Que je l'aimerais toujours, que c'était un homme bien. Mon père a répondu que, de son point de vue, Will était beaucoup trop négatif, et que j'étais mieux sans lui. J'ai regardé la route en souriant.

Pour tout dire, Will avait commencé à me téléphoner la deuxième semaine après mon retour.

« Tu me manques, disait-il. Je ne pensais pas que tu me manquerais autant. Ta peau me manque, personne d'autre n'a la peau aussi douce. Personne ne sait m'embrasser comme toi. »

Je savais, bien sûr, qu'il avait connu d'autres femmes pendant que j'étais à New York, et aussi après mon départ, et j'étais suffisamment lucide pour me rendre compte que je lui manquais en partie parce que j'étais hors d'atteinte. Mais j'avais besoin d'être désirée et, quelque part, je l'aimais toujours, si bien que je répondais à ses appels dans ma chambre, au beau milieu de la nuit. Je lui disais qu'il me manquait également, que je ne comprenais pas pourquoi les choses avaient dégénéré entre nous. Il laissait entendre qu'un jour, peut-être, elles pourraient s'arranger, mais je ne parvenais pas à m'en convaincre.

Chaque kilomètre qui me séparait de l'Ohio semblait emporter avec lui une couche de malaise. J'avais l'impression de quitter New York à nouveau, de laisser mes problèmes derrière moi. Du fond de mon esprit, je me disais que je devais me montrer prudente : il ne fallait pas que prendre la fuite devienne une habitude. Un peu après la frontière canadienne, pendant que nous contournions le lac Ontario, nous nous sommes arrêtés pour faire le plein et j'ai pris le volant. Mon père a demandé :

« Tu veux bien que je te parle de la mort de mes parents ? »

Prise de court, je lui ai lancé un regard et j'ai hoché la tête.

Mon père était présent à la mort de ses deux parents. Sa mère était décédée alors qu'il avait vingt-quatre ans, bien avant la naissance de Clay. Elle souffrait de cardite rhumatismale : son cœur prenait trop de place dans sa poitrine. Elle est morte à l'hôpital sous l'œil terrifié de mon père qui, comme mon grand-père, l'aimait plus que tout. Ils aimaient sa grâce infaillible, son sourire joyeux, sa bonté face aux difficultés de la vie pendant la Grande Dépression. Mon père était en école de droit à ce moment-là, marié depuis deux ans, et louait avec ma mère une petite maison à Ithaca, dans l'État de New York. Il a fait son deuil entouré de textes de loi, en luttant pour s'accoutumer à deux sortes de réalités : le droit, et la vie sans sa mère.

Après la mort de ma grand-mère, il arrivait souvent que mon grand-père surgisse sans prévenir à la porte de mes parents. Mon père, qui pensait ouvrir à un camarade de classe, se retrouvait alors face au visage blême et éteint de mon grand-père, qui avait fait d'une traite le trajet Illinois-New York pour voir son fils. Il s'effaçait pour le laisser entrer, lui serrait fermement la main, puis l'étreignait pendant un long moment. Ma mère improvisait un dîner simple et ils s'asseyaient tous les trois autour de la table pour discuter. Mon grand-père, souriant à la vie que bâtissait son fils, grattait leur beagle entre les oreilles et tapotait ses genoux pour l'inviter à grimper dessus.

Ensuite, assis sur le canapé, les deux hommes parlaient des heures durant, mon grand-père évoquant de vieux souvenirs de sa vie, de ma grand-mère, et de Marty, son vieux beagle obèse, qu'il avait dû faire piquer peu après la mort de sa femme. C'était, d'après mon père, les moments les plus tendres et les plus poignants qu'il ait jamais passés avec le sien. Mon grand-père parlait, mon père l'écoutait, et ils pleuraient ensemble. Au cours de l'une de ces conversations, mon grand-père lui avait demandé à voix basse :

« Tu sais ce que je suis en train de faire, n'est-ce pas, mon grand ? »

Mon père avait tendu l'oreille.

« Je fais mon deuil. Et je sais que les choses vont s'arranger, parce que le temps guérit toutes les blessures. »

Tout en conduisant, j'ai compris ce que mon père voulait me dire en me racontant cette histoire : que lui et mes ancêtres avaient souffert, eux aussi, et que chacun supporte la douleur émotionnelle à sa manière. La solidarité que j'ai ressentie envers ces deux hommes endeuillés m'a apporté davantage de consolation que je n'en avais connue depuis des années, mais une petite voix dans ma tête refusait toujours de se taire, soulignant que c'était la mort qui les avait rendus si tristes, alors que moi, c'était la vie.

Mon grand-père avait enduré des épreuves inimaginables : chassé de la maison à neuf ans par sa mère, qui n'avait pas souhaité sa naissance, il avait vécu dans la rue et dû travailler pour gagner de quoi survivre. Il se battait sans cesse avec les autres gamins sans logis, distribuait le journal au cœur de l'hiver, chaussé de souliers troués. En voyant cela, une dame qui faisait partie de ses clients lui avait donné les vieilles bottines à talons de sa fille, et il les avait acceptées avec gratitude, peu soucieux des moqueries que des chaussures de fille pouvaient lui attirer. Tout ce qui importait, c'était que ses pieds soient au chaud. Il n'a jamais oublié la gentillesse de cette dame.

Malgré sa misère, il avait appris à se servir de l'amour pour égayer les moments difficiles et compris qu'en se concentrant sur la bonté, la douceur, l'empathie et la sagesse de ce qui l'entourait, il serait plus fort. Sa force était devenue un don pour notre famille, protégeant ses membres des générations durant. Je craignais hélas de n'en avoir pas hérité.

Pendant notre traversée des plaines boisées du Québec, mon père a dû supporter mes choix musicaux : Ani DiFranco, encore et encore, sans interruption. Et alors qu'on roulait au milieu de nulle part, seule voiture à des kilomètres à la ronde, il m'a demandé :

« Tu veux savoir comment ton grand-père est mort ? »

J'ai acquiescé en crispant les mains sur le volant.

On lui avait diagnostiqué un cancer du poumon vers 1978. Mon père avait trente-trois ans, mon frère huit, moi cinq. Mon père était déjà plongé jusqu'au cou dans son travail d'avocat ; je me demande à présent si son obsession pour son métier n'était pas une diversion pour oublier la mort de sa mère.

En août 1978, alors que le cancer gagnait du terrain, il est devenu clair que mon grand-père n'avait plus que quelques jours à vivre. Mon père a donc pris un congé pour se rendre à son chevet à l'hôpital de Canton, Illinois. La fin était proche. Mon grand-père peinait à s'exprimer, et les infirmières l'ont prévenu qu'il se pourrait qu'il ne passe pas la nuit : il respirait difficilement et sa peau avait viré au grisâtre. Mon père est resté toute la nuit aux côtés de son héros, de l'homme qui lui avait répété sa vie entière à quel point il était aimé et talentueux, et qu'il pouvait accomplir n'importe quoi s'il s'en donnait la peine.

« Respire, papa. Ne t'arrête pas. »

C'est devenu une prière.

« Encore une fois. Respire, papa, s'il te plaît. S'il te plaît, encore une fois. »

Mon grand-père s'épuisait. Mon père lui avait pris les mains et les serrait avec ferveur en regardant s'éteindre le dernier survivant de sa famille proche. À l'approche de l'aube, la gorge nouée par l'émotion, il s'est mis à réciter le psaume XXIII tandis que le soleil paraissait à l'horizon.

« L'Éternel est mon berger. Je ne manquerai de rien… »

Mon grand-père a cessé de vivre alors qu'il prononçait les derniers mots :

« Oui, le bonheur et la grâce m'accompagneront, Tous les jours de ma vie, Et j'habiterai dans la maison de l'Éternel, Jusqu'à la fin de mes jours. »

Avec son dernier souffle est venu du sang, beaucoup de sang, et mon père est sorti immédiatement de la chambre, traumatisé. Il m'a raconté qu'une fois dehors, dans le lever de soleil, il ne savait plus où aller. Puis il s'est rappelé les trajets interminables que faisait son père pour se rendre à Ithaca, et il a commencé à marcher. Il a traversé toute la ville de Canton, concentré sur sa peine, et il marchait toujours quand le soleil a atteint son zénith, sans savoir comment il pourrait continuer à vivre ce jour-là, et tous les jours qui suivraient. Peut-être a-t-il décidé pendant cette marche que sa seule consolation serait son travail. Le travail était constant, il ne pouvait pas mourir, ni s'en aller. Et il lui permettrait de faire vivre sa femme et ses enfants.

Sur l'autoroute canadienne à deux voies, mon père pleurait, secoué de sanglots. J'ai envisagé de m'arrêter sur le bas-côté, mais je savais qu'il ne voulait pas que je le fasse, alors j'ai essayé de me concentrer sur ma conduite. C'était cela qu'il voulait, que je l'écoute tout en allant de l'avant. Que je sache que je n'étais pas la seule à avoir connu cette souffrance dévastatrice.

Son père lui avait enseigné tout ce qu'il savait de la bonté, de l'amour inconditionnel pour les siens, de la famille et de la persistance. Il lui avait fait don de la musique, de la nature et du sport, et lui avait appris à exprimer sans complexe ce qu'il ressentait ; et, le matin de sa mort, mon père avait parcouru des kilomètres de trottoirs envahis de mauvaise herbe, regardé les champs de soja et de maïs au loin, avec au creux de sa poitrine un vide douloureux qu'il espérait un jour combler par l'amour de sa nouvelle famille et le souvenir ému de ses parents.

J'ai pleuré aussi, sans cesser de conduire, clignant des yeux pour chasser les larmes. L'idée que je pourrais perdre l'un de mes parents à vingt-quatre ans et le second à trente-trois me terrifiait. Comment avait-il survécu à cela ? J'ai commencé à mieux comprendre pourquoi il aimait tant ma mère, son caractère solide et sa capacité à se lever tous les matins le sourire aux lèvres.

Nous sommes restés silencieux pendant plusieurs kilomètres. Je lui tenais la main. Je me sentais si chanceuse d'avoir dans ma vie un homme qui ne craignait pas de pleurer. Mon père prenait ses émotions à bras-le-corps, il les ressentait profondément, et j'ai regretté à cet instant qu'il n'ait pas été plus présent quand j'étais enfant, pour me dire que mes sentiments et mon chagrin n'étaient en rien une preuve de faiblesse. J'ai fait taire cette pensée. Il faisait de son mieux pour m'aider, je ne pouvais pas lui dire maintenant à quel point ses absences répétées m'avaient fait du mal.

Le premier matin, lorsque nous nous sommes réveillés dans notre petite cabane au bord du lac, les pygargues criaient. Je n'arrivais pas à les repérer, mais leurs cris éplorés résonnaient tout autour de moi, comme s'ils disaient :

« Viens. Embarque sur nos eaux sacrées, et prends ta tristesse avec toi. Nous t'en soulagerons. »

Mon père a préparé les cannes et les appâts, pris le plan et tenu ma main pendant que je montais dans le bateau. On s'éloignait de la rive quand le soleil a dardé ses rayons au-dessus de l'horizon. Mon père a dirigé la barque vers le détroit qui séparait Beauchêne et le Petit Beauchêne, les deux lacs principaux : autour de nous, l'eau étincelait comme du cristal, regorgeant de poissons invisibles.

On n'était pas de très bons pêcheurs, mais ce n'était pas grave. Nos cannes à pêche posées contre le rebord de la barque, je lui ai parlé de Brian, mon premier petit ami de fac, et de tous les sentiments qui m'habitaient encore depuis ce premier amour. Je lui ai parlé de ma relation avec Will, qui m'avait semblé si pleine de promesses avant de partir à vau-l'eau. J'ai même fini par lui raconter comment j'avais pitoyablement perdu ma virginité à dix-sept ans. J'ai lu de la douleur dans ses yeux, et un effort pour tenter de comprendre

Nous avions emporté notre déjeuner dans la glacière, et après manger, sous la chaleur sur soleil, le lac nous a bercés dans un sommeil paisible. On s'est réveillés en sursaut lorsque la barque a heurté un arbre mort : mon père, effrayé et désorienté, avait les cheveux dressés sur la tête et ses lunettes pendaient de travers sur son nez. Qui sait à quoi je ressemblais : je ne m'étais pas douchée depuis l'Ohio. Chacun de nous a éclaté de rire en apercevant l'autre, jusqu'à en avoir mal aux côtes. Puis, après quelques heures de pêche, on est rentrés à toute vitesse à la cabane, affamés. Le vent et l'oxygène qui me fouettaient le visage sur le trajet du retour m'ont brièvement rappelé ce que c'était qu'être heureuse.

À partir d'un fragment d'histoire confié par son éleveuse, j'ai pu déterminer qu'à peu près au même moment Bunker faisait lui aussi la découverte du vent, de l'eau et de l'air frais. Tous les chiots, alors âgés de six semaines, s'étaient échappés par la porte de la buanderie laissée entrouverte et s'étaient élancés dans les bois derrière la maison, jusqu'à la rivière. Leur gentille propriétaire ne s'en est rendu compte que bien plus tard, lorsqu'en rentrant des courses, intriguée par le silence ambiant, elle a ouvert la porte et constaté qu'il ne restait pas un seul chien dans la maison.

Ils avaient tous suivi le père de Bunker, comme s'il s'était agi du joueur de flûte de Hamelin, jusqu'à Racoon Creek : de l'autre côté de la route, tout en bas d'une côte, où les vieux chiens aimaient faire la sieste pendant que leurs maîtres se baignaient. C'était une sortie non autorisée, cependant : et la gentille dame s'est vite retrouvée dans les bois, munie d'une lampe-torche, à crier :

« Hunter ! Ramène-toi par ici ! »

Hunter, le papa chien, s'est précipité vers elle et les chiots, pour la plupart, ont suivi le mouvement. Elle les a aussitôt mis en laisse, mais il en manquait deux : Bunker et son plus grand frère, qu'elle a dû aller récupérer en pataugeant dans l'eau boueuse jusqu'aux chevilles. Ces deux-là, nous a-t-elle raconté, étaient bien trop occupés à s'ébattre dans le crépuscule pour lui obéir, couverts de boue et ivres de découvertes.

RHYTHM IS GONNA GET YOU

Automne 1988

Clay allait au lycée pour garçons de Columbus, celui avec lequel mon lycée pour filles organisait ses bals de promotion, ses fêtes et ses matchs de football américain. Clay avait du succès ; moi pas. Les filles populaires de mon lycée étaient très étonnées que je sois sa sœur, et ce jusqu'à ma première soirée lycéenne. La fratrie organisatrice, dont le grand frère était dans la classe de Clay et la petite sœur dans la mienne, nous avait invités tous les deux. Beaucoup des filles populaires de mon âge seraient présentes, et je désespérais de faire partie de leur nombre.

Mes parents avaient forcé Clay à m'emmener. J'ai fait monter mes cheveux permanentés à des sommets vertigineux, soigneusement ourlé mes lèvres de rouge avant d'y appliquer un gloss scintillant, puis enfilé mon jean délavé moulant et mon sweat à grosses rayures bleues, rouges et jaunes. Il ne restait plus que mes mocassins, décorés de pièces brillantes, et j'étais prête. Clay m'attendait dans la voiture en klaxonnant : mon père nous avait autorisés à prendre sa voiture de sport, la Mazda RX-7 bordeaux.

En arrivant à la fête, j'avais le ventre noué. Clay s'est dirigé droit vers la cuisine pour échanger de grandes claques dans le dos avec ses amis, et je suis restée seule dans l'entrée, à danser d'un pied sur l'autre sans trop savoir où aller.

Des vibrations de basses provenaient du salon à l'étage inférieur, en bas d'un petit escalier : un canapé et un fauteuil étaient disposés face au téléviseur et à la chaîne stéréo, et, en guise de mur du fond, des portes-fenêtres coulissantes s'ouvraient sur un patio où trônait un jacuzzi. L'eau chaude tourbillonnait dans la fraîcheur du soir.

Les filles populaires de mon lycée se tenaient toutes ensemble dans un coin de la pièce, tels des joueurs de football permanentés en pleine discussion stratégique. Quand elles m'ont vue arriver, elles ont examiné ma tenue de bas en haut et lancé :

« Oh, salut ! »

Je leur ai adressé un signe de la main sans décoller mon bras du corps, et je me suis approchée – ce qui aurait pu très mal se passer. Mais elles se sont écartées pour me faire une place et m'ont saluée tour à tour par une étreinte molle. Kathy, la fille la plus riche et la plus cool du lycée, m'a demandé si j'étais contente de venir à une fête, comme si j'avais cinq ans. J'ai souri et hoché la tête comme une gamine de cinq ans.

La chaîne stéréo était réglée sur la fréquence 97.9, WNCI. C'était ma radio préférée. Je connaissais presque tous les morceaux qu'ils passaient, sur lesquels je faisais mon jogging et me trémoussais seule dans ma chambre pendant des heures. J'avais même téléphoné une fois et gagné des places pour un concert de Prince, le Lovesexy Tour. Pendant que les filles papotaient, je battais la mesure sur « Nothing's Gonna Stop Us Now », de Starship, souriante.

Deux garçons de dernière année ont descendu l'escalier, sont sortis et se sont mis en caleçon avant de se glisser dans le jacuzzi. Kathy s'est avancée vers eux et a lancé :

« Les mecs ! On n'est pas censé aller dans le jacuzzi avant d'avoir assez bu ! C'est pas possible que vous soyez déjà bourrés ! »

Elle a éclaté de rire tandis qu'ils hochaient la tête et entraient dans l'eau, tout sourire. Puis elle m'a prise par le bras.

« Oh mon Dieu, ils sont complètement torchés, et il n'est même pas neuf heures ! »

Je n'arrivais pas à croire que cette fille si appréciée soit en train de me toucher et de me parler en riant.

« Ils pourraient se noyer », ai-je dit.

Elle s'est tournée vers moi, les yeux écarquillés, et j'ai souri comme si je plaisantais. La radio a passé une publicité, puis le DJ a déclaré quelque chose d'inintelligible avant que commencent à résonner les premières notes de synthétiseur caractéristiques d'« I Want Your Sex », de George Michael. Les filles ont poussé des cris hystériques et commencé à sauter sur place ; Maddie m'a prise par la main, m'a guidée jusqu'à un espace libre au milieu de la pièce, et on a dansé.

J'osais à peine bouger, de peur que des garçons ne nous observent. Mais Clay était toujours à l'étage avec ses amis, et les deux baigneurs ne nous prêtaient aucune attention. Alors je me suis mise à sourire et à rire au milieu des autres filles en train de sautiller, les yeux clos. Maddie et Kathy dansaient bien, mais Diane et Renee étaient ridicules. J'étais tout aussi abasourdie par leur manque de rythme que par le fait qu'elles semblaient s'en moquer éperdument.

« C-C-C-C-C-C'mon ! »

On chantait toutes en chœur. J'ai senti mon corps se détendre. Quelqu'un a éteint les lumières, des filles ont crié. Tout de suite plus à l'aise, j'ai répété certains des mouvements que j'avais élaborés dans ma chambre – quelques déhanchés bien sentis, suivis par une pirouette sur la pointe des pieds. Toutes les filles m'ont acclamée :

« Allez, Julie ! Woohoo ! »

J'ai continué, mi-embarrassée, mi-exaltée, et bientôt je me démenais comme si j'avais été seule chez moi, les lumières au minimum, la musique à fond. À cela près que j'étais avec des amies, de vraies amies, qui partageaient entièrement ma passion pour la danse.

Au bout de trente minutes, je me suis dit que si les soirées lycéennes ressemblaient à celle-ci, alors je ne voulais pas en rater une seule. Je connaissais toutes les paroles des chansons, et les autres filles me regardaient danser et chanter en play-back, et tentaient d'imiter mes mouvements ; j'avais l'impression de sentir mon statut social s'élever à chaque déhanché.

Quand la radio a passé « Heaven Is a Place on Earth », de Belinda Carlisle, tout le monde a chanté les premières phrases aussi fort que possible :

« *Ooh, baby, do you know what that's worth ? Ooh, heaven is a place on earth. They say in heaven, love comes first. We'll make heaven a place on earth !* »

Je dansais avec abandon, essoufflée à force de rire. Je ne m'étais jamais autant amusée. Jamais. De toute ma vie.

Les deux baigneurs n'ont pas tardé à venir danser avec nous, leurs caleçons dégoulinants. J'ai trouvé ça génial. Je ne connaissais encore rien au sexe, j'ignorais que la danse pouvait mener à autre chose qu'à une limonade bien fraîche et un gâteau. De mon point de vue, tout se passait à merveille. Le monde entier était un endroit incroyable et extraordinaire, et ce grâce à ce salon obscur où les filles populaires et moi dansions sur les morceaux de Belinda, George et Whitney. La soirée tout entière a fini par se centrer sur la piste de danse. J'étais luisante de transpiration, comme tous les autres. J'avais envie de danser toute la nuit. C'était si simple, si étourdissant. De temps en temps, une amie m'agrippait et on sautillait de concert, ou on essayait de synchroniser nos mouvements en se tenant les mains. Parfois, un garçon venait se plaquer contre mon dos, et on se balançait de gauche à droite. J'adorais cette sensation. Quelque chose de magnifique était en train d'éclore en moi. J'ai fait ma meilleure imitation d'Axl Rose (absolument parfaite, au passage) et ri si fort que j'en ai eu les larmes aux yeux.

À un moment, pendant « Notorious », de Duran Duran, j'ai remarqué Clay qui me fixait depuis l'autre bout de la pièce. Je lui ai fait signe de nous rejoindre, mais il a regardé ailleurs et m'a tourné le dos. Tant pis. Je m'en fichais. Tout le monde a crié :

« *No-No-Notorious !* »

Je me sentais belle. J'avais l'impression d'être à ma place. J'ai surpris quelques garçons en train de me regarder danser, et pour la première fois de ma vie j'ai envisagé honnêtement la possibilité que je sois jolie.

J'ai eu envie d'aller aux toilettes pendant « Open Your Heart », de Madonna. Alors que je montais l'escalier, Clay m'a suivie et attrapée par le poignet.

« Allez, on s'en va.

— Pourquoi ? »

J'ai regardé ma montre, il n'était que onze heures trente, et nos parents nous avaient dit de partir à minuit. Nous n'étions là que depuis trois heures.

« Il nous reste encore une demi-heure », ai-je dit.

Hors d'haleine, exaltée par la danse, je ne pensais qu'à retourner sur la piste.

« Ouais, eh bien moi, j'y vais, a répondu Clay. Et c'est moi qui te ramène. Alors viens.

— Oh, s'il te plaît ! On ne peut pas rester encore un peu ? J'adore cette chanson. »

Il s'est mis à crier.

« Tu es ridicule, bordel ! Ramène-toi et viens à la voiture tout de suite !

— Mais il faut que j'aille aux toilettes. »

Complètement insensible à sa mauvaise humeur, je pesais le pour et le contre du fait qu'il reparte sans moi. Il a ouvert la porte d'entrée et s'y est adossé.

« Alors bouge ton cul.

— D'accord, d'accord ! »

Je me suis glissée dans les toilettes et j'ai fait pipi en chantant.

« *I'll hold the lock and you'll hold the key. Open your heart to me-e-e.* »

Quand je suis ressortie, je lui ai demandé si je pouvais aller dire au revoir à mes nouvelles amies.

« Non. On y va. »

En bas de l'escalier, j'ai entendu les premières notes de « Faith », de George Michael.

« Oh… Je peux rester juste pour celle-là ? S'il te plaît ? Alleeez !

— Moi, je me casse. »

Il a claqué violemment la porte derrière lui. Je n'avais aucune idée de comment rentrer sans lui, si bien que je l'ai suivi jusqu'à la voiture. J'étais trop heureuse, essoufflée et en sueur pour lui en vouloir de me forcer la main.

On est restés dans la voiture un moment sans qu'il fasse mine de démarrer, les mains posées sur le volant, le regard fixé sur ses genoux. J'allais lui demander ce qu'il attendait quand il s'est mis à parler entre ses dents.

« T'avais… l'air d'une… d'une putain de michetonneuse. »

Il a postillonné sur les derniers mots. J'ignorais totalement ce que pouvait être une michetonneuse. Je me demandais si ç'avait un rapport avec « mythomane ».

« Quoi ?

— Qu'est-ce que tu foutais là-dedans, putain ? »

Je commençais à avoir peur. Il était en dernière année, il allait à ce genre de soirées depuis longtemps, il savait comment il fallait se comporter. Visiblement, j'avais fait quelque chose de carrément minable. J'ai essayé de répondre avec aplomb.

« Je ne vois pas du tout de quoi tu parles.

— Te fous pas de ma gueule. Tu vois très bien.

— Non. Vraiment pas. »

Serrant le volant entre ses doigts, il a attendu quelques secondes avant de lâcher :

« Tu ressemblais à une énorme salope. Une grosse pute. J'ai tellement honte à cause de toi. J'arrive pas à croire que t'aies fait ça, putain. T'as de la chance que je t'aie sortie de là avant que tu ruines ta réputation pour toujours. Merde ! »

Il a abattu ses mains sur le volant.

« Mais je ne faisais que danser. »

Ma voix ressemblait à celle d'un enfant. Tout le monde s'amusait, non ? C'était peut-être ma première soirée, mais je prenais exemple sur les autres. Ce n'était pas comme si j'avais été la seule à danser. Clay, lui, était catégorique : à ma toute première soirée lycéenne, j'avais déjà réussi à me ridiculiser au-delà du possible.

« Une fille ne peut pas danser comme ça, Julie. Ce que t'as fait ce soir, c'est que tu as dit à tous les mecs de la pièce que t'avais envie de coucher avec eux. Tous. Heureusement que je t'ai sortie de là. »

Lentement, les larmes sont venues. J'ai enfoui mon visage entre mes mains, et il s'est enfin décidé à faire démarrer la voiture et à gagner la route.

J'ai passé tout le trajet de retour à pleurer en silence. Il n'a plus dit un mot, la mâchoire crispée, les mains serrées sur le volant. Quand on est arrivés à la maison, je suis allée m'enfermer dans ma chambre sans rien dire et je me suis mise au lit. Sans enlever mes vêtements. J'ai juste arraché mes mocassins à coups de pied avant de me glisser sous les draps à fleurs.

Je m'étais tournée en ridicule et j'avais fait honte à mon frère. Je me rendais parfaitement compte de la gravité de mes actes. Dans mon lit, j'ai choisi ma pénitence. Je ne danserais plus jamais au cours d'une soirée. Je n'accepterais plus aucune invitation. Rappelle-toi, me disais-je, rappelle-toi ce que ça fait. J'ai tenté de graver dans mon esprit que la meilleure décision possible serait toujours de rester à la maison, de rester en sécurité et de dormir seule. Pour tous les autres, je suis devenue la fille passionnée de course à pied, l'athlète qui passait tout son temps à s'entraîner, ne pouvait jamais vraiment faire la fête et sortait rarement. Perpétuellement maîtresse de sa propre situation.

LE FOND

Fin mai 1996

Trois semaines s'étaient écoulées depuis le séjour au lac, depuis cette brève mais vive étincelle de bonheur. Quelques jours après notre retour dans l'Ohio, toute lumière avait disparu. Je ne quittais pas la maison. Mon père était de nouveau au travail, entièrement accaparé par un procès sur lequel se jouait l'avenir de son entreprise : s'il se montrait suffisamment convaincant, il permettrait à des centaines de personnes de conserver leur emploi. Sinon, ce serait licenciements et lourdes pertes. En l'absence de mon père, ma mère se déplaçait dans la maison comme un fantôme, sans jamais rien exiger de moi. J'étais un vase précieux qu'elle se refusait à effleurer, de peur qu'au moindre faux mouvement je ne bascule de l'étagère et ne me fracasse sur le sol. Elle me nourrissait quand je voulais bien manger, mais, en dehors de cela, nous coexistions seulement. Un brouillard d'échec flottait autour de moi ; j'en sentais presque l'arrière-goût aigre à chaque inspiration.

Mon frère vivait dans un appartement à trois kilomètres de là, en colocation avec deux autres types. Il était fiancé à une fille du nom de Megan dont il était follement amoureux et attendait avec impatience de pouvoir emménager avec elle. Je n'ai pas le souvenir de l'avoir vu cet été-là. Il aurait pourtant été normal qu'il passe chez mes parents, mais peut-être qu'en sa présence je me renfermais complètement sur moi-même, ou que j'avais trop honte de mon état pour sortir lui dire bonjour. En y repensant, le plus probable est qu'on se soit vus et comportés comme si de rien n'était. Une partie de moi ne rêvait que de la gratification facile et instantanée qu'apporte le déni, adorant prétendre que tout allait bien ; l'autre partie, prisonnière de mes traumatismes d'enfance, enrageait silencieusement derrière ma façade paisible.

Ces longues semaines sombres, je les ai passées sur le canapé, à regarder parfois la télévision, mais principalement à dormir et à fixer les coussins du dossier : pourpres, à grosses coutures, ils s'étaient chargés d'odeurs corporelles au fil de longues années d'escapades télévisuelles. Jour après jour, je me levais pour aller de ma chambre au canapé, me rendormais, me réveillais, fixais le dossier, pleurais parfois un peu, ou bien envisageais vaguement d'aller aux toilettes avant de me rendormir. Cette routine est vite devenue inéluctable.

Le printemps touchait à sa fin. Il faisait beau et chaud, mais je restais à l'intérieur en permanence, inerte. J'espérais que j'allais mourir. Je rêvais de faire une crise cardiaque et de me retrouver à l'hôpital, entourée d'infirmières qui prendraient soin de moi et me demanderaient ce qui n'allait pas. Ce que je ressentais n'était plus de la simple tristesse. C'était devenu une noirceur irrésistible. Peu à peu, j'ai commencé à aimer sombrer dans ces ténèbres : je m'accrochais à mes pensées atroces parce qu'elles m'étaient familières, qu'elles étaient honnêtes, parce qu'elles faisaient barrage à tout le reste. Avec elles, je ne prenais plus la peine de penser que j'aurais pu donner une deuxième chance à ma vie, ne serait-ce qu'essayer, même si j'aurais fini par échouer, et que le moment venu je me sentirais peut-être mieux. Je ne pensais qu'à mourir, puis me figeais de terreur à l'idée qu'un jour je puisse effectivement cesser de vivre.

« Tu veux manger quelque chose ? murmurait ma mère en me caressant doucement le dos.

— Non.

— Tu veux venir faire les courses avec moi ?

— Non.

— D'accord. Je reviens dans une demi-heure », concluait-elle avec une ombre d'exaspération dans la voix.

Les journées comme celles-ci s'étiraient à l'infini, se fondaient les unes dans les autres pour se muer en une existence interminable et terne. Je n'avais jamais ressenti la gravité à ce point : la simple idée de me lever pour aller quelque part, faire quelque chose, m'épuisait. Alors je ne faisais rien. Des jours et des jours durant. Pour ma mère, l'année scolaire avait pris fin, si bien qu'elle était avec moi à la maison en permanence. Mais cela n'avait aucune importance. Mon endroit préféré était officiellement devenu le creux sombre entre l'assise et le dossier du canapé. Je ne me sentais à peu près bien qu'avec le visage enfoncé dans ses profondeurs. La privation sensorielle était le seul moyen qui me restait pour me réconforter : je devais être seule, sans lumière, sans bruits, sans odeurs, avec le moins de circulation d'air possible. Une simple brise, entrée par une porte ouverte, suffisait à me meurtrir la peau.

Je ne sais pas combien de journées j'ai passées dans cette position. Cinq ? Dix ? Mais finalement, un après-midi, mon père est rentré du bureau à quatorze heures. Peut-être ma mère, ne sachant plus quoi faire, l'avait-elle appelé. Ou peut-être qu'il m'avait vue sur ce canapé pendant trop longtemps et que cette vision l'empêchait de se concentrer sur son travail.

Lorsqu'il est entré dans le salon cet après-midi-là, il n'y avait aucun bruit. Je m'efforçais simplement de continuer à respirer. Il s'est approché.

« Julie ? »

Je n'ai pas eu l'énergie de lui répondre.

« Il faut que tu te lèves. »

J'ai fini par marmonner un « Non » étouffé.

« Si. Viens avec moi.

— Je ne peux pas. »

Je me suis mise à pleurer.

« Si, tu peux. »

Il a posé une main sur mon dos. Je sanglotais, le visage enfoui dans les coussins ; en secouant la tête, j'ai senti la masse crasseuse et emmêlée qu'étaient devenus mes cheveux. Je voulais qu'il parte. Je voulais qu'il reste.

Il a glissé ses mains sous moi et entrepris de me soulever.

« Non, non, non, non », ai-je hoqueté.

Je ne voulais pas bouger. Je ne pouvais exister que sur ce canapé : c'était le seul endroit qui me restait.

« On sort. Tu as besoin de sortir.

— Je ne peux pas, ai-je gémi. Papa, je ne peux pas.

— Je vais t'aider. Je suis là, tu n'es pas toute seule. »

Sa voix était parfaitement calme. J'ai passé mes bras autour de lui et enfoui mon visage dans son cou, son odeur inscrite dans mes gènes : eau de Cologne, peau, père.

« Ouvre la porte, chérie », a-t-il lancé.

J'ai entendu ma mère se précipiter en chaussons dans l'entrée. Une fois dans l'allée, il m'a demandé :

« Tu peux tenir debout ? »

J'étais incapable de le lâcher. Pour moi, il n'existait aucun moyen que je tienne debout toute seule, surtout pas dehors. Mais j'ai senti qu'il lâchait mes jambes, et j'ai posé un pied sur le sol, puis l'autre. Sans cesser de me soutenir, il a dit à ma mère :

« Tout va bien, chérie. Je m'en occupe. »

Elle est rentrée et a refermé doucement la porte derrière elle. Ce moment nous était réservé, à mon père et à moi. Il était en train de plonger un bras dans les profondeurs de l'enfer, et le laissait brûler en attendant que je veuille bien attraper sa main.

« On va juste marcher un peu, d'accord ? »

Dans la douceur simple de sa voix, j'ai entendu *Tu peux le faire*. Il portait toujours son pantalon de costume et sa cravate rouge, mais avait desserré son col et remonté ses manches. Comme s'il dirigeait une séance de méditation, il a murmuré :

« Juste une petite promenade. On descend notre allée, on va jusqu'à celle d'à côté et on rentre. Si tu veux me parler, vas-y. Dis-moi de quoi tu as besoin. Dis-moi tout ce que tu veux. »

Je me suis lourdement appuyée sur lui, sur ses bras puissants, et je me suis concentrée sur le blond vénitien des poils de ses avant-bras pendant que nous marchions. Petit, il était roux ; j'étais moi-même née avec les cheveux de cette couleur. Nos âmes étaient liées. J'aurais voulu être une plus grande priorité dans sa vie, mais je n'en valais pas la peine. Je me sentais terriblement coupable de le forcer à prendre du retard sur son travail, tout ça pour s'occuper de ma petite personne, idiote et inutile.

On a atteint le bout de l'allée. Mes pieds avançaient stupidement, à une allure d'escargot. Moi qui parcourais autrefois ce chemin au pas de course, les jambes vigoureuses et l'avenir plein de promesses, voilà que je m'estimais heureuse d'avoir pu faire cent mètres.

Toutefois, l'air frais du dehors m'a soulagée quelque peu en me rappelant que je pouvais bouger. Le fait d'atténuer mes idées noires simplement en marchant le long de l'allée me semblait miraculeux. Quand nous avons tourné les talons devant le portail de notre voisin, j'ai finalement eu la force de lever les yeux et le soleil m'a aveuglée.

« Je ne sais pas ce qui ne va pas chez moi, papa.

— Ce n'est pas grave. Ça va s'arranger.

— Je n'en suis pas si sûre. Vraiment pas. »

Je pleurais à nouveau.

« Tu es toujours toi-même, a dit mon père. Toujours aussi belle, intelligente et forte. »

Je n'arrivais plus à parler, alors je me suis contentée de hocher la tête en essuyant mes larmes tandis que mon père retombait dans un silence charitable. Il me soutenait légèrement à la taille, comme si j'avais eu un accident de voiture et que je faisais mes premiers pas depuis que mes os s'étaient ressoudés. Les paupières closes, je l'ai laissé me guider à nouveau jusqu'à la maison. Il m'a demandé si je voulais dîner.

J'ai répondu que j'étais trop fatiguée, et il m'a emmenée dans ma chambre, déchaussée, mise au lit et bordée.

« Je suis fier de toi, princesse. Tu as assuré. Je t'aime. »

J'ai fermé les yeux, épuisée par cette marche, prête pour une bonne nuit de sommeil. Mais je me sentais légèrement différente, comme si mon manteau de chagrin était passé du plomb au bois.

On prétend que ce ne sont pas les maîtres qui choisissent leur chien, mais les chiens qui choisissent leur maître ; et j'aime à imaginer qu'à cette période Bunker savait qu'il devait m'attendre. Des familles étaient venues à la ferme et avaient déjà emporté trois de ses sœurs et un de ses frères. Chaque fois que quelqu'un de nouveau arrivait, il le flairait consciencieusement et concluait que ce n'était pas la personne qu'il attendait : alors il s'appliquait à ignorer le nouveau venu, s'enfuir lorsque celui-ci tentait de le caresser, et peut-être même, une fois, lever la patte pour uriner sur une belle chaussure de cuir. Je trouve du réconfort dans l'idée que, lorsque j'étais au plus bas, Bunker se démenait pour s'assurer de me trouver.

PARLER AU FRÈRE

Été 1994

L'été précédant ma dernière année de fac, avant New York, j'avais travaillé comme serveuse dans un restaurant près d'Ohio State. J'avais vécu un ou deux mois dans mon propre appartement, mais il avait fallu que je retourne chez mes parents le matin après qu'un homme s'était fait tirer dessus juste en face de mon immeuble de deux étages.

Ce retour au foyer a été difficile. Un jour, submergée par mes sentiments négatifs, je suis descendue à la cave avec un couteau que j'avais pris dans la cuisine et j'ai pressé la lame contre ma peau jusqu'à ce que la douleur soit trop forte. Ce même jour, ma mère m'a forcée à venir dans un grand restaurant pour l'anniversaire de Clay, parce qu'elle avait peur de me laisser seule à la maison. J'ai donc été obligée de m'asseoir à table avec Clay et sa dernière petite amie, l'air terriblement débraillé, tandis que mon père et mon frère échangeaient des blagues, à mes yeux grossières et sexistes. Sur le chemin du retour, j'ai essayé de sauter en marche de la voiture de mon père alors qu'il conduisait à cent kilomètres à l'heure sur l'autoroute.

Ma mère m'a pris rendez-vous avec un thérapeute dès le lendemain. Je me suis rendue à son cabinet avec une réticence mêlée de curiosité, et c'est là, assise dans une salle déprimante aux murs marron, que j'ai entendu pour la première fois une professionnelle me dire :

« Tes parents m'ont dit qu'ils se faisaient du souci pour toi. Est-ce que tu aurais une idée de la raison ? »

Je lui ai expliqué les circonstances de mon malaise et elle m'a répondu d'une voix insupportablement mielleuse :

« Un grand frère est censé protéger sa petite sœur. Il doit l'aider, lui donner des conseils et être gentil avec elle.

— À la télé peut-être, ai-je rétorqué, moqueuse. Tous les frères et sœurs se disputent, de toute façon.

— C'est vrai, mais pas comme ça. Pas de la manière que tu as décrite. »

À son changement de ton, je me suis demandé si je n'avais pas exagéré.

« Julie, tu as parfaitement le droit de dire à ton frère que ce qu'il t'a fait t'a affectée.

— Sûrement, mais je ne sais pas comment il réagira si je lui en parle.

— Tu as peur qu'il te fasse du mal, si tu lui dis à quel point il t'a blessée physiquement et émotionnellement quand vous étiez enfants ? »

Elle semblait indignée. Avec un petit rire, j'ai vite répondu :

« Non, non... »

Tout cela devenait ridicule.

« Je ne pense pas qu'il se rende compte de ce qu'il t'a fait, a-t-elle repris. Mais il doit savoir, ne serait-ce que pour son propre bien.

— Pourquoi ?

— Il a besoin de savoir comment tu l'as ressenti, que tu en as souffert, et que ses agissements étaient intolérables. Qu'il n'a pas le droit de traiter les autres comme il t'a traitée, toi.

— Je ne pourrai jamais lui dire ça. *Intolérable ?* Il se paierait ma tête. Et puis il n'est pas comme ça avec les autres, juste avec moi.

— Julie, il faut que tu te souviennes d'une chose : la manière dont il t'a traitée n'a rien à voir avec toi. »

Elle avait l'air tellement sûre d'elle. Mais bien sûr que ç'avait quelque chose à voir avec moi ! Il me haïssait vraiment, et à cause de cela je me haïssais moi aussi. C'était mon grand frère, mon modèle, la personne de sexe masculin avec qui je passais l'essentiel de mon temps. Et il me haïssait, je le savais au plus profond de moi. Comment aurais-je pu savoir que je n'étais pas du tout ce qu'il disait de moi ? Admettre qu'il ne me détestait pas aurait été demander à un bébé né en apesanteur de marcher. Peu m'importaient les compliments que mon père me faisait à la moindre occasion, peu m'importaient les petites attentions prodiguées par ma mère : ce que je recherchais avant tout, c'était l'amour de Clay. Or il ne faisait que me frapper et m'insulter, défonçait ma porte, me piétinait la tête, se disputait avec moi avant de me pousser à terre jusqu'à ce que je m'avoue vaincue, et tout cela me rongeait de l'intérieur.

Il a fallu trois sessions à ma thérapeute pour me convaincre de lui parler à cœur ouvert. J'ai répété mon texte des dizaines de fois, dans la voiture et dans la douche, et le week-end suivant, quand Clay est passé à la maison, je lui ai demandé si je pouvais lui parler seule à seul dans ma chambre. C'était en soi une requête exceptionnelle ; mais on a tous les deux feint la nonchalance, parfaitement conscients que parler était quelque chose qu'on ne faisait jamais entre nous.

Assise sur mon lit, je l'ai regardé entrer dans la pièce une poignée de chips dans la main, la bouche pleine. Tremblante, j'ai pressé mes paumes moites l'une contre l'autre et dit :

« J'ai beaucoup discuté avec ma thérapeute, et je voudrais te dire que la manière dont tu m'as traitée m'a fait beaucoup de mal, et que pour ma thérapeute c'est même une forme de maltraitance qui s'appelle de la violence fraternelle. »

Rétrospectivement, je ne sais pas à quoi je m'attendais. Qu'il me réponde : *Oh, tu as raison ! Je suis désolé, j'étais vraiment un connard !*

J'étais tellement concentrée sur ce que je devais dire que j'ai eu un mouvement de recul quand il s'est mis à hurler en postillonnant des miettes de chips sur mon dessus-de-lit.

« Va te faire foutre ! »

Il a dégluti avant d'éructer :

« Bordel, t'es vraiment qu'une garce ! »

Puis il s'est dirigé vers la porte en marmonnant des injures. Je suis restée immobile, bouche bée.

Ce que j'ai entrevu dans sa réaction ce jour-là était une véritable révélation. C'était lui qui souffrait. Et ce n'était pas à cause de ce que j'avais dit, mais de quelque chose à l'intérieur de lui-même. Quelque chose qui le minait tellement qu'il devait se venger sur moi. Sa réaction excessive a levé le premier voile sur notre relation chaotique. J'étais assez grande pour comprendre que la souffrance qu'il m'infligeait était le reflet de la sienne propre. Pendant un instant, j'ai ressenti de la curiosité. J'étais une femme adulte, en train d'examiner les tourments de son grand frère. C'est là qu'il s'est retourné en criant :

« Tu peux toujours rêver pour venir à mon mariage, salope ! »

Et j'étais de nouveau une petite fille. J'ai failli basculer en arrière sous la violence de ses mots. On ne s'était jamais disputés en tant qu'adultes, à part la fois où il m'avait mise à terre parce que je voulais faire bouillir nos épis de maïs et que lui voulait les faire griller. Mais voilà que j'avais été bannie de son futur mariage, condamnée à l'exil.

Il a quitté ma chambre sans cesser de proférer des jurons à mi-voix, et je l'ai entendu claquer la porte d'entrée et s'éloigner en voiture. Je n'avais pas bougé et je regardais par la fenêtre quand ma mère s'est approchée sur la pointe des pieds.

« Qu'est-ce qui s'est passé, enfin ?

— Rien.

— Eh ben… »

Elle est retournée dans la cuisine en secouant la tête.

J'en ai énormément voulu à ma thérapeute et j'ai décidé de ne plus retourner la voir. De toute façon, l'été était presque terminé. Allongée sur mon lit, je me suis demandé encore et encore s'il pourrait vraiment m'interdire de venir à son mariage ; avait-il le droit de faire ça ? Non. Mes parents ne le laisseraient pas faire. Je me suis maudite de ma stupidité, soulagée de repartir à la fac la semaine suivante. Plus vite je quitterais cette maison, mieux ce serait. J'ai passé les quelques jours d'après à ranger et à nettoyer méticuleusement ma chambre, comme si j'avais prévu de ne jamais, jamais y revenir.

DOCTEUR EN PSYCHIATRIE

Mai 1996

Le lendemain de la promenade dans l'allée avec mon père, mes parents m'ont poussée à aller voir un psychiatre. J'ai accepté, tout en leur rappelant que jamais aucun médecin, ni aucun thérapeute, n'avait réussi à m'aider. Pourquoi est-ce que ce serait différent, cette fois-ci ?

« Cette femme est docteur en psychiatrie, a dit mon père, et c'est Jon, du boulot, qui me l'a recommandée. Elle s'occupe de l'anorexie de sa fille. »

Je me suis demandé à quoi ressemblait la vie de mon père à son travail. Ses collègues formaient-ils une famille plus satisfaisante que nous ? Leur parlait-il de ses problèmes, assis dans son bureau, parce qu'il ne comprenait jamais vraiment ses proches ?

« J'aimerais bien être anorexique, ai-je dit. Au moins je saurais ce qui ne va pas. Et puis je serais mince.

— Tu ne le penses pas vraiment, Julie, a dit ma mère.

— Ouais, c'est ça.

— Je t'ai pris rendez-vous pour demain, dix heures, a déclaré mon père. Tiens, voilà l'adresse. »

Il m'a tendu un bout de papier jaune sur lequel j'ai reconnu son écriture nerveuse. Le fait que mon père participe aux formalités administratives de mon traitement montrait à quel point la situation était officiellement désespérée. J'ai senti la torpeur me gagner. Mes oreilles bourdonnaient. J'ai fermé les yeux.

« Ça va ? a demandé mon père en me secouant gentiment le genou.

— Oui, oui. »

Ma mère lui a lancé un regard empreint de soulagement, et il m'a dévisagée comme si j'étais une énigme qu'il ne parvenait pas à résoudre.

J'avais assez hâte de me rendre chez la psy le lendemain matin. Je n'ai pas pris de douche avant de partir, j'ai juste enfilé mon pantalon noir, un tee-shirt noir et mes bottines coquées avant de prendre la voiture. Le bâtiment était une tour miroitante aux vitres teintées située au sein d'un ensemble de bureaux impersonnel, en banlieue. J'avais l'impression d'être un boxeur en train de monter sur le ring. Cette femme n'avait aucune idée de ce qu'elle allait ramasser en pleine figure. J'ai boudé l'ascenseur au profit de la cage d'escalier et je me suis présentée au bureau d'accueil revêtu de formica jaune.

Cachée derrière un magazine du *National Geographic*, je lançais des regards à la dérobée à tous les autres tarés de la salle d'attente. Il y avait une femme obèse aux cheveux tondus, à l'exception d'une tresse mince d'environ un mètre de long qu'elle tripotait en regardant le mur.

« Julie ? » a lancé une voix.

Je me suis levée en souriant instinctivement, puis je me suis rappelé que je ne devais pas faire semblant. Je devais être honnête aujourd'hui. Ma vie en dépendait.

La psychiatre ne ressemblait pas du tout à ce que j'imaginais. On aurait dit une mère de famille quelconque, avec ses courts cheveux châtains, sa jupe longue en jean et son col roulé à fleurs blanc et gris. Son bureau était flanqué par quatre grandes armoires de classement, et à part l'ordinateur tout était recouvert de papiers en désordre. Je me suis laissée tomber sur le canapé en cuir noir et j'ai fixé l'arrière de sa tête pendant qu'elle notait quelque chose sur un bloc, puis elle a pivoté sur sa chaise pour me faire face.

« Bonjour… Julie, a-t-elle dit en jetant un coup d'œil à son bloc-notes. Je suis le Dr Miller. D'après ce que j'ai compris, vos parents se font beaucoup de souci pour vous. À votre avis, pourquoi ? »

J'ai dû me retenir d'éclater de rire. Sa franchise était si ridicule, si fausse. Elle se fichait complètement de moi. Elle ne me connaissait pas. C'était juste son boulot. Soudain, je me suis dit *Je n'en peux plus* et ma gorge s'est serrée.

« Bon courage pour me soigner. »

Les yeux rivés au sol, je n'ai pas pu retenir les larmes qui démentaient tous mes efforts pour apparaître solide.

« J'ai vu au moins dix thérapeutes, et pas un seul n'a été foutu de m'aider.

— Peut-être, mais je ne suis pas thérapeute. Je suis psychiatre. J'ai un doctorat. Je peux vous aider à déterminer si vous avez un problème physiologique et comment vous en libérer. »

Le rouge m'est monté aux joues. *Merde !* On m'avait envoyée chez le toubib pour les foldingues. Tout cela était allé trop loin, peut-être que je devrais arrêter, maintenant. La honte s'est insinuée en moi, et mes pleurs ont redoublé.

« Vous pouvez me dire pourquoi vous pleurez ? a calmement demandé le Dr Miller.

— Parce que je pleure sans arrêt. Je suis comme ça.

— D'accord. Vous pouvez me dire ce que vous ressentez, en ce moment même ? »

Je voulais lui répondre que j'étais terrifiée, que je ne voulais pas me retrouver en institution, ou peut-être que si, justement. Que je n'arrivais pas à imaginer pouvoir un jour me sentir mieux, et que d'ailleurs je ne savais même plus si j'en avais envie.

Au lieu de tout cela, je me suis entendue lui parler de Clay, de mon père qui travaillait tout le temps, de ma mère qui allait toujours bien et ne me parlait pas vraiment. Je lui ai raconté ma rupture avec Will, la manière dont j'avais quitté mon travail à New York et le sentiment que j'éprouvais de ne pas savoir quoi faire de ma vie. Je lui ai dit que je détestais l'Ohio, que je me haïssais, que je me bourrais de sucre et de sommeil pour faire taire la douleur, que je n'avais plus un seul ami.

« Vous arrive-t-il de penser parfois au suicide ? »

J'ai croisé son regard. J'en savais assez long sur les médecins pour me rappeler qu'il ne faut jamais leur dire qu'on pense au suicide, même si c'est le cas.

« Pas vraiment, ai-je dit. Juste à me faire très mal. Je voudrais aller à l'hôpital pour qu'on s'occupe de moi. Si j'étais cassée, on pourrait me réparer, vous voyez ?

— Je vois. »

Elle s'est retournée vers son bureau. Visiblement, c'était fini : en jetant un coup d'œil à l'horloge, j'ai constaté qu'on avait parlé pendant quarante-quatre minutes. Elle m'a tendu une feuille de papier en disant :

« Apportez ça à la réception et ils s'occuperont de vous.

— Comment ça ? »

Je les voyais déjà en train de me faire enfiler une camisole de force et de me balancer dans le vide-ordures réservé aux cas irrécupérables.

« Il s'agit juste d'un rendez-vous de suivi avec un nouveau thérapeute, et peut-être des médicaments, a-t-elle dit. Merci beaucoup d'avoir accepté de venir. Vous avez fait ce qu'il fallait. »

Et après un sourire un peu forcé, elle est retournée à sa paperasse. Je suis sortie dans le couloir. Il y avait un tableau dans un petit cadre en argent représentant un aigle planant au-dessus d'une forêt de conifères. J'ai lu le papier qu'elle m'avait donné : elle avait entouré « Dépression majeure (DM) – Premier épisode ».

Je voulais m'effondrer au sol et pousser des cris de joie. J'avais un diagnostic : un putain de problème psychiatrique. Il y avait une raison derrière tout ce qui m'arrivait, mais merde, j'étais malade dans ma tête ! Je ne connaissais personne d'autre qui ait souffert d'une dépression. Ma réaction immédiate a été la honte et l'effroi. Ce morceau de papier m'avait profondément ébranlée, mais pas un atome de mon être n'aurait imaginé remettre en question le diagnostic de la psychiatre. J'ai pris une grande inspiration, le temps de me faire à l'idée. Puis, comme à mon habitude, j'ai rangé ce diagnostic à côté de tout ce qu'on avait dit de moi au fil des années. Moche, bizarre, bête, grosse, répugnante, je vous présente votre nouvelle copine : dépressive.

DES COMPRIMÉS JAUNE PÂLE

Mai 1996

J'étais assise sur le sol en face du téléviseur, entourée de brochures et de paquets de feuilles agrafées. Mes parents faisaient semblant de s'affairer dans la cuisine tout en me regardant de temps à autre lire tout ce que je pouvais sur ces médicaments qu'on voulait me faire avaler, ces médicaments qui modifieraient mon cerveau. Parce que quelque chose dans mon cerveau n'allait vraiment pas. Toute cette histoire me donnait l'impression de recevoir un coup de pied dans le ventre.

La brochure du Zoloft montrait en page de couverture l'image d'un lever de soleil. Le nom du médicament était écrit au-dessus en majuscules italiques bleu vif. C'était la psychiatre en jupe longue qui me l'avait prescrit, et j'avais quitté son cabinet persuadée que jamais je ne prendrais un médicament de ce genre. L'idée d'avaler des cachets qui affecteraient mon cerveau me semblait absurde. Pourquoi ferais-je une chose pareille ?

Et pourtant, pendant le trajet du retour, tandis que je conduisais sur des routes bordées d'arbres aux feuilles d'un vert brillant, j'ai senti quelque chose se débloquer en moi. Toute cette douleur noire et phénoménale que je subissais pouvait peut-être être traitée par un médicament. Et si on avait créé un remède pour me soigner, c'est que d'autres s'étaient retrouvés dans ma situation. Cette pensée a rendu le monde qui m'entourait un peu moins hostile. Il y avait d'autres gens comme moi. Mais où ? Est-ce qu'ils restaient cachés sur le canapé de leurs parents, eux aussi ? Pourquoi personne ne m'avait jamais dit qu'il était possible de se sentir mal, vraiment mal ? Était-ce si honteux qu'il valait mieux ne pas en parler du tout ?

Après mon refus catégorique de prendre le médicament, mes parents s'étaient lancés dans de vastes recherches. Mon père avait imprimé toutes les informations qu'il avait pu trouver sur la dépression et les inhibiteurs sélectifs de la recapture de la sérotonine (ISRS), et me les avait apportés à la maison.

« Je te demande juste de les lire pour te faire une idée. Je ne t'oblige à rien. »

Quelque part au fond de moi, j'avais envie de rester comme j'étais – bousillée et triste – juste pour montrer à mon pauvre prince charmant optimiste de père que certaines choses ne pouvaient pas être réparées, en particulier les gens. Ou bien pour le punir, lui prouver que ses absences m'avaient en partie mise dans cet état. Mais ces vérités commençaient à pâlir face à la partie de moi qui voulait retrouver le bonheur : le vrai bonheur, profond, total. Je me demandais si j'arriverais encore à être heureuse, et je n'en avais vraiment aucune idée. J'ignorais ce que cela faisait d'aller bien en continu, mais l'idée me plaisait suffisamment pour me pousser à lire l'intégralité des brochures du Zoloft.

J'avais espéré trouver *perte de poids* et *amélioration de la peau* dans les effets secondaires, mais au lieu de ça j'y ai lu *gain de poids* et *perte de libido*. Puis je suis passée au paragraphe listant ce que ce médicament aidait à éliminer : les sentiments prolongés de tristesse, de désespoir et d'inutilité, parfois congénitaux, parfois non. Les brochures décrivaient une incapacité à fonctionner déclenchée par des événements traumatiques tels qu'une rupture ou un déménagement, ou bien par des événements survenus au cours de l'enfance, la maltraitance ou le manque d'attention, par exemple. C'était tout à fait moi. Étaient-ce mes parents qui avaient falsifié ces documents ? Mon père avait-il demandé à un médecin de son entourage d'écrire cela juste pour me convaincre ?

Ce dimanche matin, après avoir passé une heure à éplucher tout ce qu'il m'avait apporté, je suis parvenue à une conclusion : pourquoi pas ? Les choses ne pouvaient pas empirer. J'ai rassemblé les documents et rejoint mes parents dans la salle à manger, où ils étaient occupés à lire le journal. Leurs visages se sont levés vers moi, pleins d'espoir.

« OK.

— OK quoi ? a demandé ma mère.

— OK, elle va suivre le traitement », a traduit mon père, tout sourire.

Ma mère m'a sondée du regard, cherchant la confirmation que je disais bien la vérité.

« Pourquoi pas, après tout ? ai-je ajouté. Ce n'est que mon cerveau.

— Julie…

— Je m'en tape. Ça ne peut pas empirer, de toute façon. »

J'ai remarqué un colibri qui voletait à l'extérieur, près de la mangeoire rouge et jaune. Le silence de mes parents a démontré qu'ils étaient d'accord.

Ma mère est allée acheter le médicament à la pharmacie pendant que mon père et moi regardions un match de football américain à la télévision.

« Tu veux quelque chose ? m'a demandé mon père en allant se chercher des biscuits et un soda dans la cuisine.

— Non, ça va. »

J'étais douloureusement consciente que ça n'allait pas. Pas du tout. Ma décision de prendre le traitement me terrifiait. J'étais malade, malade pour de vrai. Recroquevillée sur le canapé, je me suis endormie sans m'en rendre compte.

Quand ma mère est revenue, je l'ai suivie dans la cuisine. Elle m'a tendu la boîte de cachets par-dessus la table.

« Il y a aussi autre chose qui pourrait m'aider », ai-je déclaré.

Son visage s'est éclairé comme si je lui annonçais que je venais de gagner dix millions de dollars pendant son absence. Le fait que je détienne une potentielle solution à mon malaise la prenait au dépourvu.

« Un chiot. »

Je n'arrivais pas à croire que je l'avais dit. J'étais sûre qu'elle allait se moquer de cette idée, mais elle n'a pas ri, ni même soupiré. Elle me connaissait suffisamment pour savoir que ce n'était ni une blague, ni une tentative aveugle de trouver un remède insensé.

« Un chiot rien que pour moi.

— C'est une idée géniale. »

Son visage s'est détendu. Puis elle a pris un ton légèrement sceptique.

« Je ne pense pas que ça plaira à Cinder, mais bon… »

Elle a eu un petit rire nerveux. Cette réaction négative, si minime soit-elle, à ma proposition m'a hérissée. Ne voyait-elle pas les efforts que je faisais ?

« Elle s'en remettra. »

J'ai commencé à m'éloigner, consciente que je me montrais désagréable, mais trop blessée et sensible pour m'en empêcher.

« Quelle race tu voudrais ? a lancé ma mère alors que je quittais la cuisine. C'est vraiment une idée géniale, ma puce ! »

J'ai claqué la porte de ma chambre.

C'était toujours pareil. Ma mère disait quelque chose de parfaitement innocent, je me froissais et je n'arrivais pas à contrôler ma rage. À contrôler mon envie de la punir, alors qu'elle essayait seulement de m'aimer de la seule manière qu'elle connaisse.

26 juin 1996

Je suivais le traitement depuis une semaine et je ne sentais toujours aucune différence. Les matinées étaient difficiles ; le pire était le réveil. Je restais allongée au moins une heure après avoir émergé du sommeil tant la perspective de me lever me paraissait émotionnellement insurmontable. Mes parents avaient adopté une sorte de mantra : *Deux semaines*. Deux semaines pour que le traitement fasse effet. À court d'idées, ils comptaient énormément sur le Zoloft pour m'extirper des ténèbres.

On avait reparlé du chiot et décidé de l'adopter bientôt, et le dimanche suivant, en mangeant ses flocons d'avoine, ma mère a pris l'initiative d'éplucher les petites annonces à la recherche de portées. Tasse de café brûlant à la main, elle lisait à haute voix :

« Bergers australiens six semaines AKC, chiots beagle, berger allemand… »

Elle cherchait plus précisément les golden retrievers. J'avais acheté deux livres à la librairie, *Prozac Nation* et *Guide des chiots de race*, et dévoré *Prozac Nation*, un peu effrayée par la réaction trop familière d'Elizabeth Wurtzel, sa noirceur et ses pulsions autodestructrices, face aux mêmes sentiments que les miens. Quand j'avais besoin de faire une pause, je me plongeais dans l'ouvrage sur les chiots. Chaque race était classée selon des critères comme la quantité d'exercice nécessaire, la facilité du dressage et la sociabilité avec les inconnus. Parmi les races sportives, j'avais corné environ huit pages : épagneul breton, retriever à poil court, golden retriever, labrador, setter irlandais, braque de Weimar et springer anglais. À force d'étudier chaque description avec une attention qui me surprenait moi-même, j'ai remarqué que j'en revenais sans cesse au golden retriever. Facile à dresser, loyal, grand, partenaire idéal pour la course, magnifique. Un chien familial. Ma nouvelle famille.

J'avais également trouvé un livre sur le dressage, et j'apprenais comment ramener un chien à la maison afin que la transition soit aussi douce et naturelle que possible. J'ai acheté une cage, des gamelles et une laisse. Tous ces préparatifs représentaient une distraction bienvenue.

Ma mère a posé un ongle rouge cerise sur le journal :

« Golden retriever, chiots AKC, adoption immédiate. »

Je n'ai pas pu m'empêcher de sourire tandis qu'elle posait sa tasse, attrapait un stylo violet et entourait l'annonce.

« Il y en a une autre. Chiots golden, parents présents, ville d'Alexandria. »

Elle a entouré celle-là aussi et recopié les deux numéros de téléphone. Je commençais à comprendre que cette volonté de m'aider était sa manière bien à elle de se rapprocher de moi, la seule façon qu'elle avait de s'exprimer : des actions, pas des mots. Je ne m'étais pas excusée pour ma brusquerie de l'autre soir. Je ne m'excusais jamais auprès de ma mère, et elle me le demandait rarement. Mais elle était toujours là pour moi. En y repensant aujourd'hui, j'imagine que j'aurais implosé beaucoup plus tôt si elle m'avait punie ou m'en avait voulu pour mon attitude infecte. C'est une chose à laquelle je ne pensais pas, à l'époque. J'étais incapable de concevoir un monde où ma mère ne serait pas à mes côtés, mon alliée de toujours, prête à me pardonner autant de fois qu'il le faudrait pour que je comprenne que lui faire du mal n'était pas réellement ce que je voulais. Je ne me rendais pas compte de ma chance.

Elle a appelé les deux numéros et reçu confirmation qu'on pouvait aller voir les chiots le jour même. Nous nous sommes habillées en vitesse avant de sauter dans sa décapotable rouge. C'était une magnifique journée d'été, typique du centre de l'Ohio : vingt degrés, soleil splendide et petits nuages blancs. Il y avait des fleurs partout et les insectes venaient d'entamer leur chorale.

J'avais déjà commencé à voir ma nouvelle thérapeute. Elle s'appelait Mya, était encore en formation, n'avait pas trente ans et venait de déménager de Seattle ; je l'ai tout de suite appréciée. Sa voix douce et tendre me mettait à l'aise. Très jolie, avec des cheveux bruns raides et des yeux d'un vert saisissant, elle croisait les jambes au niveau des chevilles et portait en permanence des jupes de couleur vive qui lui descendaient juste en dessous du genou. Quand je lui ai parlé de mon envie d'adopter un chien, elle a répondu que c'était une idée géniale.

Ma mère s'est engagée sur la route à deux voies qui menait jusqu'à l'autoroute. Aucune de nous deux ne parlait. Confortablement installée dans mon siège, je serrais contre moi une vieille serviette : le livre disait que la meilleure manière de ramener un chiot chez soi consistait à l'installer sur les genoux – recouverts d'une serviette – de son nouveau propriétaire. Je ne savais pas si un chiot remuant accepterait de rester sur mes genoux, surtout dans une décapotable ; peut-être faudrait-il remettre le toit.

La première portée se trouvait dans une maison de la banlieue de Columbus. Une femme sympathique, d'âge moyen, nous a rejointes sur le pas de la porte et nous a désigné un chemin qui contournait la maison, tout en s'essuyant les mains sur un tablier aux fleurs roses passées et constellé de taches.

« Ils sont derrière. Il y en a déjà deux de vendus, mais il en reste deux autres. Deux petites femelles. »

Derrière une porte grillagée, on a découvert un enclos de deux mètres de côté installé au centre d'une grande pelouse.

Le métal tremblait dangereusement sous les assauts surexcités des chiots.

Ils étaient irrésistibles avec leur fourrure blonde et duveteuse, leurs yeux marron pétillants et leurs énormes pattes. Les trois enfants de la dame sont sortis dans le jardin et nous ont montré comment se pencher pour attraper un chiot et le laisser courir dans l'herbe. Les chiots se tortillaient en aboyant, impatients d'être libérés. J'ai pris dans mes bras une femelle en riant : ses petites dents effilées ont éraflé ma main tandis qu'elle se dégageait d'un bond afin de rejoindre sa sœur de toute la vitesse de ses pattes. Elle a trébuché et s'est retrouvée le museau dans l'herbe, sa petite queue fouettant les airs, puis a recouvré l'équilibre, s'est assise et a secoué la tête avant de repartir vers les autres. Nous les avons regardées jouer, mais, tout à leur exaltation, elles ne sont pas revenues vers nous. Elles ne semblaient pas prêter attention à nos voix. Je me suis approchée pour tenter d'en appeler une : j'avais lu dans le livre que les chiots qui s'éloignent sans se retourner sont susceptibles de se comporter de la même manière une fois adultes. Je me suis retournée vers ma mère qui attendait, souriante, les bras croisés.

« On peut aller voir l'autre portée ? lui ai-je glissé.

— D'accord. »

Elle s'est adressée à la femme :

« Merci beaucoup de nous les avoir montrées. Elles sont adorables. On vous recontactera si on décide d'en prendre une. »

J'étais extrêmement impressionnée par sa manière de formuler son « Non, merci ». J'ai hoché la tête à mon tour, en m'efforçant d'exprimer à la fois un *Merci* et un *Désolée*. Mais je n'ai pas dû atteindre mon but, parce que la dame a eu un geste qui signifiait *Je ne le prends pas mal. Je devrais ?* Je ne savais plus quoi faire. Je détestais les gens. Je voulais rentrer à la maison et me cacher dans le canapé.

Nous avons repris la route vers l'est et dépassé la limite du comté de Franklin pour nous enfoncer dans la campagne, en direction de la petite ville d'Alexandria. Quelques arbres bordaient la route, et au-delà s'étendaient des champs à perte de vue : rien que du soja, du maïs, du blé et des pommes de terre entre nous et l'horizon. Ces champs m'apaisaient par leur simplicité, leur unique raison d'être. Les routes de campagne étaient presque désertes, et on s'arrêtait par moments aux intersections pour regarder autour de nous avant de reprendre notre chemin. Des oiseaux perchés sur les lignes téléphoniques s'envolaient parfois à notre approche, et leurs ailes les portaient au loin, de plus en plus haut.

J'ai fermé les yeux et empli mes poumons d'air frais. Cette route ressemblait à toutes celles sur lesquelles je courais pendant mon dernier semestre de fac. Je terminais les cours à quatorze heures tous les jours, et une heure plus tard je quittais le campus, chaussures de course aux pieds. Je ne m'étais promis que peu de chose : courir lentement, emprunter un chemin différent chaque jour, lever les yeux vers les arbres et le ciel, et ne jamais manquer plus d'un jour par semaine. Ç'avaient été les quelques mois les plus heureux et les plus paisibles de mon existence. Sur les trottoirs ombreux de New York, je pensais avec nostalgie aux grands espaces de l'Ohio, à ces routes environnées de champs et au sentiment de liberté et d'isolement qu'elles me donnaient. Elles étaient mon refuge, je m'en rendais compte à présent. J'avais fait tout mon possible pour détester l'Ohio, parce que rester à la maison était une telle épreuve pour moi. Mais la terre et la nature m'avaient toujours soutenue. Quand j'étais enfant, la lune illuminait ma chambre pendant les nuits de peine ; je passais des journées entières dans les champs de maïs et au bord de Lehman's Pond. C'étaient mes meilleurs souvenirs d'enfance. Et voici que, ce matin-là, ma mère et moi roulions sur l'une de ces routes calmes, à une vingtaine de kilomètres à peine au sud de ma fac, pour aller chercher ma nouvelle famille. À cet instant, j'ai compris que je commençais enfin à essayer activement de guérir.

À l'approche de la ferme, j'ai basculé la tête en arrière afin que le soleil réchauffe ma figure pâle. Paupières closes, j'ai accepté ce moment de paix avec gratitude et espoir.

J'ai senti que la voiture tournait et j'ai entrouvert les yeux : nous étions sur une longue allée de gravier, flanquée de part et d'autre par des champs en jachère envahis de mauvaises herbes et de fleurs sauvages. Face à nous se trouvait un grand corps de ferme peint en blanc et entouré de plusieurs arbres centenaires en demi-cercle. Des chiens ont aboyé en réponse au crissement de nos pneus sur les gravillons, et un grand golden retriever roux s'est précipité vers la voiture en battant l'air de sa longue queue, le poil ébouriffé. Derrière lui, des chiots jouaient en liberté sur une pelouse dépourvue de barrières. Pour l'instant, tout avait l'air bien.

Une grande femme blonde, la cinquantaine, est sortie en laissant la porte moustiquaire claquer derrière elle. Elle nous a fait signe, tout sourire, tandis que ma mère coupait le moteur et que nous descendions de voiture.

« Oooh, une décapotable ! La voiture parfaite pour une journée pareille. »

Ma mère s'est présentée en souriant, et la femme nous a serré la main.

« Eh bien, ils sont là », a dit la dame.

Il n'y avait aucun chiot en vue. Elle m'a adressé un clin d'œil et, portant deux doigts à sa bouche, a émis un sifflement strident à casser les vitres : un deuxième golden retriever adulte et trois chiots orange ont surgi de derrière la maison et d'entre les arbres. Les adultes étaient d'un roux profond, presque autant que Blarney. Elle les a félicités :

« Oh, mes tout beaux. Comme vous êtes malins ! »

Puis, se tournant vers nous :

« Les petits sont déjà propres, et je les ai dressés à venir quand on les appelle. »

Ils lui ont bondi dessus et elle les a repoussés d'un genou, ce qui m'a semblé plutôt sévère, mais ils ne s'en sont pas formalisés. Ils ont roulé dans l'herbe avant de se relever en reniflant le sol avec enthousiasme et en urinant sur les hautes herbes.

« Vous n'avez pas de clôture ? » a demandé ma mère.

Sa question m'a agacée : je trouvais merveilleux que les chiots puissent s'ébattre librement. Au moins, leur premier aperçu du monde n'était pas vu à travers les barreaux d'une cage.

« Si vous voulez savoir, a répondu la dame, je me suis demandé la semaine dernière si c'était vraiment une bonne idée, quand tous les chiens se sont enfuis à la tombée de la nuit et que j'ai dû aller les repêcher dans la rivière à Raccoon Creek. »

Elle a éclaté de rire, attrapé un chiot et l'a tenu dans ses bras jusqu'à ce qu'il commence à se débattre.

« On les rentre dans leur cage la nuit, ces petits coquins. »

Ma mère, inquiète, s'est mise à poser des questions sur Raccoon Creek, si c'était loin, si les chiens avaient dû traverser la route pour s'y rendre. Je me suis désintéressée de la conversation et me suis approchée du coin de terre battue où les chiots étaient en train de jouer. L'un des adultes m'a repérée et est venu presser son épaule rouge sombre contre ma cuisse. Je me suis penchée, le nez enfoui dans son cou. Il sentait la terre et la menthe.

« Bonjour. »

Le chien n'a pas bougé, pantelant, l'air réjoui.

Je me suis redressée en reportant mon attention sur les chiots. Comment choisir ? Le chapitre portant sur le choix du bon chiot parlait du test de la cage, de sensibilité au son et au toucher… L'auteur soulignait que, si l'émotion jouait un rôle important dans la décision, il fallait d'abord se fier à ses connaissances et au bon sens avant d'écouter ses émotions. Le doute m'a envahie. Et si je me trompais ?

Tout à mon angoisse, j'ai mis du temps à voir qu'un des chiots m'avait repérée depuis la lisière des bois. Il s'est approché un peu, puis s'est arrêté, sans me quitter des yeux, avant de parcourir les derniers mètres pour venir s'asseoir à mes pieds. J'ai croisé son regard, ses yeux marron nichés sous deux petites nodosités expressives qui lui tenaient lieu de sourcils, ses minuscules poils de menton dorés par le soleil, ses pattes rouge orangé pleines de boue. Et j'ai su. C'était lui, à l'évidence. Je n'avais pas eu à choisir : j'avais été choisie. Je l'ai pris dans mes bras et il m'a donné un coup de langue sur le nez. Il sentait la terre, le métal et le chien mouillé. Mon chien m'avait trouvée.

« Celui-là », ai-je dit en me retournant vers ma mère et la propriétaire. Elles étaient toujours en pleine discussion et ne m'ont pas entendue. Je me suis rapprochée.

« C'est celui-là. »

J'en étais certaine, et la confiance que je ressentais m'électrisait. Je n'avais pas été sûre de quoi que ce soit depuis une éternité. Le chiot se laissait aller dans mes bras, sans faire mine de se débattre ni même douter de ma capacité à le porter.

« Parfait ! » a lancé ma mère.

Elle a regardé la dame comme pour s'assurer qu'il n'y avait pas de problème. Celle-ci n'a pas répondu tout de suite, l'air perturbé. Peut-être ce chiot-là n'était-il pas à vendre. Avaient-ils décidé de le garder ? En une fraction de seconde, je prévoyais déjà de m'enfuir avec lui, et si j'échouais de revenir en pleine nuit pour l'enlever dans son sommeil.

« Celui-ci ? Voyons… »

Elle a posé un doigt sur ses lèvres.

« De quelle couleur est son collier ?

— Vert.

— Ah ! Très bien alors. Bien sûr, il est à vous ! a-t-elle dit en riant. Il ressemble tellement à son frère, celui qu'on a décidé de garder… Heureusement qu'on a un code couleur ! »

Je me suis mise à rire moi aussi, en essayant de dissimuler mon immense soulagement.

Il n'a pas quitté mes bras pendant que ma mère remplissait le chèque. Je me rendais parfaitement compte que ma mère était en train de m'acheter ce chien, et je me suis promis de la rembourser dès que j'aurais un nouveau travail. J'ai reposé le chiot pour qu'il puisse dire au revoir à sa famille, mais il s'est retourné, les yeux levés vers moi. C'était moi qu'il voulait, pas eux. Ce n'était pas facile à décrire, mais notre rencontre me donnait l'impression de deux aimants qui se rencontrent, deux univers qui entrent en collision, deux mains qui se lient. J'avais la certitude absolue qu'il s'agissait de mon chien et que nous étions faits l'un pour l'autre. Bien entendu, presque immédiatement à la suite de cette vague de confiance, j'ai commencé à me poser des questions et à douter de mon jugement. Après tout, c'était officiel : j'étais mentalement dérangée.

Je suis allée le poser à côté de sa mère et il s'est roulé dans la poussière en pourchassant sa queue, ou peut-être une mouche. Sa mère se tenait droite, fière, les yeux mi-clos : elle reniflait quelque chose qui semblait venir de très loin, une odeur apportée par la brise. Seul le bout de sa queue rousse se balançait doucement. Tout en lui flattant les côtes, j'ai déposé un baiser sur sa tête toute douce.

« Merci, petite maman. »

Elle a ouvert la gueule et laissé pendre sa langue sur le côté, haletante, avant de s'éloigner vers les arbres au petit trot.

J'ai rappelé le chiot d'un claquement de langue et il s'est précipité vers moi. La course effrénée d'un chien répondant à mon appel, courant à moi quand j'avais besoin de lui… La tête me tournait de bonheur.

Nous avons pris congé de l'éleveuse, le chiot serré contre ma poitrine.

« Maman, merci d'avoir payé. »

J'étais incapable d'exprimer correctement ma gratitude. Elle m'a regardée avec un drôle d'air, sans doute parce que je semblais réellement heureuse. C'était comme si, à partir du moment où j'avais pris le chiot dans mes bras, j'avais été soulevée aussi. Je ne pouvais déjà plus imaginer le lâcher. À l'instant de notre rencontre, j'avais ressenti un changement perceptible. Une réunion. Un soulagement. Une lueur d'espoir.

BUNKER HILL

Après-midi du 26 juin 1996

Je n'ai pas utilisé la serviette. Installé directement sur mes genoux, le chiot ne montrait aucun signe de détresse ou de peur. Il semblait content d'être dans notre voiture, comme si, pour lui, cet endroit en valait un autre.

Sa tête n'était pas plus grosse qu'une pomme, sa fourrure d'un rouge mat pommelé, un peu terne mais soyeuse. Ses poils étaient encore dressés dans tous les sens, ce qui lui donnait en permanence l'air d'avoir pris une décharge électrique. Il a levé vers moi des yeux presque injectés de sang, sans doute à cause de la fatigue : en s'éloignant de la ferme, les mouvements de la voiture et la chaleur de mon corps semblaient lui rappeler à quel point il était épuisé. Il s'est endormi en quelques secondes, laissant reposer son poids entier sur moi.

J'avais envie de pleurer, de joie cette fois. Cette magnifique petite créature innocente était mienne et me faisait déjà confiance. Sa chaleur sur mes genoux était comme un point d'ancrage : je me sentais déjà plus proche du monde, cerf-volant ramené à terre pendant un orage. L'étrangeté de ce moment a réveillé ma méfiance. Il me faudrait certainement moins d'une heure pour me retrouver à nouveau écrasée de tristesse, et m'en vouloir terriblement d'avoir accepté une telle responsabilité dans l'état de fragilité mentale où je me trouvais.

J'ai saisi sa patte antérieure droite et fait un petit test de sensibilité en la pinçant délicatement à la jonction de deux doigts. D'après le livre, s'il réagissait à ce contact, c'était un chiot turbulent qui m'en ferait voir de toutes les couleurs. Il n'a pas frémi. Au contraire, il a enfoui sa tête dans mon abdomen et laissé tomber sa patte gauche sur ma cuisse, comme pour m'étreindre.

Son dos était rond, ses pattes arrière tendues touchaient presque son museau. J'ai observé ses côtes en faisant glisser deux doigts de part et d'autre de sa colonne vertébrale. On était déjà sur l'autoroute, mais j'y faisais à peine attention. Sa truffe boueuse remuait comme s'il cataloguait les odeurs dans son sommeil. À force de le regarder, je suis tombée irrémédiablement, complètement, follement amoureuse.

Puis la panique a pris le dessus. À sept ou huit kilomètres à peine de la ferme, les pensées sont revenues à la charge. Je n'avais aucun revenu. Je vivais chez mes parents. Je n'avais aucune idée de ce que je ferais de ma vie, dans quelle ville je déménagerais, où j'habiterais, si je pourrais vraiment assumer la responsabilité d'un chien. Qu'est-ce qui m'avait pris de l'adopter ? Je n'avais pas de réponse. J'ai posé mes mains sur le chiot, caressé sa fourrure orange, ses oreilles de velours, et mes pensées se sont volatilisées telles des bombes désamorcées. La noirceur autour de moi s'est dissipée au contact de mon chien, remplacée par une quiétude absolue.

« Il est très beau, Julie », a dit ma mère en le regardant sommeiller sur mes genoux.

Souriante, elle a reporté son attention sur la route et replacé derrière son oreille ses cheveux dorés par la lumière du soleil. J'étais reconnaissante de son penchant naturel à faire les choses sans poser de questions. Tout en étant incapable de parler avec moi de ce qui m'arrivait, elle me connaissait assez pour savoir ce qui m'aiderait – même s'il fallait pour cela laisser entrer un animal bruyant, sale et destructeur dans sa maison impeccable.

Nous sommes arrivées quarante-cinq minutes plus tard. Quand elle a coupé le moteur, le chiot a ouvert les yeux.

« Coucou, bébé », ai-je murmuré.

Je savais ce que je devais faire : lui montrer qu'il était en sécurité avec moi. Je voulais lui prouver quelle chance on avait eue de se rencontrer, lui et moi, et que je ferais tout ce qui était en mon pouvoir pour que sa vie soit belle. C'était une responsabilité énorme, mais je pouvais le faire. J'y arriverais. Et très bien, même. Je n'arrivais pas à croire en ma propre confiance.

« Comment vas-tu l'appeler ? m'a demandé ma mère en descendant de voiture.

— Je ne sais pas. »

Je lui ai lancé un sourire en serrant le chiot contre ma joue, humant son odeur de poils et de terre. Il remuait la queue.

« Je l'adore ! Je l'adore tellement. »

Je l'ai emmené dans le jardin, qu'il a exploré en reniflant avant d'uriner et de se lancer dans une folle démonstration d'enthousiasme typique des chiots, courant en rond, puis se précipitant vers moi pour m'esquiver à la dernière seconde. Je riais. Quelques semaines auparavant, mon père avait été obligé de me soutenir pendant que je marchais dans l'allée, et voilà que j'étais assise dans l'herbe à rire en compagnie d'un petit chiot roux. Il était si débordant de joie de vivre. Je prenais mon traitement depuis une semaine, et même si je ne ressentais toujours aucune différence, peut-être cet espoir annonçait-il un changement à venir.

Ma mère a laissé sortir Cinder. À onze ans, elle n'a pas été ravie en découvrant un chiot dans son jardin. Ce dernier s'est lancé à sa poursuite et elle a battu en retraite par la chatière, effarée. Nous avons éclaté de rire en voyant le chiot observer la maison avec grand intérêt, se demandant sans doute comment ce vieux chien noir avait pu disparaître dans un mur.

« Je pourrais l'appeler Max. Tu trouves qu'il a une tête de Max ?

— Pas mal, a dit ma mère.

— Non, il faut un nom qui ait du sens. Sundance, peut-être. Ou Sunny ?
— Je ne suis pas sûre que ça lui irait.
— Comment s'appelait ton premier chien ?
— Attends voir. Ah oui, Bunker Hill. Un beagle.
— Qu'est-ce qui lui est arrivé ?
— Il s'est fait écraser par une voiture, a soupiré ma mère. C'était le meilleur chien du monde. Je l'emmenais à la fac de droit. Il était devenu la mascotte officieuse de la promo 1970 de Cornell.
— Bunker Hill… »
Le chiot a marché sur une brindille et sauté en l'air quand l'autre extrémité a bougé. J'ai recommencé à rire, et mon rire m'a semblé beau, ce qui ne m'était jamais apparu auparavant. Puis cette pensée : *Arrête de te focaliser sur toi. Tu es tellement présomptueuse.*
Au bout d'un moment, j'ai dit :
« Ça me plaît bien. Bunker Hill. Bunker. Bunker ! » ai-je lancé.
J'ai tapoté l'herbe du plat de la main. Il a trottiné vers moi, langue pendante, et s'est assis à mes pieds.
« Tu as vu ça, maman ?
— Je crois qu'il aime bien ce nom, lui aussi. »
J'ai hoché la tête. Ma mère est rentrée à la maison faire une lessive, et j'ai de nouveau baissé les yeux sur mon chiot.
« Bunker Hill. Bunker. Bunk. »
J'aimais bien ce nom, en particulier parce qu'il rendait hommage à mes parents et aux commencements de leur vie commune. J'avais l'impression de créer une tradition, ce qui me remplissait d'espoir. Mes parents m'avaient sauvé la vie au cours des derniers mois : ma mère ne m'avait pas ordonné d'arrêter de pleurer et de me reprendre en main quand je l'avais appelée de New York, en larmes ; quant à mon père, il voulait vraiment me comprendre, savoir ce qui n'allait pas et comment m'aider. Ils m'avaient crue lorsque je leur avais décrit ma terrible souffrance, et ils étaient venus à mon

secours alors que, théoriquement, j'étais assez grande pour prendre soin de moi-même. En nommant ce chiot Bunker, je leur signifiais mon éternelle reconnaissance pour leur dévotion, leur patience et leur pardon.

Je pressentais aussi dans ce choix une résonance avec la lutte que je menais intérieurement : je suis allée consulter notre encyclopédie dans le salon, ces trente volumes aux tranches dorées qui m'avaient été si utiles tout au long de ma scolarité. Dans celui dédié aux B, j'ai appris que la bataille de Bunker Hill avait été un affrontement redoutable de la guerre d'Indépendance, où les coloniaux avaient perdu face aux Britanniques, non sans leur infliger de lourdes pertes : huit cents blessés et plus de deux cents morts. En dépit de cette défaite, les forces indépendantistes encore naissantes en avaient tiré l'espoir de réussir un jour à vaincre leur puissant oppresseur : elles étaient sorties de cette bataille plus aguerries et plus confiantes. Elles étaient peut-être moins fortes que l'ennemi, mais elles auraient un jour le dessus. J'ai refermé l'encyclopédie. Bunker Hill. Ce nom était parfait.

Quand je suis ressortie, Bunker a couru vers moi et s'est laissé tomber au sol, pressant son dos contre ma jambe avant de se rouler dans l'herbe. J'avais l'impression de le connaître depuis toujours, que nous étions des jumeaux séparés à la naissance et enfin réunis. Je me suis allongée à côté de lui, les yeux levés vers le ciel, où passaient des nuages blancs. La terre était fraîche, humide, douce, régénératrice. J'ai posé une main sur le torse de Bunker et il s'est tortillé pour me regarder, la tête en bas, le front dans l'herbe. J'ai repensé à toutes les journées méditatives que j'avais passées dehors, enfant, en compagnie des arbres et des animaux, à l'air pur. Et je me suis dit qu'avec Bunker à mes côtés je pourrais peut-être réessayer de devenir indépendante. Dans une nouvelle ville. Je ne savais pas laquelle, mais j'étais déjà pleine d'optimisme, et cet optimisme avait des allures de miracle.

La lune du 26 juin 1996, le jour où Bunker est entré dans ma vie, était croissante, visible à soixante-huit pour cent. Elle devenait plus grosse et plus lumineuse à chaque moment qui passait. Bunker et moi, nous nous sommes trouvés alors que la lune était à demi pleine, la lumière à moitié revenue. Et, aux côtés de l'astre, nous allions entamer notre croissance et notre guérison : chaque jour plus brillants, petit à petit.

PREMIER JOUR

27 juin 1996

La première nuit de Bunker a été très agitée. Suivant les instructions du livre, je l'avais enfermé dans sa cage à côté de mon lit. Il a un peu protesté, mais s'est calmé quand je suis venue m'allonger près de lui et que j'ai passé une main entre les barreaux pour le caresser. Après avoir léché et mordillé mes doigts, il a fait deux tours sur lui-même et s'est couché avec un bruit sourd.

Au milieu de la nuit, il s'est mis à gémir. Je me suis levée pour l'emmener se soulager dans le jardin. Rejetant la tête en arrière, j'ai observé le ciel nocturne : il était vibrant d'étoiles, et le chant des criquets résonnait en écho. Somnolente, je me rendais toutefois compte de mon bonheur à cet instant, à quel point j'étais satisfaite d'être réveillée et témoin du scintillement des étoiles dans les ténèbres.

Je suis retournée dans ma chambre comme une somnambule. Tout en guidant Bunker vers sa cage, je lui murmurais d'une voix apaisante :

« Tout va bien, mon grand. Tout va bien. »

Il a eu un mouvement de recul en la voyant et refusé d'y retourner : alors j'y suis entrée moi-même, aussi loin que j'ai pu, et, les jambes encore à l'extérieur, j'ai tapoté le fond de la cage. Il m'a suivie, donné un coup de langue sur le nez et reniflé les oreilles jusqu'à ce que j'aie des frissons.

Il a fini par se coucher en boule, son dos contre ma poitrine, et inspirer profondément en fermant les yeux et en enfouissant sa truffe dans les couvertures moelleuses qui tapissaient le fond de la cage. Pendant que je lui caressais tendrement le flanc, j'ai pris conscience que, phénomène nouveau, c'était moi qui réconfortais un autre être vivant. Et, comme par miracle, j'ai su à cet instant que je serais plus que capable de prendre soin de lui, que je saurais ménager pour Bunker un espace sûr, libre de tout souci et de toute peur. Pour la première fois depuis bien longtemps, j'ai eu l'impression d'avoir un but.

Faire preuve de gentillesse et de compréhension envers moi-même était inimaginable ; mais envers mon chien, là, c'était autre chose. Le début de ma guérison est sans doute intervenu quand j'ai commencé à créer un espace sacré et sûr où je retrouvais Bunker. Dans cet espace, il n'y avait ni ridicule, ni doute, ni solitude. Pas de chagrin, pas de colère. L'existence y était pure, belle. Nous deux en train de regarder le monde avec de grands yeux de chiots perpétuellement optimistes et émerveillés.

Le nez contre son dos, j'ai humé sa fourrure et tenté de mémoriser la courbe de sa colonne vertébrale, les mouvements de sa respiration. Au bout d'un moment, voyant qu'il était profondément endormi, je suis sortie de la cage en rampant, l'ai verrouillée le plus silencieusement possible, et je suis retournée dans mon lit, sombrant instantanément dans le sommeil.

Depuis mon départ de New York, je m'étais rarement réveillée avant midi. Je n'avais aucune raison de le faire ; de plus, le sommeil était l'un des seuls moyens de saper ma tristesse. Ce jour-là, il était six heures quarante-cinq quand j'ai entendu les premiers cris aigus en provenance de la cage. Ouvrant les yeux, j'ai vu le visage de Bunker et senti son haleine sur ma joue. Quant à lui, dès qu'il m'a vue bouger, il s'est levé en remuant la queue si fort que la cage s'est balancée d'avant en arrière dans un bruit métallique. Les yeux plantés dans les miens, il a glissé son museau entre les barreaux. J'ai eu un petit rire, souri et marmonné lentement :

« Salut, Bunk. »

Je me suis étirée ; mes orteils dépassaient du lit simple, désormais trop petit. Chaque matin de ma vie, je m'étais réveillée avec le regret de ne pas pouvoir dormir davantage et l'envie de disparaître. Je me suis redressée. Le soleil brillait déjà derrière mon store, que j'ai remonté un peu afin de laisser quelques rayons inonder la pièce. Puis, cette pensée : *J'ai envie de me lever.*

Exactement ce que ressentaient les gens non déprimés en se réveillant. Du bien-être au lieu de craintes, de la confiance dans la journée à venir. Il avait fallu que cette horrible angoisse du réveil disparaisse pour que je me rende compte de son omniprésence, aussi loin que je m'en souvienne. Sa disparition était peut-être le signe que je pouvais guérir.

J'ai ouvert la cage de Bunker et je l'ai emmené dans le jardin, pieds nus et en pyjama, en lui disant de faire la grosse commission. Quand il a eu obtempéré, je me suis penchée pour le féliciter, et il m'a léché la joue avant de courir s'ébattre dans l'herbe, les pattes trempées de rosée. Je l'ai regardé jouer tandis qu'un soleil orangé se levait derrière les arbres et dispensait sa chaleur. Il a reniflé le sol à un endroit précis et a tout de suite entrepris de se rouler par terre. Je me suis approchée pour voir de quoi il s'agissait – pas un rongeur mort, par pitié. Il s'est remis debout, a reniflé à nouveau, et j'ai remarqué un ver de terre en train de se tortiller à la surface.

« Tu aimes les vers de terre, c'est ça ? »

Pour toute réponse, il s'est laissé tomber sur la petite créature visqueuse. Je suis retournée dans le patio en souriant.

Du coin de l'œil, j'ai vu que ma mère m'observait par la fenêtre du salon. Non seulement j'étais réveillée, mais je riais dans le jardin. Au lieu de me faire signe, elle s'est contentée de sourire et de retourner s'asseoir, son café à la main.

PAS ÉTONNANT

Début juillet 1996

À onze semaines, Bunker marchait comme s'il n'avait toujours pas compris à quoi servent des pattes. Je pouvais passer des heures à l'observer, la plupart du temps pliée de rire : cela me tirait de mes pensées et m'ancrait dans l'instant présent, celui où il trébuchait sur le vide ou essayait d'attraper une mouche – sans résultat. Je le regardais écouter, attentivement, les bruits en provenance de la forêt derrière la maison. Il se figeait au craquement d'une branche ou bien se lançait sur une piste, bondissant comme un ressort, son ventre rond chatouillé par les brins d'herbe. Pour lui, l'angoisse et l'inquiétude n'existaient pas. Seul importait l'instant. La joie. Je commençais à me dire que je devrais essayer de l'imiter.

J'ai appris à déchiffrer ses expressions. Par exemple, ses oreilles se rabattaient quand quelque chose le prenait par surprise ; si je n'étais pas près de lui, je voyais ses yeux s'agrandir presque imperceptiblement et fouiller les environs à ma recherche. Je ressentais la même chose. Quand il m'apercevait, son corps se tortillait de bonheur et je comprenais le message – il m'aimait. Je n'avais jamais vraiment réussi à croire que j'étais digne d'être aimée ; mais je savais que Bunker n'avait aucune raison de me mentir, de faire semblant ou de me juger. Laisser ce doute derrière moi m'a soulagée d'un tel poids que je me suis sentie capable de flotter jusqu'aux plus hautes branches des arbres, afin d'y passer la journée.

Un après-midi, alors que je tentais sans grand succès de lui apprendre à rapporter ce que je lançais, il s'est immobilisé en pleine course, a levé son museau vers le ciel et a hurlé.

« Ahouuu ! »

Je suis restée bouche bée un moment, avant de me mettre à rire. Je n'avais jamais entendu un chien produire un son pareil. J'ai hurlé en réponse, il a renchéri, et bientôt nous avions l'air d'une petite meute de deux loups.

« Tu es tellement génial, lui ai-je chuchoté, la voix tremblante, à la fin de notre chanson. Tellement, tellement génial. »

Je ne l'avais pas quitté une minute depuis son arrivée à la maison. Les seuls moments que je passais sans lui étaient les rendez-vous chez ma thérapeute. Je me sentais angoissée en son absence : je parlais de lui pendant les entretiens et mes pensées revenaient à lui toutes les cinq minutes. Mes idées noires reprenaient le dessus et je n'étais pas encore assez attentive pour m'en rendre compte. Je voulais demander à ma thérapeute s'il était possible d'emmener Bunker avec moi, mais je n'en avais pas le courage.

J'aimais bien cette thérapeute, Mya. Elle parlait avec lenteur et tranquillité, ce que je trouvais apaisant. Son cabinet, situé dans un immeuble en brique à un étage non loin de chez mes parents, était peint dans des tons neutres et décoré de photographies représentant des granges et des champs de l'Ohio.

Mya posait beaucoup de questions telles que :

« Quelles conclusions avez-vous tirées du fait que vos amis se lassent de vos déboires amoureux ?

— Que moi aussi, à leur place, j'en aurais marre de moi.

— Cela vous a inspiré quelles pensées sur vous-même ?

— Je ne sais pas. Que j'étais une mauvaise amie, que je fondais toute mon estime de moi sur l'amour de ce mec. Des mauvaises pensées. Je me sentais mal.

— Mais à quelle conclusion arriviez-vous ?

— Que j'étais nulle. »

Son tir nourri de questions me fatiguait.

Elle a posé son doigt sur son nez. Je ne comprenais pas ; pourtant, à mesure qu'elle insistait sur le sujet, j'ai commencé à me rendre compte qu'à mon insu je me rabaissais sans cesse à mes propres yeux. Elle appelait cela des « pensées négatives automatiques », et quand elle prononçait ces trois mots une petite cloche sonnait dans un coin de mon esprit. C'était vrai, je faisais ça. Je l'avais toujours fait. Mais je n'y avais jamais fait attention, je n'avais jamais pris le temps de déterminer la véracité des conclusions négatives que je tirais sur moi-même. Ces pensées avaient eu le champ libre pendant des années, jusqu'à ce que je me retrouve inconsciente dans une cuisine, puis le visage enfoui dans un canapé, obsédée par le suicide. Elles me désignaient comme responsable du moindre problème, m'humiliaient à la moindre occasion et me laissaient chaque fois plus ébranlée, plus incertaine et plus méchante.

« Votre frère est sorti de votre vie il y a longtemps, a expliqué Mya. Il est allé à l'université, et à la fin de ses études il a commencé sa propre vie, qui n'a pas grand-chose à voir avec la vôtre, n'est-ce pas ?

— Oui.

— Mais vous avez perpétué ses insultes et ses mauvais traitements. Maintenant, vous vous maltraitez vous-même. »

Je l'ai regardée, les sourcils froncés. C'était absurde.

J'avais rendu visite à Clay seule, une fois, à dix-huit ans, lorsqu'il était en dernière année de fac. On avait passé un week-end un peu tendu mais globalement agréable, à faire la fête et à traîner ensemble. Pour nous, c'était ce que faisaient les frères et sœurs de notre âge. On n'était pas particulièrement proches, mais il n'était plus aussi odieux qu'avant. L'avion que j'avais pris pour me rendre dans le Minnesota avait été frappé par la foudre : à la suite de l'éclair blanc et du bruit assourdissant dans la cabine, tout le monde avait commencé à paniquer. Moi, je me souviens d'avoir juste pensé : *Bah. Ça ne me dérange pas de mourir.* Tout en réconfortant la pauvre vieille dame hystérique à côté de moi, je me sentais étrangement sereine. J'avais dix-huit ans, mais l'idée de mourir dans un accident d'avion ne me perturbait pas plus que ça.

« Alors, a repris Mya, vous êtes allée à New York. Un nouveau départ, n'est-ce pas ? Mais qu'est-ce qui s'est passé ensuite ?

— Mon petit ami m'a trompée.

— Et ensuite ?

— Ensuite, tout est parti en couilles.

— Pourquoi, à votre avis ?

— Parce qu'il était mon ancre.

— Et sans lui ?

— Je n'étais plus rien. »

J'ai baissé les yeux. Dits à haute voix, ces mots n'avaient aucun sens. Sur mon sac à dos, il y avait un badge *C'est à ça que ressemble une féministe* ; et pourtant, j'avais l'impression de disparaître si un homme cessait de m'aimer. Quelle menteuse j'étais. Quel imposteur.

« Alors vous vous posez la question… Est-ce que c'est vrai ? Est-ce que vous n'êtes rien, que vous ne valez rien ?

— Non », ai-je répondu d'une petite voix.

Intérieurement, je pensais : *Oui, c'est ça.* J'avais parlé à Will la veille et il m'avait répété une nouvelle fois combien il m'aimait, combien j'étais belle, combien je lui manquais. Oh, comme il aurait voulu que les choses se terminent autrement ! Je lui avais répondu que j'étais d'accord.

« Non, a répété Mya. Ce n'est pas vrai. »

La séance était terminée, et je suis rentrée chez moi avec une mission : identifier quelques-unes de mes pensées négatives et les noter afin que nous puissions en discuter lors de notre prochain entretien.

Arrivée à la voiture, j'avais déjà assez de matière pour plusieurs heures de conversation : *Pourquoi tu as dit au revoir aussi bizarrement ? Tu n'as même pas fermé complètement la porte. Mya aime bien qu'elle soit fermée, c'est pour ça qu'elle s'est levée pour terminer le travail dans ton dos. Tu l'as forcée à se lever. Tes cuisses se touchent. Tu grossis. C'est dégoûtant.*

Ouvre la porte à cette dame, enfin ! Ne la fais pas attendre. C'est pas vrai, tu lui as vraiment marché sur le pied, là ? Excuse-toi. Allez.

« Oups ! Pardon. »

Il n'y a que toi pour faire quelque chose d'aussi stupide. Pourvu que tu aies un accident de voiture et que tu meures. Parce que tu pourrais, tu sais. Fais attention sur la route. Tu conduis tellement mal. Regarde avant de reculer ! Ça fait des années que tu dois savoir ça ! Et voilà, tu as failli renverser ce type. Espèce d'abrutie.

Pendant le trajet, sous toutes ces pensées négatives, une idée bouillonnait. *Pas étonnant*. Pas étonnant que j'aie été si abattue. Pas étonnant que j'aie eu autant de mal à me faire des amis. Pas étonnant que New York ait bien failli me tuer.

Les mauvaises pensées se succédaient à une vitesse telle que la plupart m'échappaient. Mais le soulagement que j'ai ressenti quand j'en ai identifié une, que je l'ai saisie en plein vol, était une révolution. Pour la première fois depuis ma crise dans l'appartement, j'ai commencé à entrevoir un chemin vers la guérison.

REMÈDE CANIN

Mi-juillet 1996

Bunker était à la maison depuis trois jours. Notre routine était déjà établie : réveil, petite et grosse commission, repas, promenade, jeux, sieste, et ainsi de suite. Il était déjà presque propre, n'ayant eu qu'un seul accident sur le tapis. Je lui ai appris à s'asseoir et à me regarder dans les yeux. Il obéissait avec enthousiasme, ravi de me faire plaisir, toujours prêt à apprendre.

Il me devenait de plus en plus facile de me lever le matin, mais une ombre subsistait. Et ce jour-là, sans raison apparente, les ténèbres ont de nouveau pointé leur nez hideux sans prévenir, plus noires que jamais. On aurait dit un ver fin comme un cheveu qui se serait creusé un tunnel secret en passant sous l'un de mes ongles. *Arrête tout de suite*, disait-il. *Tu crois que je ne te vois pas faire semblant d'être heureuse, tout ça pour faire croire aux autres que tu n'es pas une paresseuse, stupide et moche ?* J'avais l'impression d'être punie, comme si mon ravisseur m'avait surprise en pleine tentative d'évasion. Ces horribles pensées n'avaient sans doute jamais disparu, elles avaient juste fait profil bas pendant quelques jours. J'avais envie de les combattre, de les repousser, mais elles persistaient.

Un chien ne suffira pas à me guérir. C'était moi, le problème. Je n'étais pas assez forte. J'étais un échec ambulant, une cinglée, quelqu'un que personne ne voudrait jamais aimer. Je croyais tout cela comme je croyais que la Terre était ronde, quelque chose que je ne pouvais pas voir, mais que je savais être vrai, puisqu'on me l'avait dit.

Je suis allée m'asseoir sur le canapé pourpre du salon, apeurée et en même temps réconfortée par le retour de la noirceur. Je connaissais bien la dépression, elle était maintenant ma compagne : cette descente séduisante dans les profondeurs était pour moi pareille à des retrouvailles avec une vieille amie sombre qui m'avait réellement, honnêtement manqué.

Le visage enfoui entre mes mains, je me suis laissé gagner par l'inertie. Ma respiration est devenue difficile, irrégulière. Les grands efforts de mes parents pour me sauver n'avaient mené à rien. J'avais échoué. J'étais trop abîmée ; jamais je ne quitterais la maison, ne retrouverais du travail ni ne connaîtrais le bonheur. Impossible d'arrêter cette cascade de pensées noires, terribles, effrayantes. La dépression est ainsi : elle anéantit jusqu'aux efforts les plus herculéens pour dénicher la lumière et le positif. Rien ne viendrait à mon secours.

Je n'avais pas bougé ; mais soudain, j'ai senti de la chaleur sur mes orteils. Bunker m'avait rejointe et s'était assis sur mes pieds. J'ai écarté mes mains de mon visage et je l'ai vu qui levait la tête pour me regarder, son dos pressé contre mes tibias. Ses yeux exprimaient de la curiosité, son excitation habituelle était entièrement contenue. Il a détourné le regard un instant, puis l'a reposé sur moi comme pour demander : « Ça va mieux ? »

Vraiment ? ai-je pensé. *Vraiment ?* Ce chien pouvait-il sentir ma tristesse et venir me consoler ? J'avais entendu parler des chiens guides d'aveugle, des chiens policiers capables de détecter de la drogue cachée dans une valise. De là à ce qu'un chien détecte la tristesse ou sache déceler une baisse de moral ? Je me suis demandé un instant si mes nouveaux médicaments ne me poussaient pas à trop d'anthropomorphisme. Mais j'avais tellement besoin de réconfort, d'un compagnon avec qui je n'aurais pas de mauvais souvenirs, qui ne me jugerait pas, me montrerait qu'il m'aime et ne me ferait jamais, jamais de mal…

J'ai donc décidé de faire confiance à mon ressenti. Je me suis rappelé le conseil que m'avait donné Mya :

« La prochaine fois que vous vous sentirez mal, ne luttez pas contre la tristesse. Il n'y a pas de mal à être triste de temps en temps. Cela arrive à tout le monde. Laissez entrer la tristesse, laissez-la vous atteindre et voyez ce qui se passe. Ce n'est pas si terrible, vous savez. Demandez-vous si vos idées noires sont vraies, si elles sont réelles. »

Je pouvais être aussi triste que je le voulais avec Bunker, parce que ça ne le dérangeait pas. Il l'acceptait. Il n'avait pas besoin que je sois heureuse. Le simple fait qu'il ait remarqué mon changement d'humeur en avait atténué les conséquences. Il ne me jugeait pas ; il me voyait, et c'était tout. Je me suis dit, *Bunker me comprend.* Mais c'était une toute nouvelle espèce de compréhension, sans parole, qui m'a laissée à ma tristesse jusqu'à ce qu'un miracle se produise : le chagrin a commencé à se dissoudre. J'étais en sécurité avec ce chien, et l'effet immédiat de cette prise de conscience a été que le désespoir et les ténèbres s'évanouissent comme des bulles de savon. J'ai laissé entrer davantage de tristesse. Je l'ai ressentie, au plus profond de moi. Puis j'ai caressé Bunker, et les idées noires m'ont paru plus ténues, plus supportables qu'avant. Et même fausses. *Oh, tu n'es pas vraiment moche, paresseuse et bête. Bien sûr que non ! Tu n'es pas vraiment un cas désespéré. Si ? Mais non, je t'assure.*

Je ne sais pas comment ça fonctionnait. Mon hypothèse est que ce genre de cheminement réclame un compagnon loyal, et aucune résistance du rejet. Je ne devais pas lutter contre mon chagrin, mais l'accepter, et même lui faire bon accueil, afin que la dépression foute le camp sans tarder. Bunker n'avait pas besoin d'un fouillis d'étiquettes expliquant mon état émotionnel et mon malaise. Il lui suffisait de m'écouter sans me juger et de me rendre confiance. Je débordais de foi en Bunker. Il y avait dans ce chien quelque chose de sacré, un lien avec la nature, à l'intérieur de ma propre maison. Quand j'étais enfant, j'avais eu accès à ce refuge de sagesse muette à d'innombrables reprises, pendant mes escapades dans les bois et aux côtés de mes précieuses compagnes Midnight, Blarney et Cinder. Ce lieu et ces chiennes n'avaient pas d'opinion sur eux-mêmes, ni sur moi ; uniquement de l'acceptation.

Bunker, toujours assis sur mes pieds, ne m'avait pas quittée des yeux. Sa fourrure douce comme des plumes me chatouillait les jambes. Je l'ai pris sur mes genoux et serré contre moi, et il a laissé pendre sa langue sur le côté. Cette simple vision m'a fait sourire. Je me suis adossée en le tenant contre ma poitrine. Il s'est roulé en boule comme s'il se sentait aussi protégé que moi.

Inspirant profondément, j'ai senti que les ténèbres perdaient prise. J'avais trouvé un remède canin. Et je l'avais avalé d'une traite.

PREMIÈRE LEÇON

Mi-juillet 1996

Bunker avait beaucoup à apprendre : quoique assez docile pour un chiot, il tirait sur sa laisse, se faisait les dents sur tout et n'importe quoi, et ne venait pas toujours quand on l'appelait.

Mon livre sur le dressage disait que les chiens détendus et heureux sont ceux qui ont conscience de ne pas être en position d'alpha. Leur seule tâche se résume à obéir, alors qu'un chien à qui on laisse croire qu'il est dominant deviendra anxieux et agressif à cause de sa responsabilité illusoire envers la meute. Je voulais montrer à Bunker que j'étais l'alpha, que c'était à moi de l'éduquer et de le protéger. Je l'ai donc emmené dans le jardin pour une séance de dressage qui l'aiderait à voir en moi son chef de meute.

Suivant les consignes du livre, je lui ai mis une laisse de cinq mètres de long et j'ai marché lentement en décrivant un carré dans l'herbe, le plus grand possible. Je devais tenir la laisse à deux mains à hauteur de ma poitrine et m'arrêter quelques secondes à chaque coin du carré fictif, le tout sans prêter la moindre attention à Bunker, donner d'ordre oral ni tirer sur la laisse. S'il tombait, je ralentissais légèrement le temps qu'il se rétablisse, mais autrement ma tâche se limitait à marcher. L'idée était de lui apprendre, petit à petit, à rester près de moi. Moi, son alpha, qui me sentais parfaitement capable d'assumer la responsabilité de ce précieux chien.

Au début de l'exercice, Bunker, pareil à une mouche au bout d'un fil de pêche, courait dans tous les sens. Les instructions du livre conseillaient d'éviter le contact visuel direct, au profit de la vision périphérique ; je l'ai ainsi vu du coin de l'œil repérer un écureuil à la lisière du bois et foncer à sa poursuite, puis, brusquement stoppé par la tension de la laisse, retomber sur le derrière. Il s'est ensuite précipité sur un oiseau qui sautillait dans les feuilles mortes un peu plus loin, a trébuché et s'est fait traîner par la laisse sur quelques mètres. J'ai ralenti afin qu'il puisse me rattraper, sans pour autant lui prêter attention. Quand j'ai senti qu'il s'était remis sur ses pattes et marchait, j'ai pressé le pas. Par moments, il disparaissait de mon champ de vision et je me forçais à le croire en train de marcher normalement derrière moi, jusqu'à ce qu'une traction sur la laisse me détrompe.

Ma mère, qui trouvait hilarant ce spectacle, s'est postée derrière un buisson avec son caméscope pour nous filmer. Bunker a senti son odeur et tenté de courir vers elle alors que je marchais dans la direction opposée : résultat, il s'est encore affalé et fait traîner sur un bon mètre de pelouse. Si je donnais l'impression d'avoir définitivement perdu l'esprit, ma mère ne l'a pas fait remarquer. Elle me regardait, hilare, marcher, m'arrêter, pivoter, marcher, m'arrêter à nouveau, tandis que mon pauvre chiot faisait de son mieux pour suivre. Je riais aussi, au début. Mais après quelques minutes cette marche s'est transformée en une sorte de méditation. Chaque tour de jardin resserrait les liens de notre meute : Bunker apprenait à me suivre en toute confiance, et moi, j'apprenais que j'étais capable de diriger. Cela me terrifiait de sentir que je le traînais sur le sol, parce que je craignais de lui faire mal ; mais j'ai commencé à comprendre la leçon sous-jacente. Si nous restions attentifs l'un à l'autre, alors il ne pourrait rien nous arriver.

Il lui a fallu à peine dix minutes pour saisir le principe et se mettre à trottiner à côté de moi, la tête levée pour voir où je regardais : il avait fait le lien entre l'orientation de mon regard et la direction que je m'apprêtais à prendre. Ses pattes de chiot peinaient à garder le rythme, mais il restait à ma hauteur sans plus se laisser distraire ni tirer sur sa laisse. Je sentais qu'il était heureux de me suivre, soulagé même ; il marchait la queue dressée, fier comme un coq. Quand nous avons eu fini, je lui ai ôté la laisse avant de le récompenser par une petite danse dans l'herbe. Il courait autour de moi en aboyant tandis que je tournoyais sur moi-même.

Il s'est écroulé de fatigue une fois rentré à la maison, si bien que j'ai dû le porter jusqu'à sa cage. Allongée sur mon lit à côté de lui, j'ai commencé à m'assoupir également. Il ouvrait les yeux au moindre bruit pour s'assurer que j'étais toujours là.

« Ne t'inquiète pas, Bunk. Je suis là. Je ne bougerai pas. »

Nous avons sombré tous les deux dans un sommeil profond.

Les jours comme celui-là étaient d'une importance capitale : mes premières semaines aux côtés de Bunker jetaient les bases de notre vie commune. Elles nous servaient à tresser nos énergies, nouer ensemble les fils esseulés de nos êtres ; chacune des siestes que nous faisions, côte à côte sous le soleil estival, ajoutait une brique à l'édifice qu'était notre promesse mutuelle de traverser cette vie ensemble. Je ne craignais pas de me lier intimement à ce chien, car je savais sa loyauté sans faille. L'amour qu'il me portait ne faiblirait jamais. D'un frétillement de queue, Bunker pourrait toujours me rappeler sa passion débordante pour la vie, me montrer qu'il faut savourer l'instant présent et laisser s'évaporer mes pensées troublées. Pour ma part, j'avais à le protéger et prendre soin de lui ; et en dépit de mon état instable, j'avais la certitude de pouvoir le garder en sécurité, en bonne santé et entouré d'amour.

On passait des après-midi entiers sur la moquette de ma chambre, à entremêler ses poils de chiot et ma tignasse blonde abîmée. Je touchais sa truffe douce et humide. Il me léchait le doigt et roulait sur le dos, et quand il fermait les yeux je voyais battre ses cils longtemps après que ses paupières s'étaient closes. Je pensais aux idées suicidaires qui avaient rôdé pendant si longtemps aux frontières de ma conscience : comme par miracle, le chagrin perdait son pouvoir quand j'avais mon chien à mes côtés. Sa présence avait commencé à refermer cet affreux chapitre de mon existence.

Peu à peu, les journées ont acquis une certaine régularité. En me réveillant le matin, je ressentais une minuscule pointe d'optimisme. S'il faisait beau, j'emmenais Bunker se promener dans les bois derrière la maison, où il travaillait d'arrache-pied à flairer les tas de feuilles en décomposition pendant que je flânais en respirant profondément. Chaque feuille jouait le rôle d'un minuscule guérisseur – toute cette énergie issue de la photosynthèse courait dans les branches, se propageait aux troncs qui bravaient le sol, jusqu'aux racines s'enfonçant sous terre à une profondeur inimaginable.

Une fois, je me suis assise au pied d'un arbre et Bunker m'a regardée faire, les oreilles dressées. Quand il a senti mon contentement, il est retourné à son inspection du sol en remuant la queue, fouillant la terre jusqu'à dénicher un lombric : il enfouissait sa truffe dans le sol, puis son oreille, puis son cou, et enfin se laissait tomber sur le dos, ses quatre pattes frétillantes dressées vers le ciel, gueule ouverte et langue pendante.

Je n'ai jamais compris d'où venait son amour pour les lombrics. Mais ce sont eux qui aèrent la terre, à l'abri des regards, aidant les plantes à pousser et embellissant les jardins. Et c'est ce que Bunker faisait pour moi, m'aider. Je n'ai jamais essayé de l'empêcher de se rouler dans les vers de terre. Il y trouvait un tel plaisir.

NOUVEAUX HORIZONS

2 août 1996

Mon flacon de Zoloft trônait sur la table de nuit. Je prenais un cachet tous les matins en me réveillant, et cela me rendait tellement somnolente que j'étais obligée de faire un somme vers onze heures. Sur une suggestion de Mya, j'ai donc commencé à les prendre le soir avant de me coucher. Je regardais longuement ces comprimés jaunes de forme oblongue, me demandant ce qu'ils me faisaient. J'avais dévoré des articles selon lesquels des traumatismes répétés causeraient pendant la jeunesse une activation chronique de l'axe hypothalamo-pituito-surrénalien (HPS) – le système qui détermine comment l'individu réagit au stress, la fameuse réaction « de lutte ou de fuite ». Des tests menés sur des animaux ont montré que si l'axe HPS est activé à de nombreuses reprises pendant le développement du cerveau, il ne sera bientôt plus capable de se désactiver et l'animal vivra en état permanent d'hypervigilance, toujours en alerte même si rien ne le menace – ce qui le rendra incapable de prendre correctement soin de lui-même et prélèvera un lourd tribut sur son énergie et son goût pour le jeu, la nourriture, la reproduction ou les interactions sociales. D'après certains chercheurs, une fois que ce système est activé chez les humains, il se trouve altéré de façon durable, et sert parfois de terreau à une dépression qui peut rester dormante pendant des années avant qu'un élément déclencheur la révèle.

Ces articles m'ont aidée à replacer correctement les pièces du puzzle : ce qui m'était arrivé n'était pas le fruit du hasard, ce n'était pas simplement parce que j'étais bizarre ou dénuée des compétences de base nécessaires pour m'en sortir dans le monde. En découvrant ces raisons, j'avais l'impression de lever le voile sur une force immense et mystérieuse.

De plus, j'étais en train de guérir. Je le sentais. La thérapie fonctionnait, lentement mais sûrement, les médicaments semblaient aider, et j'avais Bunker. Je me suis entraînée tous les jours à me concentrer sur mes pensées pendant notre promenade. Ces deux actions combinées me permettaient de remarquer, d'identifier et de dissoudre les lourdes idées noires de la dépression.

Toutefois, une question insistante refusait de me quitter : l'ignorance de ce que je ferais ensuite, d'où je pourrais aller. Mon père répétait souvent :

« On ne t'oblige à rien, mais cela nous ferait vraiment, vraiment plaisir que tu restes dans la région. »

Vivre dans l'Ohio ne m'avait jamais paru naturel, comme si ma place était ailleurs. Plus d'une fois, en conduisant sur le périphérique qui entoure Columbus, j'avais scruté les autres voitures en me demandant s'il existait quelqu'un comme moi dans cette ville. C'est sûrement le cas, mais je ne l'ai jamais rencontré.

Malgré cela, j'avais décidé de faire un effort pour essayer de me bâtir une existence dans l'Ohio. C'est pourquoi, un après-midi, ma mère et moi avons pris la voiture avec Bunker à l'arrière pour nous rendre dans une résidence, non loin de la maison, qui acceptait les chiens. L'appartement se trouvait dans un petit bâtiment de brique sans étage, près de la Scioto River : nous avons pénétré dans le salon humide tapissé de moquette marron à l'odeur rance, aux murs fins comme du papier et aux éléments de cuisine en formica écaillé, et avons fait demi-tour sans autre forme de procès. Par la suite, la conversation dans la voiture s'est limitée à :

« Non, jamais de la vie. »

Mes peurs se sont réveillées d'un seul coup. Ma vie allait-elle ressembler à ça, maintenant ? Des appartements sentant le moisi, parcourus de courants d'air, où ma solitude ne serait tempérée que par les éclats de voix des voisins à travers les murs ? Un travail haïssable, enfermée dans un bureau toute la journée à manipuler de la paperasse tout en tapant à l'ordinateur sous la lumière d'un néon ? Mes parents avaient payé mon premier mois de loyer à New York : après ça, il avait fallu que je me débrouille. Cette année-là, je n'avais pas les moyens de m'acheter un bon manteau ; or il se trouve que 1996 avait aussi été l'année d'un blizzard terrible. Ce n'est que lorsque j'ai fondu en larmes au beau milieu d'un magasin Eddie Bauer, pendant la période de Noël, que ma mère a consenti à m'acheter une parka fourrée bien chaude avant de griffonner au dos du ticket de caisse une date limite pour que je puisse lui rembourser l'argent. Mes parents voulaient que je m'en sorte par moi-même, et j'étais d'accord avec eux, mais, quand bien même la perspective de mon autonomie m'encourageait, elle me faisait aussi craindre de me retrouver dans des endroits bien pires qu'un appartement humide et froid en bord de rivière.

Une fois de retour à la maison, Bunker ne m'a pas lâchée d'une semelle. Je comptais déjà sur lui pour détecter mon humeur. Lui caresser le dos m'aidait à respirer, m'asseoir près de lui sur le sol me calmait les nerfs et me mettait hors de portée des idées noires ; le regarder courir comme un petit fou dans la pièce faisait taire mes inquiétudes.

Sa présence me semblait dorénavant aussi indispensable que l'oxygène. La panique m'a envahie à l'idée de reprendre le travail et de devoir le laisser seul au moins huit heures par jour ; c'est alors qu'il a poussé un profond soupir, et j'ai pu inspirer longuement. L'expiration suivante a presque entièrement dénoué ma pelote de nerfs. Au lieu de tomber dans une spirale d'angoisse et de terreur qui me mènerait invariablement au désespoir et à la dépression, il me suffisait de m'arrêter net. Respirer. Me calmer. Caresser Bunker. Ne pas penser. Exister, c'est tout. Ça pouvait s'arranger. Peut-être que tout s'arrangerait, après tout.

Cet après-midi-là, le téléphone a sonné. J'ai entendu ma mère répondre et dire :

« Oui, elle est là. »

Cela faisait des mois que je n'avais pas reçu de coup de fil, et je ne savais pas du tout qui ça pouvait être. La seule personne qui me contactait régulièrement était Will, et ses appels survenaient en général après minuit. Sans un mot, avec une moue interrogatrice, j'ai pointé un doigt vers ma poitrine.

« Allô ? »

Qui cela pouvait-il être ? Ma psy ? Mon ancien patron ? Leah ?

« Salut, c'est Melissa ! »

Il m'a fallu un peu de temps pour resituer Melissa, et au final j'ai reconnu la voix : c'était une amie du lycée, que je connaissais depuis la maternelle, mais nous n'avions jamais été très proches. Elle était partie étudier dans le Maine et on avait gardé contact grâce à quelques lettres et coups de téléphone, rien de plus. Quoique, c'était le genre d'amie qui ne perd jamais vraiment personne de vue, si bien que je n'étais pas si surprise par son appel.

« Ma mère m'a raconté que tu étais revenue dans l'Ohio. Qu'est-ce qui t'est arrivé ? »

Elle disait cela comme si mon retour à la maison était un coup du sort ! Vexée, j'ai eu une envie subite de lui raccrocher au nez ; au lieu de quoi j'ai emporté le téléphone sans fil dans ma chambre.

« Eh bien… »

J'ai hésité.

« Je ne supportais pas New York.

— Ah bon ! Comme tout le monde, alors, non ? Quand j'étais à Bowdoin, on s'arrangeait tous pour trouver du boulot, exprès pour éviter de vivre à New York. Pas tout de suite, en tout cas. »

Je me suis assise, submergée par un immense soulagement. Il faut savoir qu'un dépressif bâtit tant de murs invisibles en prévention de ce qui pourrait le blesser que, lorsqu'on lui montre que ces murs n'étaient pas nécessaires, le relâchement temporaire de tout ce travail défensif est une véritable libération.

« Ouais, ai-je marmonné. On ne m'avait pas expliqué ça.

— Bref, j'ai fini par atterrir à Seattle, ne me demande pas comment. J'ai fait un stage dans une entreprise de prêt-à-porter pendant mes études et maintenant ils m'ont engagée au marketing. Seattle est une ville vraiment sympa, pour l'instant elle me plaît beaucoup.

— Tant mieux. Ma tante habite là-bas, j'adore y aller. »

Assise sur mon lit, je tripotais la bordure en dentelle de mon édredon blanc. Ce genre de bavardage me rendait nerveuse par son insignifiance en comparaison de tout ce que j'étais en train de traverser. Mais j'ai continué.

« Je travaillais dans une maison d'édition à New York. C'était plutôt cool. »

J'ai fait une pause de quelques secondes.

« Enfin, non, pas vraiment.

— Ça a l'air carrément cool ! J'habite toute seule en ce moment, mais je ne vais pas tarder à déménager.

— Super. »

Je n'avais rien de mieux à lui répondre.

« Et toi, a-t-elle repris, tu comptes aller où, après ça ? Tu restes à Columbus ? »

Sa voix exprimait une absence de jugement, une totale ouverture d'esprit.

« Aucune idée. »

J'ai retenu mon souffle, puis j'ai ri, un tout petit peu trop fort. Bunker a levé les yeux vers moi. *Calme.*

« Seattle, c'est plutôt sympa », a-t-elle dit d'une voix chantante, comme si elle me proposait une friandise.

« Tu as des amis là-bas ?

— Ouais, quelques-uns. Et j'ai un copain, aussi. Mais ce serait carrément génial d'avoir d'autres amies comme toi pas loin. »

Elle était tellement gentille. Est-ce que sa mère avait appris que je faisais une dépression et lui avait demandé d'appeler pour prendre de mes nouvelles ? Pour quelle raison, sinon, aurait-elle voulu que je vienne vivre à Seattle ? J'ai marmonné :

« Ouais.

— Sérieusement, je vais vivre en colocation avec mon pote Chris, et apparemment un autre pote à lui, Greg, va venir avec nous aussi. On cherche une maison en ce moment. Et quand on en aura trouvé une, on va carrément adopter un chien. Seattle est une ville super pour les chiens.

— C'est vrai ? »

Je commençais à me demander si ce n'était pas un canular.

« Oh oui, il y en a partout. Ça me manque trop d'avoir un chien.

— Tu ne vas pas me croire, alors. Je viens d'adopter un chiot, Bunker ! »

Bunker, qui somnolait à mes pieds sur la moquette, a entrouvert un œil en m'entendant prononcer son nom.

« Tu rigoles ! »

Son rire semblait disproportionné par rapport à la conversation. Mais était-ce vraiment le cas ? Difficile de s'en rendre compte.

« Alors il faut absolument que tu viennes avec nous ! Ce serait juste parfait !

— Tu crois ? Parce que ça pourrait être une option.

— Sérieux ? Tu vas y réfléchir ? »

J'ai compris qu'elle s'était laissé emporter, qu'elle n'avait jamais vraiment eu l'intention de me demander de la rejoindre à Seattle.

« Je ne voudrais pas m'incruster.

— Quoi ? Mais non ! Ce serait trop génial que tu viennes ici. Je veux dire, sans déconner, ce serait épique ! On s'éclaterait tellement ! »

De toute évidence, elle ne connaissait pas celle que j'étais devenue en l'espace des derniers mois. J'ai noté dans un coin de ma tête de ne jamais lui présenter mes amis de New York, qui ne m'auraient en aucun cas décrite comme quelqu'un qui « s'éclate ».

« D'accord. »

Je me suis frotté le front en serrant les paupières. L'épuisement commençait à se faire sentir.

« Écoute, a-t-elle dit, prends un jour ou deux pour y réfléchir. On n'a pas encore commencé à chercher, mais selon ce que tu décides, on regardera les maisons avec trois chambres, ou avec quatre. Comme ça, c'est réglé ! »

Elle s'est remise à rire.

« Ma parole, ce serait tellement génial ! »

Je ne comprenais pas. Se sentait-elle seule et triste, là-bas sous la pluie, au point d'avoir besoin que quelqu'un traverse le pays pour lui tenir compagnie ? On était amies au lycée, mais pas les meilleures amies du monde. Melissa était bien plus populaire que moi ; elle avait une meilleure copine avec laquelle elle passait tout son temps, le genre d'amitié dont j'avais toujours eu envie. Quel intérêt avait-elle à me revoir maintenant ?

Je n'ai répondu qu'après un petit silence gêné.

« Je vais en parler avec mes parents, voir ce qu'ils en pensent. De toute façon, au point où j'en suis, je n'ai plus grand-chose à perdre. »

Les mots semblaient venir de derrière moi, et j'ai failli me retourner pour scruter le papier peint à la recherche de la personne qui me les soufflait. Qu'est-ce que je racontais ?

Craignant de ne pas me montrer à la hauteur de son enthousiasme (un sentiment que je n'avais pas éprouvé depuis des mois), j'ai mis fin à la conversation un peu brusquement. Après avoir raccroché, Melissa m'est apparue comme une cliente chez un vendeur de voitures d'occasion : pour elle, j'étais une marque familière, mais elle n'avait aucune idée de ma piètre qualité. L'instant suivant, j'avais abandonné l'idée de déménager.

Je suis retournée dans la cuisine pour trouver ma mère aux fourneaux. Le soleil de l'après-midi baignait le plan de travail, et derrière la fenêtre les feuilles luisaient.

« C'était qui ? a-t-elle demandé en versant des oignons dans une poêle brûlante.

— Melissa. Je ne sais pas comment elle a su que j'étais rentrée. »

Ma mère a haussé les épaules.

« Comment va-t-elle ? »

J'ai envisagé de ne pas mentionner sa proposition d'emménager à Seattle. De l'oublier. Ou de la garder pour moi, histoire de ne pas avoir à me décider. Bunker est entré dans la cuisine en trottinant. Melissa avait dit que Seattle était super pour les chiens. J'ai pensé à la sœur de ma mère qui habitait là-bas, qui adorait les animaux tout autant que moi, et les mots ont jailli de ma bouche.

« Elle m'a proposé de venir à Seattle habiter avec elle et deux de ses potes. »

Ma mère s'est figée, puis a levé les yeux des légumes qu'elle était en train de découper.

« Et ils veulent adopter un chien. Du coup, si j'y vais, il n'y aura pas besoin. Je suis sûre qu'ils adoreraient Bunker. »

Elle a posé son couteau.

« Oh, ma chérie, bien sûr qu'ils l'adoreraient. Wow. Seattle. »

On a échangé un regard, prises de court par cette nouvelle voie qui s'offrait à moi, une véritable opportunité née d'un coup de fil inattendu.

« Wow », a-t-elle répété.

Un crissement de griffes dans le salon nous a appris que Bunker poursuivait à nouveau Cinder. Elle montrait les dents ; Bunk, le derrière levé, l'invitait à jouer. Avec un aboiement, elle s'est jetée sur lui et il a battu en retraite sous le buffet, la queue entre les pattes. Cinder a alors trotté jusqu'au canapé pourpre, s'y est installée et, le menton posé sur ses pattes, a observé d'un œil méfiant ce nouveau venu indésirable. Le temps que je parvienne jusqu'à lui pour le prendre dans mes bras, Bunker avait chassé toute trace de sa peur.

« Il va falloir t'y faire, mon grand. C'est elle la chef. Et elle n'aime pas jouer.

— Cette pauvre Cinder n'en peut plus, a dit ma mère en riant. Elle se demande, qu'est-ce que c'est que ce machin horripilant, et quand est-ce qu'il s'en va ? »

En entendant cette phrase, j'ai cru ressentir une première petite poussée dans le dos, le signe qu'il était temps de quitter à nouveau le nid. Bunker et moi n'allions pas vivre ici pour toujours. On pouvait partir, et maintenant, on avait même un endroit où aller.

J'ai lancé un regard vers Cinder, toujours parquée sur le canapé : elle respirait la colère, la nervosité, et la contrariété d'avoir à partager notre attention avec quelqu'un d'autre.

« C'est carrément ça. »

LA LISTE DE POUR ET DE CONTRE

5 août 1996

Trois jours avaient passé depuis l'appel de Melissa. J'étais censée lui donner ma réponse le soir même, et j'étais assise dans ma chambre peu avant minuit – il était presque neuf heures du soir à Seattle, pas trop tard pour appeler, mais je n'avais toujours pas réussi à prendre de décision. Bunker était roulé en boule dans sa cage, la porte ouverte. J'avais passé la journée à lui apprendre à venir au pied, et il s'était endormi épuisé, le ventre plein de friandises.

La fenêtre entrouverte laissait entrer mes bruits préférés, chants de grillons et de cigales, hululements de hiboux, la symphonie d'une nuit d'été dans l'Ohio. Ils formaient un chœur sonore, un peu anarchique mais harmonieux tout de même, une berceuse réconfortante qui m'accompagnait depuis mon enfance. À New York, un soir, j'avais eu la surprise d'entendre un grillon solitaire dans le buisson devant l'immeuble, et je m'étais demandé comment il avait bien pu se retrouver là, perdu dans cette métropole sans fin. J'avais tellement de peine pour lui, acharné à frotter ses pattes l'une contre l'autre alors qu'aucune femelle n'entendrait jamais son appel, que j'avais écrit un poème assez mauvais sur son calvaire.

Assise devant la cage de Bunker, je réfléchissais à cette nouvelle possibilité. Fermant les yeux, j'ai pris une grande inspiration et demandé aux grillons de me donner la réponse.

Devais-je y aller ? Y avait-il des grillons à Seattle ? N'était-ce pas prématuré, étais-je vraiment prête ?

J'ai entendu le froissement des pantoufles de ma mère dans la cuisine, un tintement d'assiettes, le ronronnement du lave-vaisselle en train de commencer son cycle. Mon père venait d'aller se coucher après avoir regardé la télévision. Il ne l'avait pas dit en ces termes, mais je savais qu'à ses yeux Seattle était trop loin, trop risqué pour mon état émotionnel. C'était sombre et pluvieux, avait-il déclaré, et puis je n'avais pas de travail là-bas.

« Mais c'est ta décision, et je te soutiendrai. »

Il n'avait pas eu un ton très convaincant ; il était clair qu'il voulait que je reste.

« Toc toc. »

Ma mère a passé la tête dans ma chambre. Je l'ai saluée avant de me retourner vers la fenêtre ouverte.

« La nuit est belle », a-t-elle dit en resserrant les pans de sa robe de chambre.

J'étais en train de penser à Will, d'imaginer ce qu'il faisait à New York, et dans les bras de qui.

Ma mère s'est assise à côté de moi sur le sol. Elle sentait le parfum et le produit vaisselle. Pour une raison inconnue, sa présence a provoqué un sentiment de panique à l'idée que j'étais sur le point de sombrer à nouveau dans la dépression. Emménager dans une *autre* grande ville ? Me croyais-je vraiment capable de recommencer ? Je me suis rappelé l'enthousiasme de Melissa au téléphone.

« Je ne sais pas quoi faire. J'étais censée rappeler Melissa aujourd'hui, et maintenant c'est sans doute trop tard.

— À mon avis, ça peut attendre demain », a dit ma mère.

Elle semblait sûre d'elle, mais j'étais tétanisée.

« Et si tu faisais une liste ? »

Prenant les choses en main, comme à son habitude, ma mère est allée chercher un stylo rouge et un bloc de feuilles jaunes sur mon bureau, puis a tapoté le lit pour m'inviter à la rejoindre. Le réveil indiquait onze heures quarante-cinq.

« OK, a-t-elle déclaré en traçant une ligne verticale au milieu de la feuille.

— Tu n'es pas fatiguée, maman ?

— Mais non. Alors, réfléchissons. Avantages d'aller à Seattle, inconvénients d'aller à Seattle. C'est parti. »

Je parlais, elle écrivait. On s'est bientôt retrouvées avec une liste impressionnante, comptant à peine plus d'arguments pour que d'arguments contre. Ma mère m'avait promis de faire le voyage avec moi, notant « *Road trip mère-fille à la* Thelma et Louise » dans la colonne *POUR*. Cette liste me semblait complètement fausse. Je me demandais sans cesse si j'étais vraiment assez rétablie pour ressortir dans le monde réel. Ma mère m'a tendu la feuille, pointant chaque argument avec ses mains qui commençaient tout juste à montrer des signes d'âge. « *Possibilité de vivre avec tante Aurora au début* » faisait partie des *POUR*.

« Est-ce qu'Aurora t'a dit que je pouvais passer quelques semaines chez elle ?

— Je ne lui ai pas encore demandé, mais je suis sûre qu'elle serait ravie de t'avoir. »

Aurora, la plus jeune de ses sœurs, était le seul membre de la famille qui semblait réellement me comprendre. Psychothérapeute, elle n'avait aucun mal à détecter nos problèmes familiaux, quand bien même tous les autres choisissaient soit de les ignorer, soit de croire que tout allait pour le mieux. Elle avait un chien, plusieurs chats et un lapin, et faisait de l'équitation avec ses filles presque chaque jour. Elle adorerait Bunker, aucun doute.

« Je ne sais pas, ai-je dit. Qu'est-ce que je dois faire ? »

Le réveil indiquait maintenant une heure trente du matin.

« À mon avis, tu devrais tenter le coup. »

Nous avons souri toutes les deux et j'ai ressenti une vague de bonheur, suivie de près par la panique.

« Déménager ? »

Elle a pris mes mains entre les siennes.

« Écoute, je ne demande rien de mieux que de t'avoir près de moi pour toujours, mais l'Ohio n'est pas pour toi. J'aurais voulu que ce soit autrement… » Son menton a tremblé. « Mais on n'y peut rien. Alors il faut que tu explores, que tu ailles voir ailleurs. Oui, tu devrais tenter le coup. »

Ma mère, que je n'avais vue pleurer qu'une seule fois, a essuyé une larme et pressé mes mains dans les siennes.

« Je suis rassurée de savoir qu'Aurora sera là-bas avec toi. Si tu as besoin de quoi que ce soit, tu auras ta famille juste à côté. Et puis, comme elle est psychothérapeute, elle comprendra complètement. »

Un mois plus tôt, je me serais sentie insultée que ma mère sous-entende que je puisse avoir besoin d'une aide thérapeutique régulière. Je savais maintenant qu'elle s'inquiétait simplement pour moi, et qu'avoir besoin d'être aidée n'avait rien de honteux. Mes parents avaient insisté sur le fait que ma dépression n'était ni un défaut de caractère ni une chose dont je devais avoir peur.

« C'est la chimie de ton cerveau, rien de plus », avait répété mon père jusqu'à ce que mon besoin de Zoloft me paraisse aussi naturel qu'un besoin de vitamines. Peu à peu, je me rendais compte que leur acceptation de ma maladie était une chance incroyable.

« D'accord, ai-je dit, éberluée par ce mot. D'accord, je vais y aller. Je vais emménager à Seattle. Je vais réessayer. »

Ma mère a souri, porté ses mains à sa bouche et poussé un petit gémissement. Bunker s'est réveillé en sursaut.

« Ça te dit, un tour en voiture, Bunk ? »

Deuxième partie

HURLER COMME DES LOUPS

Août 1996

Les kilomètres défilaient tandis que, une main sur la cage de Bunker, j'observais l'horizon plat. On avait réussi à faire tenir la cage sur la banquette arrière de ma vieille Ford Explorer avec l'idée que, puisque cette niche métallique était son refuge à l'intérieur de la maison, Bunker se sentirait moins déboussolé s'il y passait la majeure partie de notre semaine de route.

En traversant l'ouest de l'Ohio, je me contorsionnais constamment sur le siège passager, les yeux rivés sur mon chiot à l'arrière. Comme si j'étais encore incapable de regarder vers l'avant, vers Seattle, et ce qui pourrait arriver. Et s'il était aussi difficile de survivre seule là-bas qu'à New York ? J'essayais de repousser ma peur d'une nouvelle dépression, ma crainte de refaire les mêmes erreurs. Je n'avais pas téléphoné à Will pour le prévenir de mon déménagement. Ses appels et ses déclarations d'amour étaient devenus routiniers, mais je ne parvenais pas à le repousser. Quelque part au fond de moi, j'adorais l'entendre dire qu'il m'aimait, que mon corps était son préféré et lui manquait terriblement.

Je regardais le petit animal blotti derrière les barreaux de sa cage. Ses membres commençaient à s'allonger, mais il avait toujours une tête de chiot. Il avait passé les premières heures du trajet à me fixer d'un air inquiet, les yeux écarquillés comme pour dire : Tu es au courant que *la pièce bouge* ?

Il avait maintenant fini par se résigner à ce lieu étrange et s'allonger, le menton sur les pattes, afin de somnoler par intermittence. Dans l'Indiana, j'ai voulu le distraire et je me suis mise à aboyer et à hurler comme un loup. De temps en temps, il aboyait en réponse et je lui glissais une friandise entre les barreaux.

Je faisais rire ma mère en répétant d'une voix aiguë :

« Parle ! »

Elle se doutait que Bunker et moi approfondissions notre langage et cimentions notre compréhension mutuelle. Au bout d'un moment, il a commencé à hurler joyeusement.

« Ahouuuu-houuu-houuu ! »

Puis il m'a regardée fièrement en remuant la queue comme s'il attendait une friandise et ma réponse. J'ai hurlé en retour et il a joint sa voix à la mienne. Bientôt, on hurlait tous les trois, tels des loups ancestraux réunis dans une voiture beige. Le hurlement de ma mère était aigu, aussi poli que si elle chantait à l'église. Mais elle hurlait avec nous, et j'étais aux anges.

« C'est incroyable ! a-t-elle dit. Tu as déjà entendu un chien hurler comme ça ?

— Il est tellement expressif. À croire que si on passait ses cris à l'envers on entendrait une vraie phrase.

— Exactement, c'est fou. »

On a regardé la route pendant quelque temps. Parfois, je poussais un nouveau hurlement, et Bunker aboyait ou hurlait en retour. La communication était enclenchée. Bunker était capable de hurlements longs, heureux ou vibrants de mélancolie. J'avais l'impression de tous les comprendre, et en ce qui concernait Bunker, j'avais choisi de faire confiance à mon ressenti.

Ma mère et moi formions une bonne équipe de *road trip* : elle tolérait mes choix musicaux (Ani DiFranco, exclusivement) tandis que je respectais son occasionnel besoin de silence. On gardait les vitres baissées la majeure partie du temps et les odeurs qui nous parvenaient rythmaient notre progression : dans l'Ohio, fleurs, soufre et gaz d'échappement. L'Illinois, un parfum de blé et de maïs écrasé émanant des plaines. Missouri, l'asphalte brûlant mêlé d'herbe coupée et de bouse de vache.

Comme à notre habitude, nous ne parlions de rien de substantiel. Ni conversations profondes, ni émotions, ni lâchage de lest. Ma mère prenait soin de moi, se consacrait à moi de la seule manière qu'elle connaisse : avec tout son temps et son attention. À ce stade de ma convalescence, l'absence de conversations intenses était bienvenue. La dépression, l'été passé à sombrer de plus en plus profondément et les mains secourables des psys, des parents et des médecins qui cherchaient à me faire remonter la pente m'avaient épuisée au-delà de tout. Ce silence radio émotionnel me convenait parfaitement.

Alors que le soleil se couchait au cœur des plaines tranquilles du Nebraska, j'ai posé un oreiller contre la vitre et réfléchi au langage, à l'expression et au silence. Bunker apprenait à parler en même temps que moi. J'apprendrais à exprimer ce que je voulais, à faire confiance à mes ressentis et à leur conférer du poids et de l'importance, à appeler à l'aide. Bunker serait constamment à mes côtés, en compagnon loyal. Ma dévotion envers lui serait mon salut ; de cela, je ne doutais pas une seule seconde.

J'élaborais de grands projets optimistes à chaque kilomètre parcouru, tout en luttant contre les voix défaitistes omniprésentes dans mon esprit, dont le fiel commençait à perdre de sa puissance. Je nous imaginais en pionniers marchant vers l'Ouest, trois aventuriers pourchassant le soleil chaque soir comme si nous avions une chance de l'attraper.

CHUTE À SUN VALLEY

Août 1996

La sœur cadette de ma mère, Diane, possédait une maison à Sun Valley, dans l'Idaho : on avait donc prévu un détour dans la région, une journée de repos avant de reprendre la route vers Seattle. Diane elle-même se trouvait en Californie à ce moment-là, si bien que nous aurions la maison pour nous seuls. Arrivés au crépuscule, on a attendu sous le porche mal éclairé pendant que ma mère se débattait avec la serrure. En voyant les papillons de nuit se heurter à l'ampoule nue avec de petits bruits métalliques, Bunker a dressé les oreilles ; à croire qu'il était même sensible à la souffrance des insectes.

Ma mère a ouvert la porte et la bâtisse a exhalé sur nous son haleine de renfermé, poussiéreuse après plusieurs mois d'abandon. On y avait passé Noël une fois quand j'étais adolescente et je me rappelais avoir fait du patin à glace, une sortie en traîneau tiré par des chevaux et des parties endiablées de Rummy avec mes cousines, mes oncles, mes tantes et mes grands-parents. Deux de mes cousines avaient mon âge et vivaient en Californie : elles étaient blondes, très belles et extrêmement proches l'une de l'autre. Je n'arrivais pas à imaginer ce que c'était d'avoir une sœur, et encore moins ce que cela faisait de ne pas se sentir complètement perdue dans sa relation fraternelle. J'enviais leur lien sans être sûre de comprendre exactement en quoi il consistait.

Quoi qu'il en soit, ma conclusion à la suite de ce Noël en famille avait été que mes cousines étaient cool, intelligentes et rebelles – et moi non. Elles ne parlaient pas beaucoup, levaient régulièrement les yeux au ciel, adoraient Aerosmith et portaient des bijoux en plastique noir ; moi, je n'arrivais pas à cacher mon excitation tandis que je déballais le nouveau CD de Deee-Lite avec écrit dessus « *Bisous, le Père Noël* ». Leurs cheveux étaient longs, blonds et parfaitement raides, leurs yeux entourés d'eye-liner noir vieux de deux jours ; moi, j'arborais une permanente et je me faisais encore des palmiers au sommet du crâne avec un chouchou en imitation jean. Elles s'habillaient avec des tee-shirts d'homme blancs et déchirés alors qu'il neigeait dehors ; moi, j'avais un pull bleu, rouge et violet par-dessus mon col roulé bleu roi.

Tandis que je repensais à ces vacances en frissonnant, assise sur le canapé du salon déserté, Bunker a grimpé à côté de moi et posé sa tête sur mes genoux. Revivre les moments difficiles de mon enfance me donnait l'impression de traverser un magnifique jardin fleuri infesté de mines antipersonnel. Impossible de savoir quand une simple promenade pouvait tourner au désastre irréparable.

Ma mère s'affairait autour de moi, désireuse de vider la voiture avant d'aller se coucher. Je l'ai observée. Quand elle était débordée, elle se courbait comme si elle avait froid, une envie pressante ou souffrait d'ostéoporose. J'avais envie de lui parler de ce Noël, de lui raconter à quel point ma confiance en moi s'en était trouvée ébranlée, comment j'avais laissé de minuscules détails comme le regard de mes cousines miner mon estime de moi morceau par morceau – estime qui n'était déjà pas mirobolante. Ma psy m'avait dit qu'elle comprenait pourquoi je me sentais si mal.

« Quand on a traversé ce que vous avez traversé, c'est inévitable de se sentir mal. »

Mais qu'avais-je traversé, au juste ? Cette question revenait sans cesse au premier plan. Je ne parvenais toujours pas à reconstituer ce qui m'avait rendue incapable de fonctionner correctement et m'avait abîmée à ce point. Est-ce que j'étais seulement faible ? Je n'étais pas la seule fille à se battre avec un frère ou une sœur. La société était-elle responsable, avec les messages qu'elle adressait aux filles – qu'il faut être sage, belle, douce et gentille ? Ou étaient-ce mes parents ? Ou bien Clay ? Je ne lui avais pas dit au revoir en quittant l'Ohio. Il était fiancé, heureux, en passe d'acheter sa première maison et de commencer sa vie d'adulte. Peut-être que personne n'était responsable, que rien de tout cela n'était une affaire de responsabilité…

« Tu viens te coucher ? m'a demandé ma mère depuis l'escalier.

— Hein ?

— Allez, viens, a-t-elle insisté. Il est tard. Il faut dormir.

— D'accord. »

J'ai caressé la tête de Bunker, toujours posée sur mes genoux.

« Viens, mon tout beau, ai-je murmuré. Je vais bien. »

À ces mots, il s'est levé, m'a suivie à l'étage et s'est installé sur ma descente de lit moelleuse pour une bonne nuit de sommeil sous la lune claire de l'Idaho.

Le lendemain, nous avons décidé de faire une randonnée. La matinée était superbe, pas trop chaude, et presque pas humide. Après une route de terre battue, nous avons arrêté la voiture au bout du sentier qui, d'après ma tante Diane, nous mènerait en haut d'une colline verdoyante et couverte de fleurs sauvages.

Des cailloux roulaient sous nos chaussures pendant notre ascension ; autour de nous, des papillons et des abeilles se gorgeaient de nectar, et Bunker, qui nous devançait, se retournait régulièrement pour vérifier qu'on le suivait. Ma mère marchait derrière moi.

« On a déjà fait plus de trois mille kilomètres, tu te rends compte ? s'est exclamée ma mère. Il en reste à peine mille. On est aux trois quarts du trajet !

— Je sais, c'est dingue. »

Le mouvement lent et perpétuel de notre voyage à travers les longitudes me faisait du bien. J'ai ôté sa laisse rouge à Bunker pour l'enrouler autour de mon torse et j'ai retourné ma casquette, profitant du soleil sur mon visage tandis que je gravissais la colline en pente douce, flanquée de chênes immenses. Bunker courait parmi les fleurs et les herbes hautes aussi vite que ses petites pattes le pouvaient, se retournant sans cesse pour surveiller notre progression ; la vision de mon chiot ivre de liberté m'emplissait de bonheur. Les yeux clos, le visage offert aux rayons du soleil, je me suis surprise à rire et à penser, *Merci*.

Après quelques kilomètres, affamés, nous avons fait demi-tour et commencé à redescendre. Bunker boitait légèrement, mais je mettais cela sur le compte de la fatigue. J'ai tout de même vérifié ses coussinets au cas où il aurait marché sur une épine. Pendant la descente, ma mère nous a photographiés ; plus tard, en voyant la photo développée, je me rendrais compte que Bunker avait l'air vraiment mal en point. Sur le moment, ma mère et moi avons simplement attribué sa démarche hésitante aux suites de sa course effrénée dans la montagne : après tout, ce chiot originaire des plaines de l'Ohio n'avait jamais gravi de véritable pente jusque-là. Il a passé la nuit étalé sur le flanc contre les briques fraîches de l'âtre, complètement épuisé.

Le lendemain matin, une fois que la voiture a été chargée, Bunker n'a pas réussi à se lever.

« Allez, Bunk, lui ai-je lancé pendant que ma mère faisait la vaisselle du petit-déjeuner, viens faire pipi avant de partir ! »

Il a essayé de se redresser, en vain. Les flocons de poils qui lui tenaient lieu de sourcils exprimaient la confusion et la douleur.

« Qu'est-ce qui se passe ? a demandé ma mère en sortant de la cuisine.

— Je ne sais pas. Il gémit dès qu'il essaie de se lever, on dirait qu'il a mal quelque part. »

J'ai pressé délicatement sa patte arrière gauche et il a laissé échapper un glapissement de douleur glaçant.

« Oh, merde ! »

L'adrénaline faisait bourdonner mes oreilles. Ma mère, une main plaquée sur la bouche, a commencé à paniquer tout haut :

« On a trop forcé hier… Oh, mon Dieu, si ça se trouve, ses pattes sont cassées ! »

J'ai fermé les yeux en essayant de rester calme, puis je l'ai pris dans mes bras pour l'emmener dans le jardin.

« Comment est-ce qu'on a pu faire ça ? se lamentait ma mère. C'est juste un bébé, on n'aurait jamais dû l'emmener faire une aussi longue marche !

— Ça va aller. »

J'étais malade d'inquiétude. Ma mère m'a suivie et m'a regardée poser Bunker dans l'herbe : au lieu de rester debout, il a immédiatement basculé sur le flanc.

« Oh, mon Dieu, a dit ma mère, il ne peut pas marcher. Qu'est-ce qu'on fait ? Tu veux que j'appelle Diane pour lui demander l'adresse d'un vétérinaire dans la région ?

— Maman ! »

C'était *mon* chien. *Ma* bouée de sauvetage. La situation était déjà assez terrifiante sans que ma mère aggrave encore les choses en me communiquant sa panique.

« Donne-moi une minute. Je vais rester avec lui, finis de charger la voiture. »

Un poing pressé sur les lèvres, elle a soupiré avant de retourner dans la maison.

J'ai tâté les pattes de Bunker. Ses coussinets étaient tendres et rugueux sous mes doigts. Quand j'ai doucement pressé son pied droit, il a gémi et m'a léché la main. Je ne comprenais pas ce qui lui arrivait et ne supportais pas l'idée de lui avoir fait du mal, même involontairement.

« Oh, mon grand ! Qu'est-ce qui s'est passé ? Qu'est-ce qu'on a fait ? »

Il s'est levé péniblement pour uriner puis s'est laissé retomber dans l'herbe. Si je le perdais, je tomberais plus bas que jamais ; c'était uniquement grâce à Bunker, vers qui je pouvais me tourner dans mes moments de désespoir, que j'avais pu commencer à remonter la pente. Sans lui, ce serait les ténèbres à nouveau. Sans lui, je doutais de pouvoir survivre.

Ma mère est ressortie et nous a trouvés au même endroit, moi en train de caresser un Bunker aux paupières closes. Elle a posé une main sur mon épaule dans le silence seulement troublé par les grincements de la girouette dans la brise matinale.

« Il va s'en sortir, Julie. »

J'ai hoché la tête et passé mes mains sous le ventre de Bunker pour le hisser dans la voiture. Après une trentaine de kilomètres sans prononcer un mot, ma mère a jugé bon de donner son avis sur sa blessure :

« Il a dû s'abîmer un peu les coussinets, c'est tout. »

J'ai acquiescé en silence.

« Tout ira bien. On l'emmènera chez le véto une fois à Seattle, pour s'assurer que ce n'est pas grave. »

Je me suis répété ses mots en boucle, le regard fixé sur la terre qui ondoyait à notre passage.

LA MAISON DE TANTE AURORA

Août 1996

La dernière journée m'a paru brève. Après avoir quitté Sun Valley, nous avions roulé pendant presque huit heures et passé la nuit près de Moses Lake, dans l'État de Washington. Le lendemain matin, on était toutes deux ravies à l'idée qu'il ne nous reste que trois heures de route. À dix heures, on a franchi le Columbia à toute vitesse : les montagnes qui se profilaient devant nous et les collines alentour promettaient un monde nouveau. Je me sentais comme un pigeon voyageur guidé par un champ magnétique. Quelque chose dans Seattle me mettait déjà en confiance, me donnant l'impression que la vie y serait plus facile qu'à New York.

La traversée de Snoqualmie Pass, au milieu des montagnes drapées dans leurs forêts de conifères, s'est faite dans un silence religieux. Les collines incroyablement vertes et luxuriantes me remplissaient d'espoir ; mon bonheur semblait croître avec la verdure. *Et avec toute la pluie qui tombe à Seattle,* me suis-je dit, *c'est un paradis qui s'offre à moi.*

Sur les aires d'autoroute, je devais porter Bunker pour qu'il aille se soulager. Il n'avait pas l'air malheureux, mais il n'était pas non plus aussi énergique et foufou que d'habitude. Heureusement, sa mobilité revenait un peu plus à chaque arrêt, et je me réjouissais qu'il ait dû rester au repos forcé dans sa cage pendant les deux derniers jours.

Trois heures plus tard, notre voiture s'engageait dans la rue étroite où habitait ma tante, bordée de pins gigantesques et de fougères aux proportions préhistoriques. J'avais les mains moites. Je suis descendue de voiture avant même que ma mère coupe le moteur et j'ai vu que la porte d'entrée était grande ouverte. On y était. Un chat blanc et roux s'est coulé autour du montant de la porte, puis s'est réfugié dans un buisson à l'arrivée bruyante de Brandy, l'épagneul breton. La tension nerveuse me picotait les doigts tandis que j'attendais l'apparition de ma tante ; quand il a paru clair qu'elle n'était pas là, je suis allée saluer les animaux – une tâche bien moins éprouvante. J'avais beau adorer Aurora, dire bonjour aux gens était pour moi extrêmement difficile : le déferlement d'émotions, les étreintes, les éclats de voix joyeux faisaient perler la sueur à mon front et bourdonner mes oreilles.

J'ai sorti Bunker de sa cage, et aussitôt avait-il touché le sol qu'il paraissait en bien meilleure forme, saluant Brandy à grands renforts de moulinets de queue, bien droit sur ses pattes – du moins jusqu'à ce que les deux chiens s'aplatissent au sol pour se mettre à jouer comme des amis de toujours. Au beau milieu d'une poursuite endiablée, Bunker s'est arrêté pour uriner dans l'herbe, sans lever la patte, à la manière des chiots.

« Où est passée Aurora ? a demandé ma mère. La porte est ouverte. Aurora ! »

La maison, un ranch des années cinquante bâti à flanc de colline dans une rue calme, était le genre de bâtiment en pierres et bois qui donne l'impression d'être tout simplement sorti du sol. Par beau temps, la terrasse du salon offrait une vue imprenable sur les Cascade Mountains. Il y régnait une odeur musquée qui n'était pas sans rappeler une grange, une odeur de foin, de fourrage, de fourrure. Une voix a retenti dans les profondeurs de la maison :

« J'arrive ! »

C'était une belle journée pour la région ; le caissier de l'aire d'autoroute à l'est de Snoqualmie nous avait même dit en rigolant qu'on arrivait pile pour les trois jours d'été de Seattle. Aurora s'est avancée sur le pas de la porte, les cheveux retenus par un bandana orange, de gros gants de jardinage terreux aux mains, une traînée de terre sur le front. Elle a souri et ouvert les bras, la tête penchée sur le côté, et je l'ai étreinte maladroitement. Un peu étourdie, je suis allée m'asseoir sur un banc en pierre à côté d'une fontaine tapissée d'algues vert vif, dans laquelle Brandy est venu laper un peu d'eau saumâtre.

« Ce n'est pas mauvais pour lui ? ai-je demandé en imaginant les saletés qu'il venait d'avaler.

— Oh non, pas du tout. C'est plein de bons minéraux. »

Aurora a enlevé ses gants. J'essayais de la transposer dans le fauteuil de ma psy ; que pourrait-elle avoir à dire sur mon état et ce qui m'était arrivé ?

Ma mère et moi avons posé nos affaires dans la chambre d'amis. Ce soir-là, on a dîné avec Aurora, son mari Bob et leurs deux filles, dont l'une était au collège et l'autre au lycée. J'avais un grand faible pour cette famille, et ce depuis toujours. Elle semblait tellement soudée. Aurora avait l'air de vraiment écouter ses filles et s'adressait à elles dans un langage qui leur était propre. On voyait bien qu'elles se parlaient beaucoup. Bob, ancien hippie, était quelqu'un de curieux et d'intelligent. En les regardant réunis, je me sentais comme une extraterrestre fraîchement débarquée sur une planète fabuleuse, où les pères rentreraient à heure fixe tous les soirs, où les mères ne craindraient pas de verbaliser leurs émotions et où les enfants ne se battraient pas à mort.

À un moment, ma mère a dit :

« Aurora, tu vas devoir jouer les mères de substitution pour Julie pendant qu'elle vivra à Seattle. »

J'étais aux anges. Si ma mère se sentait menacée par l'idée de sa fille dépressive s'épanouissant dans la maison de sa sœur, elle n'y a jamais fait allusion. Elle se contentait de me soutenir, et je lui en étais immensément reconnaissante.

Après quelques jours passés chez Aurora, ma mère a dû prendre l'avion pour rentrer et je l'ai conduite à l'aéroport avec Bunker. Je n'arrivais pas à me dire que le siège passager de ma voiture serait bientôt vide, mais ma mère semblait si contente de retourner dans l'Ohio. Cinder lui manquait, disait-elle, et papa n'avait à coup sûr rien mangé d'autre que des sandwichs au beurre de cacahuète pendant toute la semaine.

« Et des cookies aux pépites de chocolat, ai-je ajouté.

— Exactement. »

Elle a ouvert la portière en riant et je suis allée sortir sa valise du coffre pour la poser sur le trottoir.

« Je vais juste dire au revoir à Bunk. »

Elle s'est penchée à l'intérieur de la voiture et a serré mon chiot contre elle comme si c'était son propre fils, avant de lui murmurer quelque chose à l'oreille, de lui prendre la tête entre les mains et de déposer un baiser sur son museau.

« Il va me manquer, ce chien.

— Maman, ai-je déclaré en lui prenant les mains, j'ai l'impression que je vais être bien, ici. Merci pour tout ce que tu as fait. Je t'aime.

— Tu vas être incroyablement heureuse, j'en suis sûre. Je le sais. »

J'ai eu du mal à articuler, à cause de la boule qui se formait dans ma gorge.

« Merci, maman. Je t'aime. »

Elle m'a prise dans ses bras et embrassée sur la joue.

« Écoute, on n'a qu'à faire la même chose que quand tu étais à la fac. Regarder la lune. Tu te souviens ? Quand tu regardes la lune, rappelle-toi que je vois la même que toi, où que je sois. C'est la même lune qui nous éclaire toutes les deux. D'accord ? »

On avait fait ça pendant mon semestre de mobilité en Australie, et même avant, quand j'étais allée en Italie dans le cadre d'un programme d'échanges au lycée. C'était la méthode mise au point par ma mère pour conserver un lien entre nous, quelle que soit la distance.

« Je t'appellerai en arrivant. Amuse-toi, Julie. Tu vas découvrir des choses merveilleuses. »

Elle m'a envoyé un dernier baiser du bout des doigts. Ensuite, elle s'est retournée et engouffrée entre les portes coulissantes du terminal. J'ai contourné ma voiture avec un soupir, et les larmes sont venues au moment de boucler ma ceinture. De grosses larmes, que j'ai essuyées en me demandant si je ne commettais pas une erreur. Ma mère me manquait déjà terriblement ; c'est ce moment qu'a choisi Bunker pour bondir de la banquette arrière sur le siège passager, gueule ouverte, et laisser pendre sa longue langue rose. J'ai ri entre mes larmes.

« Tu as raison. Ça ne sert à rien de pleurnicher à l'aéroport. On continue. C'est parti ! »

J'ai démarré le moteur, accéléré et mis le cap sur la maison d'Aurora, une main posée sur le dos de Bunker.

FILLE ADOPTIVE

Août 1996

Aurora adorait Bunker. Elle s'asseyait par terre près de lui et le laissait l'escalader avec ses grosses pattes de chiot, couvrir ses vêtements de poils orange, lui lécher les joues et lui renifler attentivement les oreilles. Elle avait un don avec les animaux. Ils lui parlaient d'une manière que je connaissais bien. Ma mère avait toujours sous-entendu que l'amour d'Aurora pour les animaux, sans parler de la kyrielle de hamsters, chats et chiens qu'elle entretenait depuis son enfance, faisait d'elle quelqu'un de bizarre. Enfant, ils étaient son seul réconfort dans un monde qui accentuait sa solitude et son sentiment d'infériorité. Tout comme moi. Elle était la benjamine, avec deux grandes sœurs brillantes ; petite, elle avait souffert de strabisme et avait dû subir plusieurs opérations et porter des lunettes tandis que son aînée, ma mère, était élue reine du bal au lycée et que la cadette était l'athlète blonde de la famille. J'avais déjà entendu des blagues selon lesquelles elle aurait dû être un garçon. Elle avait toujours eu l'impression d'avoir échoué avant même sa naissance : échoué à être le fils que son père voulait.

Bunker semblait sentir le lien profond qui unissait Aurora aux animaux et à la nature. Il l'écoutait avec attention et lui rendait son amour avec une pureté touchante, dictée par un instinct profond, bien plus profond que tout ce qui est visible en ce monde. Nous étions trois semblables, réunis sur la même longueur d'ondes.

Nous passions des soirées entières dans son canapé, entourées de chiens et de chats, son lapin Radar profondément endormi sur sa poitrine, à simplement savourer le fait d'être ensemble. C'était l'occasion pour moi de découvrir un autre type de mère, pas meilleure que la mienne, non, mais plus proche de la personne que j'étais. Tout comme Seattle, dont la situation géographique me convenait davantage. Aurora et moi n'échangions jamais de banalités ; c'étaient de vrais échanges. Les émotions n'étaient pas un sujet tabou dans cette maison, bien au contraire : elles étaient presque toujours le sujet de conversation. Aurora a été la première à m'apprendre que la dépression et l'alcoolisme étaient choses courantes dans ma famille, et que tout le monde était conscient des problèmes dont souffrait mon entourage immédiat, même si personne ne m'en parlait jamais. J'ai senti comme une délivrance, un apaisement : peut-être n'étais-je pas aussi faible et folle que je le croyais.

J'ai téléphoné à Melissa et on a prévu de se retrouver quelque part avec les mecs, nos deux colocataires potentiels, originaires de Californie et qui se connaissaient également depuis le lycée. On avait tous fréquenté des universités différentes et obtenu notre diplôme en 1995. L'un d'eux était en école d'ingénieur et l'autre travaillait en ville dans une société cinématographique.

J'ai ensuite appelé celui qui était en école d'ingénieur pour lui proposer de passer le chercher en voiture sur le campus de l'université de Washington pour l'emmener au lieu de rendez-vous. Il s'appelait Greg, et m'a dit qu'il porterait une chemise en tartan et attendrait sur la Quinzième Avenue.

« Quelle couleur, le tartan ? »

À son changement d'intonation, j'ai entendu qu'il baissait la tête vers son torse :

« Voyons… Rouge, jaune, bleu, vert, et un peu de… euh, violet.

— Il n'y a pas d'autre couleur ? Parce que là, je ne sais pas comment je vais faire pour te reconnaître. »

Il a ri. Assise sur les marches moquettées d'Aurora, je me rongeais les ongles en regardant ma tante préparer des pâtes pour ses filles. Le lapin se grattait l'oreille derrière la porte vitrée. Bunker dormait à mes pieds. Et je venais de faire rire un garçon.

Peu après le départ de ma mère, les fameux nuages de Seattle ont envahi le ciel, provoquant des jours et des jours de ciel gris-blanc, de températures fraîches et de bruine intermittente. Mais cette grisaille s'est montrée étonnamment réconfortante à mes yeux. Seattle semblait me prendre dans ses bras comme une amie sincère, me bercer de sa lumière douce et rendre mon retour au monde plus calme, plus lent, plus facile. J'aimais bien les nuages. Ils me donnaient l'impression d'être enveloppée dans une couverture. Il ne faisait pas beau en permanence, et cela ne me posait pas de problème. Malgré la grisaille et l'humidité, Seattle restait belle, et même somptueuse. Les plantes épanouies, les animaux heureux qui l'habitaient me touchaient tellement plus que le soleil. Ils étaient pareils aux racines d'un arbre dissimulées sous terre : bien plus complexes et sublimes qu'on peut le croire au premier abord.

COLOCS-SURPRISES

Août 1996

Un vendredi après-midi, j'ai laissé Bunker aux bons soins d'Aurora et pris ma voiture pour aller chercher Greg à l'université. C'est ce jour-là que la future coloc au complet se réunissait pour la première fois, dans un pub, autour de bières et de burgers. J'ai repéré Greg tout de suite : sa chemise en tartan arborait effectivement toutes les couleurs existantes à l'exception du rose, et j'ai laissé échapper un petit rire tandis qu'il contournait ma voiture et ouvrait la portière passager.

« Tu devrais faire réviser tes freins, a-t-il dit. Greg, enchanté.

— Julie. Je sais, j'ai eu de la chance de traverser le pays en un seul morceau. »

Il avait raison : mes freins grinçaient depuis le Missouri. On s'est serré la main. Il était plutôt mignon. Melissa n'avait pas exagéré en affirmant qu'il avait les yeux les plus bleus qu'elle ait jamais vus. Des cheveux bruns, des lèvres superbement pleines, et de longs cils noirs qui faisaient ressortir ses yeux comme des pierres précieuses illuminées de l'intérieur. Je me suis forcée à en détacher le regard pour me concentrer sur la route, activant le clignotant et glissant une mèche de cheveux derrière mon oreille.

« C'est bizarre, j'ai l'impression d'ouvrir une pochette de colocs-surprises. »

Il s'est mis à rire et a replacé son sac à dos entre ses jambes.

« C'est une bonne image. »

On a passé le reste du trajet à discuter de ce qu'il étudiait (la biologie moléculaire – ne me demandez pas ce que c'est) et de sa région d'origine (le nord de la Californie). Je lui ai parlé de mon année à New York et raconté que j'avais hâte d'habiter dans une vraie maison avec un vrai jardin, parce que j'avais un chien. Un chien génial, un amour de chien.

« J'ai hâte de faire sa connaissance. Je voulais vraiment avoir un chien, mais je passe beaucoup trop de temps au labo pour m'en occuper… Je ne pouvais pas rêver mieux ! »

En partant de la maison d'Aurora, j'avais essayé de faire le point sur les derniers mois : la dépression, le traitement, la thérapie, la compagnie de Bunker qui m'avait donné le courage d'essayer quelque chose de nouveau… J'oscillais entre l'espoir et la crainte, persuadée un instant que mes futurs colocataires me trouveraient géniale, et le suivant qu'ils me détesteraient et que je serais obligée, une fois de plus, de retourner dans l'Ohio la queue entre les jambes. Ma rencontre avec Greg m'a tout de suite donné une sensation de quiétude semblable à une feuille en train de tomber en planant, ou plutôt à l'atterrissage souple et presque sans bruit d'un énorme Boeing 767. Il se dégageait de lui une sorte de paix rassurante, de confiance sans faille. Je ne doutais pas qu'on serait amis.

On a retrouvé Melissa devant le pub. Je ne l'avais pas vue depuis plusieurs années et elle semblait vraiment en forme : toujours aussi mince, elle avait troqué son habituelle coupe au carré contre un pixie cut. Elle m'a présenté le quatrième membre du groupe, Chris, un grand mec de type nordique qui m'a donné l'accolade sans autre forme de procès, et on s'est installés dans un box en bois sombre qui sentait fort la bière. Tout le monde avait l'air plus ou moins nerveux. Je me suis demandé ce que faisait Bunker en mon absence, et mes pensées ont dérapé immédiatement vers le scénario catastrophe : mes cousines le laissaient sortir sans faire attention, il était renversé par une voiture… Une scène horrible s'est mise à jouer en boucle dans mon esprit ; j'ai tenté de la repousser et d'écouter ce que disaient mes futures colocataires. Melissa, qui avait commandé un pichet, nous a versé à chacun un verre de bière mordorée avant de porter un toast :

« À notre nouvelle maison. Ça va être trop génial ! »

La conversation s'est orientée sur ce que nous avions fait en sortant de la fac. Melissa avait vécu seule dans un appartement, tout comme Greg, qui était allé à Princeton et se trouvait maintenant en première année d'école d'ingénieur. Chris, qui avait obtenu son diplôme à Davidson, était parti voyager en Afrique pendant un an. Il faisait de grands gestes avec ses mains quand il parlait, et avait un rire grave qui montait du ventre. Je leur ai dit que j'avais passé un an à Manhattan, mais que la vie dans une grande ville de la Côte Est ne me correspondait pas. Greg a répondu que la vie en solitaire n'était pas pour lui, et qu'il était vraiment content d'avoir trouvé des colocs. Chris a enchaîné en disant que son séjour au Kenya avait changé sa vie pour toujours.

Ils m'ont posé des questions sur mon *road trip*, et en leur répondant j'ai eu la sensation distincte que nous étions comme quatre vis esseulées en train de s'enfoncer dans une planche. Je ne pense pas avoir été la seule, autour de cette table collante et abîmée, à entrevoir à ce moment une lueur d'espoir à l'idée que nous étions sur le point de fonder notre propre famille de fortune, une famille d'amis. Ils m'ont demandé de leur décrire Bunker.

« C'est un chiot adorable, je suis sûre qu'il vous aimera tous. »

Leur spontanéité et leur enthousiasme m'ont fait monter les larmes aux yeux. Ils étaient si ouverts d'esprit, si gentils ; et surtout, ils m'avaient acceptée immédiatement comme l'une des leurs. J'étais également très émue parce que c'était le premier après-midi que je passais sans Bunker. Il me manquait terriblement. Je me sentais à la dérive, comme séparée de mon ancre, et j'essayais de ne pas penser à toutes les heures que nous passerions l'un sans l'autre quand j'aurais trouvé du travail. Pourtant, je devais faire vite : mon compte en banque commençait à s'épuiser.

La date d'emménagement a été fixée à la semaine suivante. Melissa m'a donné l'adresse de la maison qu'ils avaient trouvée afin que je puisse passer y jeter un œil : elle se trouvait dans le quartier de Queen Anne Hill.

« Elle est superbe, tu vas voir. Il y a un grand jardin qu'on pourra arranger comme on voudra, quatre chambres séparées, deux belles salles de bains, et la cuisine et la salle à manger donnent sur une terrasse avec une vue incroyable sur Seattle et le mont Rainier ! »

Le loyer mensuel était seulement de quatre cents dollars par personne et le propriétaire avait approuvé notre candidature après que la mère de Chris lui avait écrit une lettre nous décrivant comme de jeunes gens merveilleux, intègres et responsables.

« Ce n'est pas grave si je n'ai pas encore de boulot ?

— Le proprio n'a pas demandé, a répondu Melissa. Tant pis pour lui ! On a eu le bail, de toute façon, on s'en tape ! »

On s'est étreintes pour se dire au revoir. Dans la voiture, en rentrant vers la maison d'Aurora, je me suis rendu compte que je souriais.

Bunker m'attendait derrière la porte et m'a fait une fête d'enfer en sautant partout et en se contorsionnant de pur bonheur. Le visage enfoui dans sa fourrure, j'ai respiré son haleine de chiot et chuchoté :

« Tout va bien se passer, mon grand. »

1618 TAYLOR AVENUE NORTH

Septembre 1996

Le lendemain, ma cousine Lindsay m'a accompagnée à Queen Anne pour que je voie de mes propres yeux ma future maison. Nous avons garé la voiture en haut de la rue assez raide, Bunker à l'arrière. La maison, dissimulée en partie par un pin gigantesque, était grise avec des moulures blanches. Les pots de fleurs alignés devant l'entrée ne contenaient plus que des plantes desséchées, mortes depuis longtemps.

Le locataire qui nous a ouvert avait de toute évidence été tiré de sa sieste par la sonnette et il est retourné se coucher en nous indiquant de faire comme chez nous. Lindsay et moi avons rigolé discrètement, puis commencé la visite. L'endroit était grand, vieux et plein de courants d'air, avec des baies vitrées immenses par lesquelles la lumière entrait à flots. Le salon, au rez-de-chaussée, abritait une large cheminée flanquée de bibliothèques. La cuisine était petite mais fonctionnelle, et la salle à manger donnait sur la ville en contrebas. Une terrasse, accessible depuis la cuisine, entourait deux faces de la maison.

À gauche du salon se trouvaient deux pièces plus petites et un escalier menant aux trois chambres et à la salle de bains de l'étage. Dans la cuisine, quelques marches menaient à un sous-sol qui aurait bien eu besoin d'un coup de peinture. Y trônaient une table de billard jaune moutarde et un réfrigérateur dont la porte annonçait en lettres capitales : BIÈRES.

On pouvait sortir dans le jardin directement depuis le sous-sol, au moyen d'une volée de marches grinçantes. Melissa me l'avait décrit comme « parfait pour un chien » : c'était un grand terrain envahi par les broussailles, qui descendait en pente douce jusqu'à une clôture recouverte de lierre. Bunker et moi nous sommes frayé un passage à travers les branchages et les herbes hautes, et une fois tout en bas je me suis retournée pour observer la maison au-dessus de nous. J'avais l'impression qu'on m'avait envoyée ici afin de sauver cette parcelle de terre, la remettre en état, la choyer et montrer à quel point la terre peut être résiliente, même dans un lieu aussi négligé et maltraité que celui-ci. Je ramassais des canettes vides et de vieux papiers gras tout en marchant. Quelque chose de long, probablement la queue d'un énorme rat, a disparu dans la haie avec un bruissement, et j'ai pensé : Cet endroit a du potentiel.

« On va pouvoir en faire quelque chose, tu ne crois pas ? » ai-je lancé à Bunker en lui flattant le bas du dos.

Il m'a adressé un de ses sourires radieux avant de se lancer, truffe au sol, à la poursuite du mystérieux habitant de la haie. Je me voyais déjà arracher les mauvaises herbes afin de créer une pelouse digne de ce nom, voire un petit potager, construire une belle niche avec des planches glanées çà et là, récupérer un salon de jardin, accrocher des guirlandes lumineuses, planter des fleurs…

J'avais envie d'enfouir mes mains dans la terre, là, maintenant, pour lui signaler ma présence. Ma cousine m'a hélée depuis la terrasse du salon :

« Vise un peu ce panorama ! »

Bunker m'a précédée dans l'escalier. À la troisième marche, ses pattes arrière ont semblé céder sous son poids et ont ripé sur le côté ; il a jappé de douleur. Je l'ai attrapé par les hanches pour le relever et j'ai suivi d'un œil soucieux sa progression bancale jusqu'en haut. Je m'attendais à trouver un trou dans la marche où il était tombé, mais il n'y avait rien. J'ai essayé de ne pas m'inquiéter : il avait probablement raté une marche ou glissé, rien de grave. Pourtant, la peur commençait à s'emparer de moi. Je ne l'avais pas emmené chez le vétérinaire après l'incident de Sun Valley. Et s'il avait vraiment un problème ?

Nous avons rejoint Lindsay sur la terrasse pour admirer la vue : le mont Rainier à gauche, le centre-ville à droite, et un ciel immense à perte de vue. La ville baignée de soleil nous faisait oublier l'instabilité des planches qui oscillaient sous notre poids. J'ai croisé le regard de ma cousine et souri dans une célébration muette : je me sentais la bienvenue dans cette maison, son énergie, son espace, sa lumière, le besoin qu'elle avait de moi et de mes soins. Après avoir pris congé de notre prédécesseur, je suis restée plantée sur le trottoir avec Bunker, à réfléchir au contraste entre cette nouvelle vie et la chambre obscure que j'avais habitée à Manhattan. Assise dehors dans l'herbe, parmi les fleurs que j'aurais moi-même plantées, je pourrais sentir sur mon visage le soleil et la pluie.

Du haut de ses quatorze ans, Lindsay trouvait que ma future maison était la chose la plus cool du monde, et elle ne s'en cachait pas. Sur le trajet du retour, vitres baissées, on a chanté à tue-tête avec Pearl Jam à fond tandis que le vent nous rabattait les cheveux sur le visage. Bunker s'est mis debout sur le siège arrière pendant qu'on traversait le pont au-dessus du lac Washington, a regardé l'eau qui défilait en dessous et annoncé d'un hurlement joyeux notre arrivée dans cette ville fabuleuse. Le soleil d'été semblait ne jamais vouloir se coucher.

J'ai repensé à la casserole brûlée dans ma cuisine de New York, à mon calvaire pour atteindre le téléphone en rampant… bien qu'à peine cinq mois se soient écoulés, j'avais l'impression que c'était une autre vie. Tout ce qui m'était arrivé avant Bunker faisait partie d'une autre vie. Je n'avais jamais été vraiment vivante avant de le trouver, et que lui me trouve. Le lien entre nous était si fort que l'essence de mon être en était renouvelée ; il me guérissait, et pour le remercier je voulais lui offrir la plus belle existence possible. Il avait beau n'avoir que cinq mois et n'être encore qu'un chiot, je voyais dans le rétroviseur que ses yeux marron pétillants étaient habités par une âme ancienne, venue à moi dans un but bien précis. J'ai adressé un signe de tête reconnaissant aux forces secrètes qui nous avaient rassemblés et tendu une main en arrière pour lui caresser la tête, ce qu'il a savouré en fermant les yeux. Nous allions vivre cette nouvelle aventure ensemble. J'avais hâte qu'elle commence.

Le déménagement a eu lieu une semaine plus tard. Avant d'ouvrir nos cartons respectifs, que nous avions trimballés tous ensemble, on a commandé une pizza pour l'occasion et trinqué avec des bouteilles de Redhook sur la terrasse à l'arrière de la maison. Les planches étant toujours aussi précaires, on avait décidé pour rire que, si le sol s'effondrait, Chris, qui était le plus proche, devrait s'agripper au linteau de la porte ; quant à nous autres, on s'accrocherait tous à lui. Pour un mois de septembre à Seattle, la météo était miraculeuse : soleil radieux, brise fraîche, et un sentiment de contentement et de satisfaction que j'attribuais à la ville elle-même. Nos conversations me donnaient l'impression de rire en permanence. J'en avais la certitude désormais : Seattle et ce groupe d'amis étaient exactement ce dont j'avais besoin. Ces premières semaines, je restais éveillée une partie de la nuit à me dire que je devais être une fille du Nord, échangée à la naissance avec une autre du Midwest.

On m'a attribué la plus grande des quatre chambres, celle au rez-de-chaussée, et Melissa a eu la chambre avec vue sur le mont Rainier. Greg s'est installé dans celle située juste au-dessus de la mienne. Chris s'est retrouvé dans une pièce minuscule, à peine plus grande qu'un lit deux places, mais nous a assurés que ça ne le dérangeait pas et que de toute façon il ne ferait qu'y dormir. Sa générosité nous a profondément touchés.

Après avoir défait les cartons, promené le chien, fait les courses et regardé la télévision tous ensemble, j'ai enfin cessé de craindre que ma vie à Seattle suive le modèle de mon horrible année à Manhattan. Je me sentais déjà intégrée à une famille. Melissa se confiait à moi en riant avec abandon, comme le font les amies loyales ; quand elle m'appelait, elle disait juste : « Salut, c'est moi. » Sa manière d'instaurer cette intimité entre nous était pour moi un présent merveilleux et inestimable, et je ne savais ni comment l'accepter ni comment lui rendre la pareille. En faisant de mon mieux pour honorer sa confiance en moi, j'ai fini par devenir une amie bien plus présente et volontaire que je l'avais jamais été. Je n'ignorais pas jusque-là que les amitiés entre femmes étaient spéciales, mais ma relation avec Melissa m'a fait prendre conscience que je n'avais jamais vraiment eu de meilleure amie. En quelques jours, on est devenues inséparables : côte à côte sur le canapé, le dimanche midi, on rigolait en répétant qu'on se fichait d'avoir un gros cul tout en regardant *Seize bougies pour Sam* pour la troisième fois de la matinée, un pot de Ben & Jerry's entre nous deux.

Melissa adorait Bunker, qui le lui rendait bien. Elle lui lançait : « Bunkah, ahouuuuu ! » et il se précipitait vers elle et tournoyait avant de lui répondre par le hurlement qu'elle demandait. Il était notre protégé à tous, et je me sentais pareille à une mère célibataire fraîchement débarquée dans une communauté qui nous aurait immédiatement adoptés, moi et mon enfant.

Le préféré de Bunker était Greg, qui passait le plus clair de son temps au laboratoire. Il n'était pas rare qu'il rentre à vélo aux alentours de minuit, après une journée de quatorze heures de travail. Le cliquetis de sa clé dans la serrure réveillait Bunker, qui se relevait pour accueillir silencieusement le dernier membre de la famille à rentrer au bercail. Quand Greg s'emparait d'un paquet de Goldfish Crackers et s'installait sur le canapé devant *SportsCenter*, Bunker s'allongeait près de lui et posait sa tête sur ses genoux en espérant un ou deux biscuits.

Greg n'avait apporté qu'un matelas, une commode, un futon, une vieille télévision et un sac en plastique rempli de vêtements et de chaussures. Je lui ai demandé s'il avait laissé ses meubles dans son ancien appartement.

« Je n'avais pratiquement que des cartons. De toute façon, je ne passais que très peu de temps là-bas : c'était juste au-dessus d'un magasin de futons, dans une rue très bruyante. Vraiment nul pour une première année d'école d'ingé. »

Je ressentais envers Greg une tendresse assez proche du coup de foudre, mais moins urgente. Dans ce genre de situation, je me sentais généralement obligée d'agir tout de suite en fonction de mes sentiments, comme si le garçon risquait de s'évaporer ; mais, en l'occurrence, je me complaisais dans une espèce d'admiration muette, profitant simplement de la présence d'un joli garçon aux yeux bleus dans la chambre au-dessus de la mienne. J'écoutais le bruit de ses pas sur le vieux plancher grinçant en me demandant ce qui se passerait si je gravissais l'escalier sur la pointe des pieds pour aller me glisser dans son lit.

TRAVAILLER

Septembre 1996

Il me fallait un boulot. Je n'avais plus que sept cents dollars, dont quatre cents serviraient bientôt à payer le loyer. Comme mon année dans l'édition à New York ne m'avait pas fourni suffisamment de contacts pour qu'on me donne du travail, je me suis inscrite dans une agence d'intérim locale et on m'a trouvé un poste de réceptionniste dans un cabinet d'avocats. La veille de mon premier jour, la peur de passer une journée entière sans Bunker m'a empêchée de dormir ; pour moi, me séparer de lui revenait à arracher à un malade sa perfusion vitale pour le jeter au beau milieu d'un marathon. Qu'allais-je faire, assise derrière un bureau des heures durant ? Je me suis levée tôt, résignée, afin de promener Bunker avant de me doucher et de m'habiller. Je n'avais pas le choix, me répétais-je en enfilant ma longue jupe noire, mais j'y arriverais. C'était un poste à temps partiel, je n'aurais donc à supporter l'absence de Bunker que cinq à six heures par jour.

Pendant notre promenade matinale, le soleil levant chatoyait sur sa fourrure orange. Il n'y avait pas un seul nuage, ce qui était sans doute bon signe. J'ai expliqué à Bunker qu'il fallait que je m'en aille, mais que je reviendrais bientôt, et qu'il ne craignait rien dans sa cage. Parmi les transitions qu'il avait connues au fil de sa courte vie, les deux seules choses immuables restaient sa cage et moi : il s'y est blotti sans rechigner, a accepté une friandise et m'a écoutée lui dire que je l'aimais et que je serais vite de retour. J'ai entrouvert la fenêtre pour lui procurer de l'air frais, puis je suis sortie.

Le manque s'est fait ressentir instantanément. À l'arrêt de bus, je devais faire appel à toute ma volonté afin de ne pas courir m'enfermer dans ma chambre avec lui. Je me suis forcée à monter dans le bus et à regarder la fenêtre de ma chambre s'éloigner au fur et à mesure que l'on descendait la colline. *Personne autour de moi ne comprend ce que je ressens*, me suis-je dit. *Personne ne sait comme il m'est difficile de quitter le seul être qui me maintienne en vie.* Quelqu'un d'autre avait-il déjà vécu une chose pareille ? J'ai pensé qu'on me prendrait pour une folle si j'avouais à quel point j'étais attachée à mon chien, et cette pensée m'a isolée du reste du monde, emprisonnée seule à l'intérieur de mon esprit – un lieu ô combien familier. D'un seul coup, je ressemblais terriblement à l'ancienne Julie, celle qui faisait de son mieux pour se rendre invisible dans le métro.

C'est alors qu'une vieille dame frêle, son sac de faux cuir plaqué contre la poitrine, m'a dit en souriant :

« Ooh, jeune fille, vous êtes quelqu'un d'exceptionnel, je le vois bien. »

Sa voix me rappelait le pépiement des oiseaux. Je me suis assise à côté d'elle, estomaquée.

« Oh, euh, merci. Vous aussi. »

Grâce à la gentillesse de cette inconnue, j'ai survécu à la journée. Le travail en soi n'était pas si mal : la réceptionniste en chef, vêtue d'un tailleur-pantalon rouge vif et les cheveux tellement laqués que pas une mèche ne bougeait, m'a tout de suite prise sous son aile avec une patience presque maternelle. Lorsque, enfin, l'horloge a indiqué quatorze heures et la fin de mon service, j'ai sauté dans le premier bus pour la maison, tenaillée par la faim (j'avais sauté le déjeuner).

« Bunker ! Je suis rentrée ! »

J'ai jeté toutes mes affaires au sol et couru m'asseoir près de la cage. Bunker est venu se pelotonner contre moi en me léchouillant le visage, ce qui a tout de suite effacé l'angoisse des dernières heures tandis que des frissons de bonheur me parcouraient l'échine.

« Dis donc, Bunk, ça te dit, une promenade ? »

C'était un mot qu'il connaissait bien, et il s'est précipité vers la porte d'entrée en sautillant. J'ai chipé un bagel dans la cuisine et l'ai tenu entre mes dents pendant que j'enlevais mes vêtements de bureau pour enfiler un jogging et un tee-shirt. Le temps de lacer mes tennis et de passer sa laisse à Bunker, on était partis.

On ne tarderait pas à établir un trajet journalier pour notre promenade, à travers le quartier jusqu'à Queen Anne Avenue. J'apprenais à Bunker à s'arrêter systématiquement à chaque coin de rue, ainsi qu'à s'asseoir avant de traverser la route. On s'arrêtait toujours à quelques pâtés de maisons de chez nous, sur le terrain de football pour enfants qui se muait, en fin d'après-midi, en lieu de rencontre pour tous les chiens du quartier. Contrairement aux autres chiens, Bunker ne courait pas comme un fou sur la pelouse et restait à mes pieds, appuyé contre ma jambe. Des propriétaires de chien admiraient tout haut la façon dont il semblait collé à moi ; souriante, je leur répondais que c'était un golden retriever typique, plus intéressé par les gens que par ses semblables.

Cet après-midi-là, en rentrant à la maison, Bunker s'est assoupi sur le sol pendant que je discutais avec Melissa de son petit ami. Il s'était brusquement mis à parler de rupture, ce qui semblait à Melissa complètement ridicule puisqu'ils s'accordaient tous deux pour dire qu'ils formaient un couple génial. C'était la première fois qu'elle était aussi amoureuse, mais il lui avait confié qu'il ne la voyait pas comme son âme sœur.

« Je ne comprends pas, répétait-elle en essuyant des larmes qui ne cessaient de couler. On est tellement bien ensemble. Ça doit être parce qu'il ne m'aime pas. »

Assise près d'elle sous une couverture, je l'écoutais en lui tendant des mouchoirs. Je savais ce qu'elle ressentait, que la douleur de ces moments paraît trop grande pour être réelle et nous déchire en de multiples endroits inimaginables. Je voulais l'aider à supporter tout cela, les conversations qu'elle se répéterait en boucle dans son esprit, les choses incongrues qui lui rappelleraient son manque, les heures qu'elle passerait à chercher du regard son petit ami partout où elle irait et à prier pour que le téléphone sonne. Je tâchais de l'écouter, d'être attentive.

Je travaillais beaucoup dans le jardin pendant les week-ends ; au bout d'un mois à peine, mon projet commençait déjà à prendre forme. J'avais arraché toutes les mauvaises herbes, ramassé puis jeté les détritus, et creusé un petit sentier sinueux que j'avais pavé de fragments de briques et de pierres trouvés à demi enterrés pendant mes travaux. J'ai bâti une niche de fortune avec tout ce que j'avais pu trouver. Bunker et moi passions de longs après-midi agenouillés dans la terre et les plantes, sous le regard impressionné des autres colocataires juchés sur la terrasse. Ma détermination à métamorphoser ce jardin me semblait vaguement futile au début, mais je n'y pensais plus quand je réfléchissais à ce dont Bunker avait besoin et que j'étais résolue à lui offrir. Sans compter que sculpter la nature autour de moi était dans mon sang. Quand je rentrais enfin à la maison, en sueur, couverte d'insectes et de coupures infligées par les épines et les orties, je ressentais une fierté diffuse : j'étais bel et bien la fille de ma mère.

FEU ET AIR

Octobre 1996

Un week-end, Greg, Chris et moi avons pris ma voiture pour nous rendre au Gorge Amphitheater, une salle de concert aux airs de carte postale située au bord du fleuve Columbia, à quelques heures à l'est de Seattle. Melissa avait préféré rester en ville pour travailler et passer du temps avec son ex-petit ami, histoire de comprendre leur séparation et d'accepter la fin de leur relation avec grâce.

Nous avons donc assisté à un concert de Phish, dont je ne savais pas grand-chose ; mais peu m'importait. J'aimais traîner avec les mecs, boire de la bière et faire le petit train dans l'herbe, et mon attirance pour Greg ne faisait que croître. Il était d'excellente compagnie, drôle et vraiment très intelligent. On a pris une photo de nous trois devant la gorge qui donnait son nom au lieu, un profond canyon rocheux si magnifique qu'on aurait dit un décor peint.

Pendant le trajet de retour sur une route de montagne raide et sombre, Chris endormi sur la banquette arrière, j'ai demandé à Greg son signe astrologique.

« Franchement ? Aucune idée. Sagittaire, peut-être. »

Le signe le plus compatible avec le mien, Balance, et j'ai choisi d'y voir une preuve officielle que mon attirance pouvait passer à un stade supérieur et potentiellement fructueux.

« Hmm, cool », ai-je dit en souriant.

Il m'a rendu mon sourire comme s'il savait exactement à quoi je pensais. Mais je me sentais partagée : coucher avec lui ne risquait-il pas de perturber l'ambiance de la maison ? Les choses changeraient forcément si deux des quatre habitants formaient un couple, surtout avec la rupture difficile que traversait Melissa. Une relation entre Greg et moi n'était pas forcément une bonne idée. Pourtant, ce soir-là, sur la route qui nous ramenait au sommet de notre colline, je me sentais étrangement sensible : il faisait sombre, Chris ronflait, et j'ai commencé à tomber amoureuse de Greg. C'était très différent de mes romances précédentes, où les sentiments me submergeaient brusquement sans que je puisse les contrôler. Ce n'était pas un coup de foudre. Je n'ai pas défailli. J'ai juste pensé, calmement : « Je pourrais réellement aimer cet homme. »

En octobre, mes parents sont venus me rendre visite trois jours pour mon anniversaire. Je n'avais emménagé que depuis six semaines et cette visite me paraissait en même temps prématurée et tardive. Leurs encouragements enthousiastes agissaient comme un baume : j'allais déjà très bien, mais leur ravissement face à ma nouvelle situation me montrait ma guérison miraculeuse. La question était de savoir si cela durerait.

Un soir, au restaurant, ils m'ont demandé si ma dépression pourrait revenir. Je n'ai pas pu leur répondre. Comment le savoir ? Je n'avais rien vu venir avant ma première crise. Pour l'instant, je me sentais bien, n'était-ce pas l'essentiel ? Les conversations comme celle-ci me donnaient l'impression de marcher sur une corde raide : un regard où il ne fallait pas, une pensée de travers, et ce serait la chute.

La première nuit que mes parents ont passée dans la maison, Greg était sorti boire un verre avec ses collègues laborantins. Comme je leur avais laissé mon lit, je dormais sur un futon dans le salon. J'étais à moitié endormie lorsque la porte d'entrée s'est ouverte, laissant la lumière des réverbères inonder l'obscurité ; Bunker s'est levé, la queue frétillante et la respiration haletante, pour accueillir Greg qui lui a répondu d'une caresse.

« Désolé, mon grand. Je ne voulais pas te réveiller. »

Il a refermé la porte et m'a dépassée sur la pointe des pieds. J'ai ouvert les yeux avec un sourire.

« Je t'ai réveillée ?

— Non, je rêvassais.

— Ah, tu préparais tes rêves pour cette nuit. »

Il s'est assis sur le rebord du futon et a enlevé son sac à dos.

« On n'est jamais trop prévoyant, a-t-il repris, souriant.

— Bonne soirée ? »

Je me suis étirée en levant les bras au-dessus de ma tête. Il a commencé à me raconter qu'ils étaient allés au Big Time, son bar préféré autour du campus, puis il s'est interrompu. Il m'a regardée. Je me suis demandé s'il ressentait lui aussi une connexion entre nous ; il s'est penché en avant, a pris mon visage entre ses mains et m'a embrassée. J'ai eu une brève pensée pour mes parents qui dormaient dans la pièce voisine, mais celle-ci a vite disparu, éclipsée par son baiser et par le poids de son corps contre le mien. Je me rappelle m'être dit que je n'avais jamais connu personne d'aussi *homme*, ses épaules larges, ses bras puissants… Je me suis cambrée pour lui rendre son baiser, et tout cela a continué un moment, jusqu'à ce qu'il se détache de moi.

« Il ne faudrait pas que tes parents me trouvent ici demain matin, a-t-il chuchoté en riant.

— Non, tu as raison.

— À demain, alors. »

Il m'a embrassée une dernière fois avant de se diriger vers l'escalier.

« Waouh, je rêvais de faire ça depuis un bon moment. »

Il est monté dans sa chambre en faisant un petit signe de victoire.

Les mains plaquées sur la bouche, je me suis trémoussée de bonheur. *Il rêvait de faire ça depuis un bon moment.* C'était une des choses les plus adorables qu'on m'ait jamais dites.

Le lendemain, mes parents et moi avons retrouvé Aurora dans mon nouveau parc préféré, Marymoor, parfait pour les chiens, à l'est de Seattle. Aurora et mes cousines m'y avaient emmenée avec Bunker et leur chien Brandy, et Bunker avait passé l'après-midi à se jeter dans la Sammamish à la poursuite de bâtons et de balles, puis à disparaître parmi les arbres, dégoulinant, afin de flairer telle ou telle piste laissée par d'autres animaux. Bunker adorait l'eau et prenait un plaisir immense à nager. Quand il était heureux, je l'étais aussi.

Je l'ai suivi sur un sentier calme en compagnie de mon père, devançant les autres de quelques mètres.

« Eh bien, a dit mon père, Bunker a vraiment l'air de se plaire ici.

— N'est-ce pas ? J'essaie de l'y emmener au moins une fois par semaine. C'est son endroit préféré, ça, c'est sûr.

— Et toi, Julie ? Tu es toujours heureuse ? »

J'ai fait quelques pas, souri, donné un coup de pied dans un tas de feuilles.

« Ouaip. »

J'ai pensé au baiser de Greg, à mon travail facile qui me suffisait pour vivre, à mes promenades quotidiennes et thérapeutiques avec Bunker. J'avais envie d'écrire davantage et de chercher un poste dans l'édition, mais rien ne pressait. J'ai pensé à Melissa, Chris et Greg, à notre maison, aux fois où on avait acheté un fût de bière et invité tous nos amis pour boire et manger des pizzas, et à celui qui s'était endormi sur la table de billard et qu'on avait pris en photo après lui avoir fourré des crackers dans le nez.

« Je vais vraiment, vraiment très bien, papa. Seattle est l'endroit parfait pour moi. »

Mon père a passé un bras autour de mes épaules et m'a embrassée sur les cheveux en disant d'une voix enrouée :

« Je suis content, alors. Je suis tellement content pour toi. »

Bunker, qui courait devant nous, a trébuché d'un seul coup comme si ses pattes arrière étaient soudain devenues paralysées. Son jappement plaintif s'est mué en un cri de souffrance presque humain tandis qu'il roulait au sol. J'ai couru vers lui, suivie par mon père, et nous nous sommes retrouvés à genoux de part et d'autre de lui, sans oser le toucher de nos mains tremblantes. Allongé sur le flanc, il remuait la queue et haletait.

« Oh non, qu'est-ce qui s'est passé ? a demandé mon père.

— Je n'en sais rien. Il est tombé, juste comme ça. »

J'ai effleuré son dos, ses hanches et ses pattes ; il continuait à me sourire, la queue agitée. Ma mère nous a rattrapés avec Aurora qui demandait :

« C'est Bunker qui a fait ce bruit-là ? »

Elle s'est agenouillée près de lui en murmurant.

« Chut, chut. Tout va bien, mon grand. Tu t'es fait mal, c'est ça ? »

Elle a levé vers moi un regard alarmé, comme si elle voulait dire quelque chose mais n'osait pas. J'imaginais déjà le pire. Cancer des os. Leucémie canine.

« Quoi ? Qu'est-ce qui ne va pas, Aurora ?

— Je ne sais pas, a-t-elle répondu d'une voix beaucoup trop gaie par rapport à son expression. Peut-être qu'il a marché dans un trou et s'est tordu une patte. Essayons de le relever. »

Elle m'a dit de me mettre debout près de lui, puis a avancé de quelques pas et l'a appelé. Il n'a pas bougé.

« On change de place, a-t-elle dit. Je le rattraperai s'il tombe. Appelle-le. »

Mes mains tremblaient.

« Bunker, ai-je lancé en reculant lentement. Viens là, mon tout beau. Tu peux te lever ? »

Brandy m'a dépassée à toute vitesse et Bunker l'a suivi des yeux jusqu'au bout du ruisseau.

« Allez, viens ici. »

Haletant, il s'est relevé pour me rejoindre d'un pas mal assuré.

« Tu vois ? a dit Aurora d'un air peu convaincu. Il va bien. »

Bunker a boitillé à côté de moi pendant le restant de la balade. Sans s'ébattre, ni jouer, ni se comporter comme un chiot de six mois, mais plutôt comme un vieux chien pour qui toute forme d'exercice est insurmontable. Je voyais Aurora discuter à voix basse avec ma mère. Une terreur glaçante m'envahissait.

Mes parents repartaient le lendemain matin. Au moment de les emmener à l'aéroport, Bunker semblait complètement remis et a bondi dans la voiture sans une ombre d'hésitation. L'inquiétude me tenaillait toujours. Ma mère, assise près de lui sur la banquette arrière, a dit qu'il avait probablement glissé, mais que je devrais quand même l'emmener chez le vétérinaire pour en être sûre.

J'ai hoché la tête. Je n'avais pas envie d'y penser. La simple idée que Bunker puisse avoir un problème me paralysait. Pour changer de sujet, j'ai confié à mes parents que j'envisageais de sortir avec Greg ; mon père a eu du mal à cacher sa joie.

« Il a l'air sympa », a-t-il dit en adressant un clin d'œil peu discret à ma mère.

Ils approuvaient mon choix.

FLORAISON

Novembre 1996

Ma relation secrète avec Greg évoluait lentement. Pendant la majeure partie de l'automne, une fois que tout le monde dans la maison était couché, Greg descendait me rejoindre dans ma chambre. Parfois, c'était moi qui montais, maudissant les grincements du plancher et les couinements des poignées de porte. On ne voulait pas que Melissa et Chris apprennent ce qu'on faisait ; sitôt que notre relation serait officielle, l'énergie merveilleuse qui régnait dans la maison serait altérée pour toujours.

Bunker n'était pas retombé et n'avait montré aucun problème physique, si bien que j'ai de nouveau reporté la visite chez le vétérinaire. La nuit, il montait précautionneusement l'escalier avec moi, comme s'il savait qu'il ne fallait pas faire de bruit. Le plus souvent, Greg était en train de lire ses cours à notre arrivée ; il posait alors ses feuilles et me prenait dans ses bras tandis que Bunker s'allongeait par terre et s'assoupissait. On passait des heures à chuchoter en apprenant à se connaître ; Greg avait un humour ravageur, et il était difficile de ne pas rire aux éclats. Bientôt, on commençait à s'embrasser, se caresser et se déshabiller mutuellement – forcés parfois de s'interrompre lorsqu'on entendait Melissa ou Chris se lever pour aller aux toilettes –, pleins d'un désir grandissant nourri par le secret et les interdits.

Quand je sentais, au plus profond du sommeil, le poids de Greg au bord de mon lit, je tendais instinctivement les bras vers lui comme si mon corps se rendait compte qu'il avait désespérément besoin de lui, là, maintenant. Je n'ouvrais pas les yeux ; mes lèvres dans son cou, les siennes dans le mien, nos deux respirations calmes et profondes, nous explorions doucement, innocemment même, sans jamais descendre plus bas que la taille, ainsi que je le lui avais demandé. Il respectait ma décision, mais je ne pouvais m'empêcher de me demander s'il me voulait simplement parce qu'il ne pouvait pas m'avoir tout entière. Puis je sentais ses mains, douces et soyeuses, des mains d'intellectuel et de chercheur, et quelque chose dans leur absence de cals me donnait confiance. Cet homme était différent. *Je peux aimer un homme bon.* Cette pensée était une révélation pour moi.

On ne parlait jamais de nos activités nocturnes. Parfois, Greg m'effleurait la hanche du bout du doigt lorsqu'on se croisait dans la cuisine, et ce simple contact déclenchait un feu d'artifice. Une partie de moi restait cependant réticente. Il était trop tôt pour que j'aie un nouveau petit ami. Depuis mes dix-huit ans, je n'avais été que quelques mois célibataire. Être en couple était rassurant, mais pour la première fois j'avais envie d'indépendance : mes premiers mois à Seattle m'avaient fait un bien surprenant. Greg m'avait avoué qu'il admirait mon autonomie. On s'amusait bien ensemble, à rire, à s'embrasser et à parler pendant des heures. Ce n'était pas l'amour total et désespéré comme je l'avais connu avec Will et Brian ; c'était simple et relaxant, débarrassé de la folie du manque et de la détresse émotionnelle, de cette terreur permanente de perdre la seule chose qui me maintenait en vie. Cela ne me dérangeait pas de ne pas voir Greg pendant quelques jours. Je n'attendais pas fébrilement ses appels, je n'étais pas frustrée s'il ne descendait pas me rejoindre. Cela voulait-il dire qu'il ne m'intéressait pas autant que je le pensais ? Je me sentais bien avec lui, mais tout aussi bien sans lui. Comme rester autonome ne ressemblait pas du tout au type de relation amoureuse que j'avais connu jusque-là, j'ai commencé à remettre en question notre attachement. C'était facile. Il était facile, calme, drôle et il ne se comportait pas comme si je lui appartenais. Il était intéressé par moi, ressentait clairement quelque chose pour moi, mais ne semblait pas s'attendre à ce que je veuille rester avec lui en permanence. Il n'était pas jaloux si un autre mec appelait à la maison et demandait à me parler, même quand c'était Will. Il nous encourageait, Melissa et moi, à sortir toutes les deux. Quand il disait : « Amusez-vous bien ! » et « Passez une super soirée ! », je savais qu'il le pensait vraiment.

Effectivement, je m'éclatais avec Melissa. On allait voir notre groupe préféré, Super Sonic Soul Pimps, et on pogotait comme des folles tout en échafaudant des plans pour s'approcher du bassiste trop mignon. Un soir, comme j'étais fatiguée, j'ai pris le bus sans elle pour rentrer me coucher et j'ai trouvé la maison vide : Greg travaillait encore et Chris était sorti avec des amis.

Après un câlin avec Bunker, j'ai décroché le téléphone afin d'appeler Will. On se parlait régulièrement. Pour être honnête, je ne me lassais jamais de cet homme incapable d'être là pour moi quand j'avais besoin de lui. Il me disait qu'en me quittant il avait commis la plus grosse erreur de sa vie, et je voulais l'entendre répéter cette phrase mille fois, sentir sa tristesse et ses regrets. Je voulais croire qu'aucun des hommes que j'avais connus n'avait fait exprès de me blesser. Je voulais que mon père me dise qu'il aurait voulu être plus présent à la maison au lieu de travailler autant et de passer à côté de ma vie. Je voulais croire que Clay viendrait un jour m'avouer qu'il ne savait pas ce qui lui prenait quand il me poursuivait, me frappait ou m'insultait. Qu'il viendrait m'expliquer, encore et encore, que cela n'avait rien eu à voir avec moi, que j'étais quelqu'un de bien, et qu'il m'aimait vraiment.

BLIZZARD SUR SEATTLE

Décembre 1996

Melissa, qui ne se remettait pas de sa rupture, était rentrée chez ses parents pour les vacances de Noël. Elle m'avait demandé de venir la chercher à l'aéroport le 30 décembre : je l'avais noté sur mon calendrier. C'était un lundi, et je travaillais toujours dans le petit cabinet d'avocats, qui m'avait finalement engagée comme réceptionniste à temps plein. Peu après mes débuts à ce poste, un livreur à moto très séduisant avait commencé à se présenter à la réception presque tous les jours. Il s'appelait Glenn, et c'était tout ce sur quoi j'avais craqué pendant des années : une beauté brute, grand, robuste, plutôt grossier, du genre à ne me créer que des problèmes. Quand il m'a proposé un rendez-vous, j'ai accepté. Juste pour voir. Après tout, personne n'en saurait rien. Greg et moi n'avions toujours pas couché ensemble, pas plus que nous n'avions statué sur notre relation. Un seul pauvre petit rendez-vous, ce n'était pas un crime.

La météo avait annoncé une énorme tempête de neige ce jour-là : les routes qui traversaient la chaîne des Cascades étaient barrées et on prévoyait environ un mètre de chutes de neige, suivies d'un redoux qui transformerait la couche neigeuse en rivières glacées dans les rues de Seattle. Au travail, tout le monde ne parlait que de cela : les bureaux seraient sans doute fermés le mardi. Mais je n'y prêtais guère attention, entièrement obnubilée par mon rendez-vous secret avec un *bad boy* tout neuf.

Il m'a emmenée dans un bar à Belltown, où on a bu quelques bières tout en discutant de la météo avec les serveurs. Glenn était musclé et très attirant, avec ses cheveux noirs et son sourire espiègle, mais il avait pour seuls sujets de conversation sa moto et le nouveau tatouage qu'il voulait se faire faire le week-end suivant. J'ai déduit du peu d'informations qu'il m'avait cédées sur sa vie personnelle qu'il était probablement en couple, voire marié. On regardait la neige tomber derrière la fenêtre du bar en s'émerveillant de sa beauté et en fumant cigarette sur cigarette comme des abrutis. Glenn a fini par dire :

« J'habite quand même vachement loin ! Ce serait sans doute plus pratique que je dorme chez toi, vu que tu habites à Queen Anne. »

Je savais exactement ce qu'il sous-entendait ; j'ai souri avec malice, un peu étourdie par la nicotine.

« Oh, oui. Ce serait carrément plus prudent. »

J'ai soufflé de la fumée du coin de mes lèvres tandis qu'un tourbillon d'émotions me submergeait : je n'avais pas vraiment envie qu'il vienne chez moi, mais je n'avais jamais appris à dire « Non » à un homme. Je ne voulais pas le blesser ni le rendre triste, tout simplement parce que je ne voulais pas que *lui* me blesse ou me rende triste.

« L'addition, alors », a-t-il lancé sans détacher son regard du mien.

On a pris le bus pour rentrer, verrouillé la porte de ma chambre et couru au lit. Je ne savais même pas si j'en avais envie, mais je l'ai fait. C'était mon premier coup d'un soir, et l'extase momentanée a bien entendu été suivie par une terrible culpabilité et des regrets immédiats. Beaucoup plus tard, nue à côté de Glenn, j'ai entendu Greg monter les marches du perron, rentrer, se rendre à la cuisine, puis se diriger vers ma porte. L'évidence m'est apparue : j'avais saboté ma relation saine avec Greg. Elle était trop facile, trop bénéfique.

Il était minuit, et Greg travaillait depuis neuf heures du matin. Il a frappé à ma porte, doucement, pour ne pas réveiller Chris. Melissa n'était pas là : elle rentrait cette nuit, et j'étais censée aller la chercher à l'aéroport, mais je partais du principe que son vol avait été annulé à cause du blizzard.

Et moi, j'étais allongée, nue, à côté d'un homme dont je me fichais complètement et qui se fichait tout autant de moi. Glenn dormait comme une souche tandis que je m'imaginais le jeter par la fenêtre ou le pousser dehors, sur le trottoir. Greg a frappé à nouveau et Bunker a tressailli avant de me regarder avec des yeux qui disaient, *Bien joué, tu as tout foutu en l'air.*

J'ai fermé les yeux, inspiré profondément et ignoré la troisième tentative de Greg, tout en planifiant mon mensonge : je ne m'étais pas réveillée, j'étais malade, je m'étais endormie avec des écouteurs… Puis, écœurée, je me suis rendu compte que Greg savait sûrement que je n'étais pas seule : la moto trafiquée de Glenn était restée dans le salon, appuyée contre la cheminée

Bientôt, j'ai entendu des bruits de pas se diriger lentement vers l'étage supérieur et le grincement du matelas de Greg alors qu'il se mettait au lit, seul. J'ai enfoui mon visage entre mes mains. Je voulais tellement abandonner Glenn, monter les escaliers sur la pointe des pieds et me glisser entre les draps de cet homme beau et doux qui, je le savais, me traiterait bien. Qu'est-ce que j'avais fait ? J'ai imaginé laisser un mot à Glenn pour lui demander de partir dès son réveil, de disparaître. Mais j'étais bloquée sous son bras musculeux, incapable de bouger – pas physiquement, mais mentalement ; j'avais peur. Quelque part, c'était ça que je voulais, coucher avec Glenn, un homme qui me ferait du mal, m'abandonnerait et me traiterait n'importe comment. Je ne connaissais que ça, et cette familiarité était rassurante. Je ne pouvais pas résister à un homme qui ne m'aimerait sans doute jamais. Allongée près de lui, je me répétais : *Idiote. Tu ne mérites que des connards, parce que tu es une connasse.*

Le téléphone a sonné peu après, et j'ai entendu la voix de Melissa sur le répondeur de l'autre côté du mur. Elle était bien arrivée à Seattle, mais était coincée à l'aéroport à cause de la tempête de neige. Pétrifiée, je me suis sentie sombrer encore plus profondément. *Merde, merde, merde !* J'ai tendu la main pour soulever le store vénitien : la neige tombait à gros flocons à présent, et il y en avait au moins vingt centimètres sur le sol. Un bus a descendu Taylor Avenue en glissant dans le virage, freinant de toutes ses forces et évitant de justesse de percuter ma voiture. Sur le répondeur, la voix de Melissa se faisait suppliante :

« Tu viens me chercher ? Il n'y a aucun taxi, rien. On est complètement bloqués par la neige et tu es la seule que je connaisse avec une quatre roues motrices. Tu peux venir, s'il te plaît ? Allô ? Où es-tu ? »

Tout cela est indéfendable, et pourtant c'est ce que j'ai fait : j'ai couché avec n'importe qui et gâché une histoire d'amour naissante et prometteuse, j'ai abandonné ma meilleure amie à l'aéroport sans même me lever pour répondre à son coup de téléphone, je suis restée au lit dans les bras musclés d'un quasi-inconnu, et tout du long je ne savais même pas ce qui m'y poussait. J'étais bien, là, piégée sous lui, contente de souffrir sous l'emprise familière d'un homme pour lequel je ne représentais rien. Je ne pouvais pas accepter de gentillesse de la part d'un homme ; honnêtement, elle me repoussait. Je ne me croyais pas capable d'être le genre d'amie que méritait Melissa, l'amie qu'elle voyait en moi. Tout ce que je savais, c'est que je venais de trahir les deux personnes les plus importantes à mes yeux. J'étais pareille à une statue brièvement animée d'une étincelle de vie, puis redevenue pierre.

Quand je me suis réveillée le lendemain matin, Bunker était assis et me regardait comme pour demander, *C'est qui lui ? Il est où, celui qui sent bon ?* Il a sauté sur le lit et nous a marché dessus – je dois préciser qu'il ne faisait jamais ce genre de chose –, ce qui a fait rire Glenn.

« Holà ! a-t-il dit, trop fort, en protégeant son pénis des griffes acérées de Bunker. Salut, mon pote ! Moi aussi, je suis content de te voir. »

Je me suis glissée hors du lit et j'ai commencé à me rhabiller. Le corps de Glenn, qui m'avait paru sexy la nuit précédente, n'était plus qu'un ramassis de cicatrices et de stigmates. À la question de savoir s'il pouvait fumer dans ma chambre, j'ai marmonné que le propriétaire ne le permettait pas.

Comment le faire sortir sans que Greg le remarque ? Je ne pouvais pas dire à Glenn que j'étais plus ou moins en couple avec quelqu'un d'autre, pas plus que je ne pouvais laisser Greg l'apercevoir. Ils me haïraient, tous les deux. Je me suis figée sur place, en jean sale et tee-shirt, muette, pendant que Glenn remettait ses vêtements.

« C'était dément, bébé », a-t-il murmuré en me prenant la nuque pour m'embrasser.

Je me suis forcée à sourire tandis que nos dents s'entrechoquaient.

« Bon, faut que je reprenne ma bécane, que je rentre et que je me fasse propre avant de passer la journée à esquiver des conducteurs débiles. Dans la neige, en plus ! On se voit plus tard ?

— Bonne idée. »

J'étais tentée de lui demander de sortir par la fenêtre, mais il a enfilé la bandoulière de sa sacoche avant de se rendre dans le salon, où j'ai entendu le cliquetis de sa chaîne de moto, puis sa voix à nouveau :

« Salut, mec. »

J'ai pressé mon poing contre ma bouche en priant pour que ce soit Chris qu'il vienne de croiser, pas Greg. Assise sur mon lit, j'ai prié pour que Melissa ait pu rentrer sans problème. J'ai prié pour que Greg me pardonne. Pour que ma nouvelle vie ne soit pas déjà foutue.

J'ai observé par la fenêtre Glenn qui poussait sa moto dans l'allée, l'enfourchait et descendait Queen Anne Hill en glissant négligemment dans la neige. Bunker a gémi près de la porte. Je n'avais pas d'autre choix que d'assumer les conséquences de mes bêtises : la vessie de Bunker ne me permettrait pas de me cacher dans ma chambre toute la journée.

J'ai ouvert ma porte lentement et Bunker est sorti, tournant le coin du couloir jusqu'au salon. Puis j'ai entendu Greg murmurer tristement :

« Salut, mon grand. »

J'avais envie de hurler. Qu'est-ce que je pourrais bien lui dire ? Comment lui expliquer ce que je venais de faire, décrire à quel point j'avais été stupide ? Je savais que je venais d'étouffer dans l'œuf ce lien sublime et merveilleux entre nous. Je ne savais pas ce qui m'y avait poussée. J'étais autodestructrice, de toute façon, alors il valait sans doute mieux pour lui qu'il garde ses distances. Mais j'ignorais comment exprimer tout cela.

Un seul regard m'a suffi pour comprendre que je l'avais terriblement blessé ; il a levé vers moi des yeux inquisiteurs, comme pour tenter de déterminer qui j'étais vraiment. Quand j'ai ouvert la bouche pour parler, il a secoué la tête avant de se lever puis de disparaître dans l'escalier. Sa porte a claqué violemment et je suis restée debout dans le salon, une main crispée sur mon ventre, pleine d'amertume. Si je devais choisir entre Greg et Glenn, je choisirais Greg, un million de fois Greg, sans me poser de question ; mais quelque chose dans sa gentillesse et sa simplicité le rendait moins attirant à mes yeux. Je comprenais mieux les hommes comme Glenn, ceux qui partaient, qui me faisaient faux bond, qui savaient que je ne valais pas le coup et avaient plus important à faire – ceux qui pensaient mériter mieux que moi, trop moche et trop bête pour eux.

Après avoir emmené Bunker se soulager dehors, je suis restée en pyjama dans le salon. J'ai essayé de parler à Greg quand il est redescendu, mais il a quitté la maison sans un mot. Il est monté dans sa Ford Taurus bleue, dont les pneus presque lisses glissaient sur la neige comme des skis, et a disparu derrière la colline en direction du campus. Il ne m'a même pas accordé un regard.

Bunker est venu s'asseoir à mes pieds et s'est blotti contre moi, me prodiguant un réconfort que je ne méritais pas. J'ai embrassé sa tête toute douce, caressé la petite bosse sur son crâne et chuchoté : « Meeeeeeerde. » J'avais presque envie d'appeler Glenn pour lui proposer d'aller baiser quelque part pendant sa pause déjeuner, puis me saouler avant quatorze heures et courir dans les rues enneigées en faisant n'importe quoi. Mais Bunker s'est allongé sur le sol en grognant, et je me suis assise près de lui. J'ai respiré aussi profondément que je le pouvais tout en regardant les nuages s'amasser au-dessus de Lake Union. Je n'ai pas appelé Glenn. Je n'ai rien fait du tout. Assise là, en silence, j'ai fini par me dire que j'avais besoin d'être seule. Je n'avais besoin ni de Glenn, ni de Will, ni de Greg. J'avais juste besoin de mon chien.

DEUX MAUVAISES OPTIONS

Janvier 1997

Le soir du jour de l'an, sur les douze coups de minuit, j'étais allongée sur le canapé dans le salon sombre, et je priais. Greg et Chris étaient sortis faire la fête ailleurs. Greg ne me parlait plus, et on avait réussi à s'éviter toute la journée. Les autres habitants de la maison n'avaient aucune idée de ce qui s'était passé entre nous, et l'impossibilité d'en parler à qui que ce soit ne faisait qu'aggraver ma confusion. Melissa était descendue de sa chambre en milieu de matinée, m'était passée devant pour aller se faire un café dans la cuisine, puis était revenue s'asseoir en face de moi.

« Qu'est-ce qui t'est arrivé, bon sang ? Tu étais où ? »

Je n'avais pas d'excuse.

« Je suis tellement, tellement désolée. Pardon. J'étais sûre que ton vol avait été annulé. J'ai merdé, complètement merdé. »

Elle a acquiescé, en ajoutant que je l'avais beaucoup déçue : elle sortait à peine d'une rupture difficile, et je l'avais littéralement abandonnée en pleine tempête. Je ne pouvais pas lui dire ce qui se passait, lui avouer que je venais de foutre en l'air ma seule chance de connaître un jour une relation saine. Elle a dû sentir ma détresse, parce qu'elle m'a prise dans ses bras en marmonnant que ce n'était pas grave. Mais je savais qu'elle ne le pensait pas. Je venais de trahir sa confiance.

À la suite de ce terrible blizzard, on a toutes les deux décidé de passer le réveillon à la maison, à regarder la télévision en pyjama. À minuit pile, elle était sur la terrasse en train de regarder la Space Needle, cette tour futuriste.

« Viens voir les feux d'artifice ! a-t-elle crié par la porte de la cuisine. C'est trop beau !

— Une seconde. »

Avant de me lever, j'ai joint les mains devant mon visage, fermé les yeux et murmuré :

« Faites que Bunker aille bien. Faites qu'il aille bien. S'il vous plaît. »

Bunker avait du mal à monter les escaliers, si bien que j'avais fini par prendre rendez-vous chez le vétérinaire le 2 janvier. J'ai également prié pour que le vétérinaire me dise que Bunker était simplement maladroit, et qu'en grandissant il cesserait de tomber et de me faire des frayeurs. J'ai également prié pour comprendre ce qui m'avait poussée à traiter un homme aussi charmant avec tant de négligence, et pour devenir une amie plus digne de Melissa.

J'ai rejoint Melissa sur la terrasse : les feux d'artifice étaient effectivement très beaux, mais le bruit effrayait Bunker et j'ai dû retourner à l'intérieur pour les observer par la fenêtre. À chaque explosion de couleur, un nouveau diagnostic potentiel me traversait l'esprit avec un rugissement. Maladie des os ; dysplasie des hanches ; leucémie ; cancer. Assise par terre près de Bunker, je lui tâtais le bas du dos et j'appuyais sur ses pattes arrière pour observer sa réaction. Rien. Il a enfoui son museau dans mon ventre, terrorisé par les déflagrations, et je l'ai entouré de mes bras en écoutant les battements puissants de son cœur.

« Chut, je te tiens. Je te tiens, mon beau. Tout va bien. »

Je l'avais fait stériliser quelques semaines auparavant ; le jour de l'opération, je n'étais pas du tout inquiète. Je l'avais déposé à la clinique et je m'étais rendue au travail en toute confiance. En y repensant, je devais puiser mon assurance dans la certitude profonde et irréductible que Bunker m'avait été envoyé spécifiquement pour me sauver, et qu'il serait insensé qu'il me quitte si vite.

La nuit du 1er janvier, la veille du rendez-vous, je ne pouvais pas m'empêcher d'imaginer les pires catastrophes. J'ai ouvert la fenêtre pour tenter d'apercevoir la lune, mais il n'y avait que des nuages. Mon seul réconfort était de savoir que je ferais tout ce qui était en mon pouvoir pour que Bunker soit en bonne santé. Je ferais n'importe quoi. Il était allongé contre mon ventre et, apaisée par sa respiration régulière, j'ai fini par m'endormir, le visage enfoui dans la fourrure rousse de son cou.

À mon réveil, il était assis près du lit et m'observait comme si j'étais un cadeau qu'il venait de déballer. Mal réveillée, j'ai émis un petit rire avant de rouler de l'autre côté du lit afin d'éteindre mon réveil. Bunker s'est levé en fouettant l'air de sa queue comme un hélicoptère sur le point de décoller.

« Espèce d'andouille, je me fais tellement de souci à cause de toi. »

Il a reculé et fait mine de me bondir dessus tandis que je sortais du lit, puis je l'ai emmené dans le jardin admirer tout le travail qu'on avait accompli ensemble. Au retour, il n'a eu aucun problème à remonter les escaliers. Je me suis forcée à me détendre.

J'ai bâclé ma journée de travail et je suis rentrée le chercher à toute vitesse pour l'emmener au cabinet. Dans la salle d'attente, j'ai rempli les papiers nécessaires, Bunker sagement assis à mes pieds. La réceptionniste lui a souri.

« Il n'a que huit mois ? On ne dirait pas, il est si calme ! »

J'ai répondu par un autre sourire, tout en caressant Bunker afin de me calmer. L'assistante du vétérinaire nous a appelés et a commencé par peser Bunker : il faisait presque vingt-trois kilos.

« Qu'est-ce qui vous amène ? a-t-elle demandé.

— Il tombe beaucoup. J'ai l'impression que le problème vient de ses pattes arrière.

— Oh non. »

Incapable de la regarder, j'ai retenu mes larmes en fixant le sol, les mains de plus en plus moites. Elle a caressé la tête de Bunker, qui lui a répondu par l'un de ses larges sourires.

« Le docteur arrive tout de suite pour te voir, trésor. »

Elle avait à peine quitté la pièce que j'enveloppais Bunker de mes bras. L'inquiétude menaçait de me faire retomber dans mon trou noir, et j'avais terriblement besoin de son contact.

Le vétérinaire est arrivé et m'a écoutée, bras croisés et sourcils froncés, lui raconter les chutes à répétition de Bunker et les jappements de douleur qu'il poussait. Son visage s'est assombri tandis qu'il l'examinait ; c'était comme si chacun de ses mouvements m'envoyait une décharge de peur. Il m'a demandé si mon chiot courait avec ses quatre pattes ou s'il sautillait plutôt « comme un lapin », les pattes avant écartées et les pattes arrière ensemble. C'était selon lui un indicateur infaillible de faiblesse dans les membres postérieurs ; Bunker, je le savais, courait exactement de cette manière.

Il a ensuite voulu savoir s'il pouvait l'emmener faire « juste quelques radios ». J'ai hoché la tête puis attendu, seule, la laisse de Bunker à la main, avec l'impression d'être un ballon de baudruche gonflé à l'hélium qu'un enfant venait de lâcher. Plus le temps passait en l'absence de Bunker, et moins il semblait y avoir d'oxygène dans la pièce.

L'assistante m'a ramené mon chien pendant que le vétérinaire examinait les radios.

« Ne vous inquiétez pas, il sera de retour dans quelques minutes. »

Sa voix se voulait rassurante.

Je me suis assise sur le sol, sans me préoccuper des crottes de chien et de la pisse de chat qui avaient pu me précéder. Je voulais être près de mon chiot, contre lui, *avec* lui, aussi proche que possible de la terre. Le cliquetis de la porte a annoncé le retour du médecin et je me suis relevée maladroitement, un peu étourdie et distraite. Son silence m'a suffi à comprendre que la plupart des propriétaires d'animaux ne s'assoient pas sur le sol de la salle de consultation ; il s'est éclairci la gorge.

« J'ai de mauvaises nouvelles, malheureusement. »

Sa voix a commencé à dégringoler lentement dans un tunnel sonique, comme si mes conduits auditifs s'étaient distendus puis repliés sur eux-mêmes, m'empêchant de comprendre tout ce qu'il disait. « Vraiment le pire cas que j'aie jamais... Même pas dans la cavité. Je ne comprends pas comment il peut marcher. Grave dysplasie des hanches. Seulement deux options. L'euthanasier. Sans doute le plus humain. Une opération serait très, très douloureuse. Difficile... Cher... Dans les quatre mille dollars... Convalescence... Le porter pour uriner... Pas certain que vous... Vraiment désolé... On fait les euthanasies ici... Ne pourra bientôt plus marcher. Garder ces radios pour des collègues... Jamais vu un cas si extrême... Rotule de la hanche... Désalignement complet... »

J'avais l'impression d'être droguée. J'ai repensé à Clay en train de me poursuivre dans le couloir et la même veine d'adrénaline, réservée uniquement pour les traumatismes, s'est ouverte, parcourant mon corps tout entier – mais j'étais plus grande, maintenant, plus forte. J'ai plissé les yeux en direction du vétérinaire.

« On va faire l'opération. »

Il s'est remis à parler et je suis retombée dans le tunnel sombre formé par sa voix : « Plusieurs milliers de dollars... Triple ostéotomie pelvienne... Des mois pour se remettre... Immobilisé dans une cage... Casser l'os pelvien en six endroits. Deux opérations différentes. Il aura mal pendant des mois... Le choix le plus humain serait vraiment...

— Merci, l'ai-je interrompu, mais si vous redites le mot "euthanasie" encore une fois, je me mets à hurler. »

Mon corps entier était parcouru de tremblements. J'ai pensé à ces mères capables de soulever une voiture pour libérer leur enfant, à ces pères qui se précipitaient dans des maisons en flammes. Le médecin semblait choqué, comme si je l'avais insulté. Qu'importe. J'avais envie d'appeler ma mère, de crier, de pleurer. Je m'imaginais en train de m'effondrer sur le sol de la clinique et Greg venait me sauver. Au lieu de cela, je me suis entendue dire :

« Qui est le chirurgien de Seattle le plus compétent en dysplasie des hanches ? Je veux une consultation avec lui tout de suite. Où est-ce que je pourrais me renseigner davantage ? L'argent n'est pas un problème. »

Je m'étais métamorphosée en mon père, réagissant instantanément à la situation de crise. Je savais comment faire. Je savais bondir à la rescousse de quelqu'un. Et quoi que puisse en penser ce type en blouse blanche, j'allais sauver mon chien.

Sur le chemin du retour, ma vue était brouillée par les larmes. Bunker était assis sur le siège passager, les pattes arrière écartées dans ce qui m'apparaissait désormais comme une position faussement confortable. J'ai profité d'un feu rouge pour m'essuyer les yeux et presser une main contre ma poitrine en essayant de me reprendre. J'ai saisi l'épaule de Bunker ; ma respiration s'est immédiatement apaisée. Son simple contact suffisait à me calmer et à m'éclaircir les idées. Les lèvres tremblantes d'émotion, j'ai fait le reste du trajet avec un bras passé autour de lui. Le mot « euthanasie » tournait en boucle dans ma tête. Bunker a baissé la tête, reniflé mon avant-bras, et l'a gratifié d'un long coup de sa langue chaude.

J'ai garé la voiture devant la maison et coupé le moteur. Bunker était maintenant assez grand pour que sa tête arrive à la hauteur de la mienne quand il était assis sur le siège passager. J'étais submergée par la panique. La dépression menaçait de revenir ; elle aurait aussi bien pu être tapie à l'arrière de ma voiture avec un sourire sardonique, armée d'un couteau, prête à m'arracher Bunker avant de me tuer une fois pour toutes.

Lorsque je me suis reprise pour faire le point sur mes émotions, je n'étais ni abattue, ni effrayée, ni triste : j'étais furieuse. Cette nouvelle ne m'avait pas brisée, pas cette fois, et même si la dépression me semblait plus proche que jamais, je me sentais capable de la terrasser et de faire face à la situation afin de sauver mon chiot. Non, je n'étais pas brisée :

c'était Bunker, mon précieux compagnon, qui l'était, et cette situation libérait en moi une réserve de force dont j'ignorais l'existence jusque-là.

C'est à ce moment que, assise une main sur le volant et l'autre sur le dos de Bunker, une idée m'est venue pour la première fois : peut-être Bunker ne m'avait-il pas trouvée simplement afin de me sauver. Peut-être avions-nous été réunis afin que je le sauve, moi aussi. Le vétérinaire avait parlé de plusieurs milliers de dollars, répétant encore et encore que l'euthanasie était la meilleure solution, choisie par la majorité des propriétaires de chiens, et qu'on ne pouvait pas leur en vouloir. La plupart des gens, avait-il expliqué, renonçaient face au prix à payer. Il ignorait que je me serais endettée à vie, quitte à vivre sous un pont, si cela pouvait sauver Bunker. J'aurais fabriqué un fauteuil roulant à base de brindilles et de cailloux si cela lui permettait de rester en vie et à mes côtés.

Garée devant la maison, j'ai caressé ses oreilles soyeuses et murmuré :

« On est bien cassés, tous les deux, hein, Bunk ? Mais on va nous réparer, tu verras. »

Il a ouvert la gueule et m'a soufflé son haleine tiède dans la figure. C'était devenu mon odeur préférée ; j'étais officiellement folle de ce chien. J'étais parfaitement consciente que Bunker ne comprenait ni ce que je disais, ni ce qui venait de se passer, ni toute la souffrance et les épreuves qui l'attendaient. Mais une petite part de moi, celle qui communiait depuis l'enfance avec les arbres, les biches et les oiseaux, s'est réveillée lorsque j'ai pris sa tête entre mes mains. Je savais que le lien qui nous unissait n'appartenait pas à ce monde, et que ma détermination et sa bonté pourraient bien suffire à vaincre toutes les infirmités qui nous affligeaient.

COMME UNE VOITURE CABOSSÉE

Janvier 1997

J'ai trouvé le meilleur chirurgien orthopédique vétérinaire de Seattle et pris rendez-vous pour le lendemain. À la fin de ma journée de travail, je suis passée en coup de vent à la maison pour prendre Bunker et il a poussé un hurlement surexcité quand je l'ai fait monter dans la voiture.

Greg ne me parlait toujours pas, et je ne cherchais pas à l'y obliger ; je préférais le laisser tranquille, le temps de déterminer ce que je voulais vraiment. Glenn avait été on ne peut plus clair lors de son dernier passage à la réception :

« C'était sympa, hein ? Une bonne nuit entre potes, juste pour une fois, y a que ça de vrai. »

J'avais reçu le message cinq sur cinq, assise derrière mon bureau, un gouffre douloureux au creux du ventre.

Dans la salle de consultation du vétérinaire, tandis que celui-ci examinait les radios, Bunker était l'image même de la déception malgré mes caresses. Nous n'étions pas en balade au parc ; au lieu de ça, il allait encore se faire palper et tripoter par un inconnu. Mais il a supporté avec patience toutes les manipulations du médecin lorsque celui-ci s'est mis à tirer et pousser sur ses pattes, appuyer sur son dos, tester sa souplesse et ausculter ses hanches, tout en laissant échapper de petits « Hmm » et même, de temps en temps, un « Oui, je vois ». Ce vétérinaire-ci avait la cinquantaine, les cheveux et la barbe poivre et sel, une carrure assez athlétique, et il se comportait davantage comme s'il examinait un humain plutôt qu'un animal, ce qui m'a poussée à me demander s'il avait un grand frère généraliste qui le taquinait sur l'infériorité de ses patients. Quoi qu'il en soit, son attitude, son front plissé et l'attention qu'il portait au bien-être de mon chien me l'ont immédiatement rendu sympathique.

Il a commencé à parler, et j'ai cessé de comprendre après quelques mots, replongeant dans cette dimension irréelle aux sons distordus. *C'est grave*, disaient clairement son expression sévère, ses sourcils froncés et ses bras croisés sur sa blouse blanche, où son nom était écrit en lettres cursives bleues, d'un style bien trop vieillot pour quelqu'un en train d'expliquer que notre seul espoir était une double opération radicale et extrêmement technique. Deux triples ostéotomies pelviennes complètes, à six semaines d'intervalle.

« Vous pouvez répéter ? »

Je voulais connaître le terme exact, marquer au fer rouge dans mon esprit ce remède tant espéré : *Triple. Os-té-o-to-mie. Pelvienne.*

« Sans cette opération, a-t-il poursuivi, j'ai bien peur que le Dr Vance n'ait raison. Votre chien sera complètement immobilisé avant ses deux ans. Je suis vraiment désolé. »

Il s'est frotté le menton, sa peau rougissait sous son bouc argenté. Que voyait-il en me regardant ? Une jeune femme nerveuse ? Était-il capable de déceler ma panique, la boule dans ma gorge qui montait de plus en plus haut à mesure que la gravité de la situation m'apparaissait ? Se rendait-il compte, avec son sixième sens de médecin, des enjeux immenses de ce qui était en train de nous arriver ?

Je voulais lui dire que cet animal était mon ancre, ma lueur d'espoir. Que, sans lui, je serais condamnée à passer ma vie dans une oubliette émotionnelle, sans savoir comment m'extirper des ténèbres. Je lançais ces pensées dans toutes les directions, au cas où, par miracle, l'une d'elles réussirait à atteindre son conduit auditif et à se frayer un chemin jusqu'à son cerveau compatissant. *S'il vous plaît, par pitié, je vous en prie, aidez-moi. Faites que ça n'arrive pas. S'il vous plaît, monsieur, sauvez mon chien.*

« … raser son arrière-train. Il faudra insérer deux plaques et six vis, certaines assez longues, au centre de son os coxal, qu'on aura au préalable scié en trois sections. Comme ça, l'os pourra se ressouder dans une position complètement différente. Mais il est indispensable qu'il reste immobile, et même ainsi le processus de guérison sera terriblement ardu. »

Avait-il vraiment dit « scié », comme pour… scier du bois ? J'ai hoché la tête, les oreilles bourdonnantes, et cherché vainement à me rassurer ; j'aurais aussi bien pu me trouver dans une pièce complètement noire, incapable d'atteindre l'interrupteur fixé au plafond. J'ai fait de mon mieux pour écouter en dépit de l'obscurité.

Je n'ai pas pu retenir un hoquet quand il m'a dit, comme j'aurais dû m'y attendre, que chaque opération coûterait plus de deux mille dollars. Le nombre s'est emparé de ma conscience dans une sorte de psalmodie : *Quatre mille dollars.* Je n'en avais même pas quatre cents sur mon compte en banque. Je venais de payer mon quatrième mois de loyer, et je m'étais sentie riche en voyant qu'il me restait plus de cent dollars. Où est-ce que je pourrais trouver une somme pareille ? Je ne pouvais décemment pas demander encore de l'argent à mes parents. Plus question de dépendre d'eux ; je voulais survivre seule, et j'avais plutôt bien réussi jusque-là. Mais ce cas de force majeur, hors de prix de surcroît, me forçait, une fois de plus, à me mettre en quête d'une aide extérieure.

Après être ressortie de la clinique, je suis restée debout au milieu du parking, à cligner des yeux comme si j'espérais encore me réveiller d'un mauvais rêve. La lumière étroitement filtrée par les nuages m'a ramenée à l'instant présent : il n'y avait pas de réveil possible. Je me suis agenouillée près de Bunker, qui débordait d'énergie et de joie après son passage sur la table d'examen, et j'ai essayé de me rappeler les mots du chirurgien. Bunker avait des chances d'être soigné. Ce serait ardu, douloureux et pénible à observer. Chaque opération durerait cinq heures, et Bunker devrait par la suite être confiné dans sa cage presque vingt heures par jour pendant huit semaines, avec l'interdiction d'emprunter un escalier.

Le vétérinaire m'avait avertie, mon chiot voudrait se remettre à marcher très vite après les opérations. Son esprit serait prêt, mais pas son corps. Je l'avais écouté, pleinement consciente du parallèle entre sa situation et la mienne : j'avais eu beau déménager et me convaincre que j'étais quelqu'un de meilleur, mon âme brisée n'avait toujours pas fini de cicatriser. Je continuais à commettre de terribles erreurs, à blesser des gens bien intentionnés, à agir de manière irréfléchie et autodestructrice. Cette prise de conscience a libéré une cascade en moi, un éboulement, une avalanche, et je me suis repliée sur moi-même en me promettant de guérir Bunker. Je le guérirais, et peut-être qu'ainsi, en me concentrant exclusivement sur la meilleure façon de l'aider, j'arrêterais de faire du mal autour de moi.

NOUVELLE FAMILLE, AMIE VÉRITABLE

Février 1997

J'ai appelé ma mère, déjà prévenue du diagnostic préliminaire, et attendu d'entendre sa voix chantante pour que mon angoisse se déchaîne.

« Maman, le véto avait raison. Celui-là a dit la même chose. Visiblement, Bunker est tellement mal formé que dans un an il ne pourra plus marcher si on n'agit pas très vite. »

Un soupir tremblant, puis plus rien. C'était à son tour d'être sous le choc, et son silence était plus éloquent que n'importe quelle réaction : c'était grave. Très grave. On ne l'avait pas vu venir. Elle m'a demandé doucement ce que je comptais faire, et je lui ai dit que la seule option était d'opérer Bunker. Il n'y avait rien d'autre. Je n'ai pas parlé du prix, et je me suis empressée de trouver une excuse pour raccrocher. Elle était inquiète pour Bunker, mais sa préoccupation principale était de savoir si j'allais à nouveau sombrer dans la dépression.

Comme à mon habitude, je me suis enfermée dans ma chambre et j'ai pleuré. J'ai essayé par tous les moyens d'échapper aux terribles craintes qui m'étouffaient : écouter de la musique, tenter de dormir, dévorer un paquet de biscuits au chocolat et regarder passer derrière la fenêtre les voitures, les bus et les piétons – tous ces gens dont la vie était bien meilleure que la mienne. Je devais être la seule au monde à me sentir si perdue, si effrayée, si déboussolée, la seule qui ait besoin d'un chien pour survivre. Clay se serait moqué de moi en me voyant.

Mon impression d'isolement était trop forte : je ne parvenais toujours pas à admettre mon contrôle sur mes pensées et le fait que, puisque je parvenais à identifier les idées négatives, j'avais le pouvoir de choisir une autre voie. Je ne comprenais pas que c'était mon choix de me répéter, encore et encore, à quel point j'étais anormale, nulle et faible. J'étais la seule à me savoir suffisamment instable pour avoir besoin d'assistance psychiatrique ; je n'avais pas encore trouvé de psy à Seattle, mais je savais qu'il le faudrait, et je me suis promis de demander à Aurora de me recommander quelqu'un. Je suis restée cachée dans ma chambre jusqu'à tard ce soir-là, à me blottir dans les coins sombres et silencieux où je me sentais le plus en sécurité. Bunker aussi me paraissait faible à présent, couché à côté de moi.

Melissa est rentrée tard du travail et je ne suis pas sortie pour l'accueillir. Elle ne m'en voulait plus de l'avoir laissée rentrer toute seule de l'aéroport, mais je lui avais parlé de Glenn, de la culpabilité que je ressentais à l'idée d'avoir couché avec lui, et elle avait fait le lien entre la date de mon coup d'un soir et mon silence radio quand elle avait appelé pour me demander où j'étais ; sa frustration avait instauré une telle distance entre nous que j'en avais eu le cœur fêlé, et par cette fêlure les idées noires étaient revenues en force. *Quelle amie fiable tu fais ! Pas étonnant que tu n'aies jamais eu de meilleure amie jusqu'à maintenant, regarde comment tu traites Melissa.*

Je suis restée dans ma chambre, retournant dans ma tête les diagnostics concomitants des vétérinaires. Vus de haut, Bunker et moi devions ressembler aux deux moitiés d'un cœur, positionnés comme on l'était sur le lit : ses pattes arrière recroquevillées, ses pattes avant posées sur ma poitrine. Sa tête enfouie dans mon cou avec mon nez contre son front. Quand il s'est étiré et que j'ai croisé son regard, il m'a semblé qu'il s'excusait. Il souffrait, il avait besoin de moi, et même s'il savait que j'avais tout aussi besoin de lui il n'était pas en état de poursuivre sa mission. Au cours de ses quelques mois d'existence, il n'avait été que bonheur et pure bonté : comment la douleur avait-elle pu naître en lui ? Je me suis remise à pleurer en imaginant que toute la peine et la noirceur que Bunker avait extraites de mon corps s'étaient installées dans le sien à la place.

On a frappé à la porte. Je me suis arrêtée de sangloter et rassise en murmurant : « Merde, merde, merde. » Bunker a sauté sur le sol et s'est étiré à nouveau en remuant la queue. Un mouchoir à la main pour me sécher le visage, j'ai regretté de ne pas avoir fermé à clé tandis que la porte s'ouvrait lentement sur Melissa, poussée par ses longs doigts élégants et ses jolis ongles, bien plus agréables à l'œil que les miens, rongés jusqu'au sang. J'ai retenu mon souffle et fait de mon mieux pour feindre l'indifférence, mais elle a tout de suite compris que quelque chose n'allait pas et j'ai éclaté en sanglots.

Aucun de mes colocataires ne connaissait l'histoire complète de mon année cauchemardesque à New York, de ma crise, de mon diagnostic ; et cela me convenait à merveille. À leurs yeux, je n'étais ni malade ni dépressive, je ne fichais pas les relations en l'air, je n'abandonnais personne, je ne pleurais pas tout le temps. Avant l'incident avec Glenn, j'avais réussi à me réinventer comme une personne facile à vivre, responsable, attentionnée et intelligente. J'avais maintenant l'impression de leur avoir menti à tous, alors même que la façade de cette personnalité imaginaire se fendillait et menaçait de me révéler sous mon véritable jour : un monstre, un ratage complet, une folle qui croyait dur comme fer que, si son chien mourait, elle mourrait aussi.

Je n'arrivais pas à retenir mes sanglots.

« Julie ! »

Melissa a refermé silencieusement la porte derrière elle avant de s'asseoir à côté de moi sur le lit.

« Qu'est-ce qu'il y a ? Qu'est-ce qui s'est passé ? »

Le plus incroyable, à cet instant, était que sa voix ne portait pas le moindre accent de *C'est quoi ton problème ?* Pas la moindre trace de jugement.

« Bunker est malade, ai-je balbutié. Enfin, pas vraiment malade. Il est mal formé. »

Ma voix s'est brisée et les sanglots ont repris, dégoulinants et répugnants. Je détestais me sentir ainsi, dans cette situation si familière, mais Melissa restait calme, paisible ; elle n'était pas encore lasse de mes larmes.

« Comment ça, "mal formé" ? »

En la regardant, j'ai vu que des larmes perlaient au coin de ses yeux. Portée par une avalanche de soulagement, je me suis penchée pour la prendre dans mes bras et nous avons pleuré ensemble en nous laissant tomber sur le sol près de Bunker, caressant la fourrure rousse et soyeuse de ses côtes, une fourrure de chiot. Je lui ai parlé de la dysplasie, de sa gravité, comment cela expliquait qu'il ait parfois du mal dans les escaliers. Les larmes ruisselaient sur ses joues.

« Qu'est-ce qu'on va faire, alors ? » a-t-elle demandé, et à cet instant j'ai compris pour la toute première fois ce que c'était d'avoir une véritable meilleure amie : elle aurait pu dire « Qu'est-ce que tu vas faire ? », mais non. Elle avait dit « on ».

Je n'avais pas les mots pour exprimer l'importance de cette nuance capitale, ma gratitude envers elle pour son intention de se battre à mes côtés et l'attention qu'elle nous portait, à moi et à mon chiot. Notre amitié ne serait pas devenue aussi forte et aussi durable si elle ne m'avait pas pardonné mon idiotie le soir du blizzard, et si elle n'avait pas partagé mon amour pour ce petit chien à l'âme de vieux sage. J'aimais Bunker plus que tout ; Melissa l'aimait aussi, et cela ne la rendait que plus chère à mon cœur.

Après Melissa est venu le tour de Chris. Je lui ai raconté toute l'histoire dans la cuisine avant le dîner, luttant contre mon instinct de cacher ma détresse. Je craignais que tout ne change si je laissais les hommes de la maison apercevoir mes faiblesses, qu'ils me prennent pour une folle. On pourrait parler d'une répugnance à ce que les hommes se fassent de moi une opinion négative, mais ce serait un euphémisme : c'était une terreur en bonne et due forme, que je faisais de mon mieux pour dissimuler.

Chris m'a écoutée, une main plaquée contre la bouche, avant de me serrer dans une étreinte d'ours.

« Oh, Jul, je suis désolé ! »

Puis, comme s'il lisait dans mes pensées :

« Tu vas le faire opérer, alors ? »

La mort de Bunker n'était tout simplement pas une option pour lui non plus. J'ai souri à mon nouvel allié et répondu :

« Ouaip. Je suis prête à vendre de la limonade sur le trottoir et à prendre deux autres boulots s'il le faut.

— On n'a qu'à récolter de l'argent ! » s'est-il écrié en tapant dans ses mains.

Il avait adopté sa posture déterminée, un mètre quatre-vingts de muscles débordants de vivacité, d'énergie et d'exubérance tandis qu'il se frottait les mains en concoctant un plan. Chris n'avait peur de rien, et surtout pas du regard des autres ; j'ai failli pleurer quand il m'a exposé son idée, déjà baptisée *Le fût de bière pour Bunker.*

« Il nous faut combien ? a-t-il demandé, et j'ai fermé les yeux en grimaçant.

— Quatre mille. »

J'ai ouvert un œil pour constater sa réaction face à une telle somme.

« Ah ouais, quand même… »

Je me suis sentie perdre pied, prête à essuyer son désintérêt passif, le *Démerde-toi* des types normaux et résignés qui se débarrassent des problèmes en avançant que ça ne les regarde pas. Mais Chris a répondu :

« Il faut bien commencer quelque part. On va acheter un fût, mettre un panier à côté avec la photo de Bunker, et demander aux gens de faire un don. Et on invitera tous ceux qu'on connaît. Tu vas voir, tout le monde mettra au moins vingt dollars, a-t-il affirmé alors que mes larmes menaçaient de se remettre à couler. Cent personnes, multipliées par vingt dollars, deux soirées, et hop ! on est bons. »

J'ai ri à travers mes larmes. Chris m'a tendu un torchon pour m'essuyer les yeux et s'est emparé d'un stylo afin d'écrire FÛT POUR BUNKER sur le calendrier du frigo.

« Le week-end prochain, ça te va ? »

J'ai hoché la tête et il m'a étreinte à nouveau.

Plus tard, installée à la table de la salle à manger face à mon ordinateur portable, j'ai essayé pour la première fois de me connecter à cette chose que les gens appellent Internet, afin de vendre des copies illégales de l'enregistrement que j'avais fait du concert de Halloween d'Ani DiFranco au Paramount Theater. J'en demandais dix dollars, et une poignée de gens sur la liste d'e-mail des fans d'Ani DiFranco m'en ont commandé une. Melissa et Chris étaient déjà couchés quand Greg a franchi la porte d'entrée. Nos regards se sont croisés et soutenus, longtemps, pour la première fois depuis le désastre avec Glenn, et j'ai eu l'impression qu'une boule de plomb me lestait l'estomac.

Il a posé son sac à dos sur le futon, s'est assis et a commencé à défaire ses lacets. J'ai gardé le silence. Puis il est venu s'asseoir sur la chaise à côté de la mienne et a dit :

« Je suis au courant. »

J'ai tenté de retenir mes larmes, les yeux rivés sur l'écran. Il me manquait. Son contact, ses baisers, sa douceur. Mais je savais qu'à cet instant je ne méritais rien de tout cela.

« Chris m'a téléphoné. Quatre mille, c'est ça ? »

Les larmes ont roulé sur mes joues. J'avais envie de me confondre en excuses, de supplier Greg de me pardonner. J'ai repensé à nos discussions nocturnes, à nos efforts pour ne pas éclater de rire pendant que nous échangions nos histoires et tombions lentement amoureux. Pourquoi avait-il fallu que je sabote tout cela ? Pourquoi avait-il fallu que Bunker ait tous ces problèmes ?

« Je suis vraiment désolée », ai-je marmonné.

Greg a disparu dans la cuisine et j'en ai conclu qu'il n'était pas prêt à écouter mes excuses ridicules. Je me suis pris la tête entre les mains, pleine de colère envers moi-même, et j'ai senti quelque chose m'effleurer le dos de la main : Greg avait simplement traversé la cuisine pour aller me chercher une boîte de mouchoirs dans le salon, qu'il m'a tendue avant de se rasseoir. Serai-je jamais digne de l'amour de cet homme ?

« Je peux te prêter de l'argent, a-t-il déclaré. J'ai la somme qu'il faut. J'économise sur un compte depuis que je suis petit, et si ça permet de soigner Bunker, je peux t'avancer. »

Je n'aurais pas été plus secouée si un tremblement de terre m'avait projetée hors de ma chaise et jusqu'au bas de la colline Queen Anne. Greg gagnait une misère au laboratoire, si peu qu'il avait besoin d'une bourse pour vivre. Il était tout aussi fauché que nous autres, sinon plus ; et pourtant il m'offrait toutes ses économies. J'ai secoué la tête.

« Merci. C'est tellement généreux de ta part. Tu es vraiment incroyable. Je ne peux pas accepter. Non, je ne peux pas. Mais merci. »

Il a posé une main sur la mienne comme s'il voulait la saisir, dire quelque chose. Puis il l'a pressée gentiment, s'est levé et a monté l'escalier menant jusqu'à sa chambre.

LE FÛT DE BIÈRE POUR BUNKER

Février 1997

La fête était fixée au samedi soir suivant. Greg et Chris sont allés chercher le fût et l'ont porté jusqu'au salon. Je n'avais toujours pas discuté de Glenn avec Greg, mais il ne m'évitait plus autant qu'avant. Je prenais cela comme le signe qu'il avait besoin de plus de temps pour réfléchir, tout comme moi. Will m'appelait encore à l'occasion, mais nos conversations me passionnaient de moins en moins et je trouvais souvent une excuse pour raccrocher.

Sous l'œil attentif de Bunker, Greg et Chris ont placé le fût dans un grand bac bleu vif et versé de la glace tout autour.

« On va faire des courses ? » a proposé Melissa. Nous avons pris sa voiture jusqu'au Safeway situé au sommet de la colline afin de faire provision de chips, de sauces, de bretzels et de M&M's. À la caisse, Melissa s'est tournée vers moi.

« Je vais payer. Garde ton argent pour le panier de dons. »

J'ai protesté en vain, profondément touchée par la générosité de mes amis, avant de me rabattre sur les magazines disposés devant les caisses. J'étais incapable de me concentrer sur les mots, débordante de gratitude et me demandant comment j'avais bien pu me retrouver dans un endroit aussi merveilleux. Pendant que Melissa saluait le caissier, j'ai tourné la tête vers la fenêtre et les étendues verdoyantes de

Seattle en admirant par-devers moi la gentillesse des gens du Nord et la douceur de l'air fertile. Le vent ébouriffait le sommet des conifères autour du parking de Queen Anne Hill. J'avais envie de comprendre ce qu'il voulait me dire. Était-ce un avertissement, un signe que je devais me préparer pour la tragédie à venir ? Ou ce vent était-il le même que celui du bosquet de pins de mon enfance, celui qui m'enveloppait et me soufflait que, malgré toutes mes difficultés, j'allais m'en sortir ?

« Ça va ? » m'a demandé Melissa tout en faisant démarrer son cabriolet. Elle possédait la même voiture depuis le lycée, et on disait en rigolant qu'il était facile de savoir quand elle rentrait à la maison parce que le moteur faisait le même bruit qu'une tondeuse trafiquée. J'ai répondu :

« Oui oui, ça va. Ça va très bien, même. Je suis contente d'organiser cette fête, et je crois que Bunker aussi. »

J'ai repoussé l'éclair de terreur pure invoqué par l'idée que Bunker puisse mourir. Mes pensées se sont reportées jusqu'au cabinet du chirurgien vétérinaire, l'odeur de son eau de cologne mélangée à celle de l'alcool servant à désinfecter la table. Mon cœur s'est emballé et ma gorge s'est serrée quand j'ai repensé à ce qu'il avait dit : « *… ne dépassera pas deux ans sans intervention. Un des pires cas que j'aie jamais vus.* »

Je voulais me confier à Melissa, lui décrire ma terreur et mon besoin primordial que Bunker aille mieux – et même mon projet de me jeter sous un camion s'il ne survivait pas à la première opération. Des scènes se déroulaient déjà devant mes yeux, le chirurgien distrait dont le scalpel allait sectionner une artère, Bunker en train de se vider de son sang sur le sol, sa langue inerte pendant entre ses dents. J'avais imaginé tous les désastres possibles et mon cerveau dépressif échafaudait son plan sinistre : si Bunker succombait, alors il faudrait un miracle pour que je ne le suive pas dans la mort.

Les gens ont commencé à arriver vers dix heures du soir, des amis venus des quatre coins de Seattle, argent à la main : copains laborantins de Greg, collègues de mon cabinet d'avocats et de l'entreprise de retouche vidéo de Chris, connaissances de Melissa… Le panier placé au centre de la table s'est rempli lentement, et bientôt la photo de Bunker disposée devant a disparu à moitié sous les billets.

Je me tenais près de la table afin de répondre aux questions sur Bunker et son état. Au milieu de la nuit, j'ai eu une révélation : nous avions créé un cercle de guérison. Les gens se préoccupaient les uns des autres et ils le montraient, par leur expression affligée lorsque je décrivais la malformation de Bunker et ses conséquences, par les caresses compatissantes qu'ils lui prodiguaient en s'agenouillant devant lui. Debout contre mes jambes, il regardait tout le monde droit dans les yeux, la gueule entrouverte en un sourire ravi, fouettant l'air de sa queue aux longs poils roux. Il s'appuyait sur moi pendant que je parlais aux gens. J'étais sa partenaire, et le lien qui nous unissait faisait l'admiration de chacun.

Au bout de quelques heures, j'ai compté l'argent dans la cuisine avec Chris. On avait déjà presque quatre cents dollars, et il m'a conseillé d'aller les mettre en sécurité dans ma chambre. Je les ai glissés sous mon matelas, et ce faisant j'ai remarqué que Bunker était venu se réfugier dans sa cage, les yeux rouges et épuisés. Je ressentais une douleur lancinante dans le bas du dos et à la hanche, comme si nous étions connectés de manière psychique ; mais l'idée ne m'est pas venue une seule seconde que je pouvais avoir un problème.

Il ne parvenait pas à garder les yeux ouverts. En m'asseyant face à sa cage, je me suis fait la réflexion qu'il se fatiguait souvent trop vite, qu'il était trop calme et trop lent pour un chiot. Une fois de plus, les larmes me sont montées aux yeux.

« On va s'occuper de toi, mon grand. On va te soigner. »

J'ai brusquement pensé à mon père, qui avait fait de son mieux pour m'aider et prendre soin de moi au plus fort de ma dépression. J'avais maintenant un aperçu du désespoir qu'il devait ressentir face à ma souffrance, mais j'avais tiré une leçon de sa détermination : les problèmes, même les plus écrasants et les plus effroyables, ont toujours une solution.

TOURNÉE

Février 1997

Will m'a appelée, cette fois-ci pour me dire qu'il allait venir à Seattle. Son groupe faisait une tournée sur la Côte Ouest. Leur concert de punk hard-core aurait lieu dans un club situé à quelques kilomètres à peine de la maison.

« J'arrive dans une semaine », a-t-il annoncé.

À n'en pas douter, sa venue serait l'occasion de nombreuses émotions indésirables pour nous deux. Au fond de moi, je ne m'étais pas remise de notre rupture et je l'aimais toujours, sans doute à cause de la manière dont notre relation avait pris fin, sans certitudes, sans accord de ma part. Je lui ai promis que j'irais voir leur concert.

Quand il m'a appelée à nouveau pour me dire qu'il était en ville, mon estomac s'est contracté. J'avais terriblement envie de le revoir et je devais faire l'effort de me rappeler qu'il m'avait trahie. Il m'a demandé de le rejoindre au bar à dix-huit heures, pendant leur répétition technique. J'ai accepté à contrecœur, consciente que je ne pourrais jamais y aller seule. Il me fallait un ami. Melissa était occupée ; de toute façon, j'aurais été encore plus gênée de venir avec elle que toute seule.

Alors j'ai emmené Bunker et j'ai dit à Will de me retrouver dehors, que je voulais lui présenter quelqu'un de très important. C'était aussi une bonne excuse, m'étais-je dit, pour ne pas rester trop longtemps. Si Will ne tombait pas immédiatement amoureux de mon chien, le choix serait simple. Se mettrait-il à genoux pour le caresser ? Lui accorderait-il la moindre attention ?

Je marchais sur le trottoir, Bunker en laisse, quand j'ai repéré Will. Difficile de ne pas reconnaître sa silhouette caractéristique, avec ses jambes fines perdues dans un baggy. Il m'a vue à son tour et s'est dirigé vers moi.

« Tu as amené ton chien ? m'a-t-il dit après notre étreinte.

— Je voulais te le présenter. Bunker, voici Will. Will, voici Bunker.

— Ouais, ben ils ne vont pas le laisser rentrer dans la salle, a rétorqué Will, et cela m'a suffi pour être fixée.

— Je sais. Je dois y aller, je passais juste dire bonjour.

— Ça va ? Tout va bien ? »

J'ai entendu dans sa voix d'autres questions, auxquelles je ne voulais pas réfléchir.

« Ouaip, ça va super. J'adore Seattle. C'est tellement mieux que New York.

— Ça, ça m'étonnerait, a dit Will.

— Bon, ça m'a fait plaisir de te voir. Bonne chance pour ton concert ! »

Sur ces mots, Bunker et moi avons tourné les talons. Ce ne serait pas la dernière fois que je voyais Will, mais ce jour-là j'ai su que nous n'avions rien à faire ensemble. Pour la première fois, il m'apparaissait clairement que le mieux à faire était de passer à autre chose.

PERDRE GREG

Février 1997

Greg m'a demandé si on pouvait parler. J'avais toujours su que je n'échapperais pas à cette discussion, mais je ne connaissais pas encore suffisamment Greg pour me douter du tour qu'elle prendrait. Cela faisait des semaines que je redoutais ce moment ; je l'imaginais déjà en train de m'humilier, de me traiter de salope. Aussi, lorsqu'en l'absence de Melissa et Chris, il m'a demandé de le rejoindre dans le salon pour discuter, j'ai traîné les pieds dans la cuisine en grommelant.

Il s'est assis sur le futon sur lequel nous avions échangé notre premier baiser, et je me suis rappelé ses mots doux de ce soir-là : « *Waouh, je rêvais de faire ça depuis un bon moment.* » Je me suis installée en face de lui, au bord d'un fauteuil en osier qui s'est mis à trembler et à menacer de s'effondrer sous mon poids, me forçant à m'asseoir tout au fond et à assumer cette conversation. Greg a croisé les mains.

« Je voudrais qu'on parle de ce qui s'est passé.

— Oui. »

Il n'a rien répondu. J'ai baissé les yeux sur le sol.

« Je suis une pauvre conne.

— Eh bien, ce que tu as fait, oui, c'était digne d'une pauvre conne. »

Il souriait légèrement et je me suis rendu compte qu'il s'était écoulé suffisamment de temps pour que la colère en lui cède la place à l'incompréhension. Il voulait savoir s'il avait commis une erreur, si je ne l'aimais pas comme il l'avait cru. Il semblait si vulnérable. Qui était cet homme si gentil et si doux ? Et moi, qui étais-je par rapport à lui ?

Au cours de nos quelques mois passés sous le même toit, j'étais parvenue à la conclusion que Greg était quelqu'un de profondément bien. Quelqu'un d'attentionné, brillant et drôle, un enfant d'intellectuels, aux yeux emplis de bonté et plus bleus que n'importe quel lagon des Caraïbes. Et là, il était assis en face de moi, accablé de tristesse. Je l'avais blessé.

« Quand je suis rentré chez moi après le nouvel an, j'ai passé tout mon temps à broyer du noir chez ma mère. Tout le monde me demandait ce qui n'allait pas, et je les envoyais paître.

— Tu ne leur as pas parlé de moi ?

— Non. »

Il n'avait vraiment pas eu envie de dire à sa mère qu'il avait envisagé de sortir avec sa coloc ? Et qu'elle semblait si gentille jusqu'au moment où elle lui avait brisé le cœur ? J'ai évité son regard en expliquant d'une voix hésitante :

« J'ai juste l'impression que… que j'ai besoin d'être célibataire, là, maintenant.

— Vraiment ? a-t-il répondu d'une voix teintée de surprise. Mais quand on en parlait, tu disais que, ce qu'on faisait, enfin… »

Il a soupiré en se passant une main dans les cheveux.

« Je ne sais pas, Greg. Peut-être que je me trompe. Je ne sais plus trop où j'en suis. Je m'inquiète énormément pour Bunker, la première opération est la semaine prochaine, je n'arrive pas à me concentrer.

— Tu m'étonnes… Pauvre Bunk. »

Il y a eu un moment de silence. Je ne savais pas ce que je voulais. Je n'avais jamais connu ça : un homme si bon, si gentil, honnête avec moi, ni hypocrite, ni jaloux. Mais il fallait que je me consacre entièrement à Bunker. Un petit ami ne ferait que me distraire. Et pourtant, j'avais en face de moi le candidat rêvé pour une relation saine et profonde…

Le passage d'un camion a fait vibrer les fenêtres du salon et nous avons tous deux tourné la tête vers la rue. Ensuite, Greg a dit :

« Je voudrais qu'on essaie. J'ai l'impression qu'on serait vraiment bien ensemble. »

Jamais personne, dans les différentes histoires que j'avais vécues, ne l'avait exprimé si directement, si clairement. Mais j'y suis restée sourde. Je ne pensais qu'à Bunker, à son corps qui lui faisait faux bond. Depuis le diagnostic, je n'étais plus qu'une boule de nerfs incapable de réfléchir, même en cet instant, assise en face de Greg.

« Tu m'as entendu ? a-t-il demandé, suppliant.

— Oui. Mais je ne peux pas. »

Il a fermé les yeux et inspiré longuement, profondément.

« J'ai juste besoin d'être seule en ce moment. Je ne peux pas me lancer dans une relation. »

La douleur exprimée dans son regard m'a forcée à détourner la tête. Qu'est-ce qui m'arrivait ? Qu'est-ce que j'étais en train de faire, bon sang ? Puis la résolution s'est ancrée en moi. Pour la première fois de ma vie, je me choisissais, moi, de préférence à une histoire d'amour, et je me sentais soudain plus forte.

C'est alors qu'il a déclaré calmement :

« Alors il faut que je parte d'ici. »

Puis :

« Je ne peux pas rester avec toi dans cette maison si tu refuses tout simplement d'essayer. Ce serait de la torture pour moi. Pardon. »

Ma famille, la nouvelle famille que nous avions créée, celle qui m'avait soutenue et aidée face aux problèmes de santé de Bunker, était en train de tomber en ruine à cause de moi. Luttant contre les larmes, j'ai dit :

« Mais je ne veux pas que tu t'en ailles. »

L'intensité des sentiments présents derrière ces mots ne transparaissait pas dans ma manière de les prononcer. Je voulais le supplier. *Par pitié, par pitié. Ne pars pas tout de suite.*

« Pas maintenant. » Les mots m'ont échappé. « Ne t'en va pas maintenant.

— Je ne peux pas faire autrement.

— S'il te plaît. S'il te plaît, pas maintenant. Attends un peu. Au moins jusqu'à ce que Bunker ait subi ses opérations.

— Ce serait trop difficile de rester. Je suis désolé. »

Je l'ai imaginé en train de fourrer ses maigres affaires dans sa guimbarde minuscule avant de mettre le cap sur un nouveau studio tristounet. Non. Ce n'était pas possible.

« Je t'en prie, attends un peu avant de prendre une décision. »

Il a regardé Bunker qui rêvait, endormi sur le plancher entre nous deux. Sans répondre, il s'est levé et a gravi l'escalier à pas lents.

S'IL MEURT, JE MEURS

Février 1997

Le matin de l'opération, le soleil brillait de façon inquiétante. Bien sûr, la pluie aurait été un tout aussi mauvais présage. Je me suis laissée glisser au sol à côté de Bunker, qui a bâillé ; le gouffre de sa gueule, bordé de dents d'un blanc éclatant, m'a rappelé qu'il n'était qu'un animal et non la panacée avec laquelle je le confondais trop souvent. Il s'est étiré les pattes arrière comme si celles-ci n'avaient pas le moindre problème avant de se rallonger contre moi, son corps parfaitement parallèle au mien, et de rouler sur le dos. J'ai caressé sa hanche gauche, celle qui allait être opérée en premier. La droite le serait quatre semaines après.

Il devait arriver à la clinique avant huit heures, à jeun, ce qui impliquait de sauter le petit déjeuner. À neuf heures précises, sa patte arrière gauche serait tondue de la colonne vertébrale à la cheville, puis on pratiquerait deux incisions de vingt centimètres dans sa hanche afin de scier son pelvis en trois endroits. Le chirurgien ferait alors pivoter l'os et le maintiendrait en place à l'aide de plaques et de vis, ce qui permettrait à son fémur de se positionner correctement dans le bassin. Bunker venait d'avoir huit mois. Cette opération lui offrait une chance de poursuivre normalement sa croissance ; sans cela, l'indicible se produirait.

Le fût pour Bunker nous avait permis de récolter cinq cents dollars. J'en avais économisé cinq cents autres sur mon salaire et mes parents m'avaient envoyé un chèque de mille, accompagné d'un échéancier de remboursement mis au point par ma mère : deux cents dollars par mois pendant cinq mois. L'argent était sur mon compte, et mon carnet de chèques dans mon sac à main.

Les yeux clos, j'ai inhalé l'odeur de son cou avec le désir de ne jamais avoir à affronter cette journée. J'ai retenu ma respiration dans le vain espoir de ralentir les secondes, d'empêcher que l'anesthésiste puisse l'ôter à ce monde pendant ne serait-ce qu'un battement de cœur, de ne pas avoir à l'abandonner, tout tremblant, entre les mains d'un vétérinaire pourtant pétri de bonnes intentions. Je caressais l'idée d'accrocher à son collier un mot qui dirait : *Ceci n'est pas n'importe quel golden retriever roux. Ce n'est pas un chien ordinaire. Il est la seule chose qui me lie à ce monde, et même si vous ne le comprenez pas ou si cela vous paraît exagéré, je vous prie de croire que sans lui je ne serais plus là depuis longtemps. Veuillez prendre soin de lui comme s'il était votre propre enfant de huit mois, l'amour de votre vie, votre raison de vivre. Comme si votre existence en dépendait. S'il survit à cette opération et se rétablit vite, je vous en serai éternellement reconnaissante.*

Le réveil indiquait sept heures trente. J'ai emmené Bunker devant la maison pour qu'il puisse se soulager dans l'herbe ; assise sur le perron, je me suis fait la réflexion que mon chiot ne serait plus en mesure de descendre ces marches tout seul avant longtemps. Il faudrait que je le porte, malgré ses vingt-trois kilos, dans tous les escaliers que notre route croiserait. Il reniflait les mauvaises herbes au bord du trottoir, la queue frétillante, se retournant régulièrement pour vérifier que j'étais toujours là.

« C'est bien, ai-je dit en souriant. Tu es le meilleur. »

En levant les yeux, j'ai remarqué que la boîte aux lettres était encore pleine du courrier d'hier ; aucun de nous n'était encore parfaitement rodé à la vie d'adulte indépendant, si bien qu'il nous arrivait de ne pas relever le courrier pendant des jours. Je me suis levée pour vider la boîte : des prospectus sont tombés en virevoltant sur les planches du porche. Je me suis rassise, j'ai posé sur mes genoux le tas de lettres, de factures et de journaux, et j'ai commencé à tout trier – des factures, une lettre pour Melissa en provenance de l'Ohio, diverses offres pour des cartes de crédit.

Tout en bas de la pile, une enveloppe bleue portait mon adresse. L'écriture, pointue et penchée, était indéniablement celle de Clay. Je l'ai fixée pendant un bon moment avant de me décider à l'ouvrir. Bunker, qui m'avait rejointe, s'est couché à côté de moi. La carte postale représentait un ours en peluche dans un lit, un sac de glace bleu posé sur la tête : à l'intérieur, Clay avait écrit : *Julie, désolé pour ce qui arrive à Bunker. Je suis sûr qu'il va bien se remettre. Nous prions pour lui. Ci-joint un chèque pour participer à son opération.*

J'ai replié la carte lentement, regardé le dessin à nouveau, puis relu le message, encore et encore. Le fait que Clay ait pris cette initiative me rendait en même temps heureuse et curieusement en colère. Je me suis rappelé ce qu'avaient dit mes psy : que ses mauvais traitements m'avaient marquée irrémédiablement et avaient fait de moi quelqu'un de différent, à la chimie cérébrale altérée. Et à ce moment précis, j'ai décidé de me pardonner pour avoir choisi de croire Clay.

On avait tous les deux eu une enfance difficile, et sa façon à lui de la supporter était d'avoir recours à la colère, une colère qu'il dirigeait contre moi. Ma façon de la supporter était une tristesse que je retournais contre moi-même. Tout cela m'est apparu clairement à cet instant, tandis que je relisais sa carte de bon rétablissement pour Bunker. Son message à la main, j'ai pardonné à la petite fille qui ne voulait rien de plus qu'être aimée par son grand frère. Je lui ai soufflé qu'il n'y a pas de mal à rêver d'amour, et que j'étais désolée qu'elle ne l'ait jamais reçu.

Alors il s'est passé quelque chose d'incroyable. En me pardonnant à moi-même, je me suis soudain sentie prête à pardonner à mon frère. Jamais je n'oublierais, mais je pouvais pardonner. Pardonner à Will de ne pas m'avoir rendu mon amour quand nous étions à New York. Pardonner ses absences à mon père et son indisponibilité émotionnelle à ma mère. Et si, ai-je pensé, je pouvais par la même occasion me pardonner d'avoir couché avec Glenn et d'avoir été une mauvaise amie pour Melissa ? Me pardonner d'avoir été une fille ingrate ? Et si je décidais que toutes ces erreurs avaient été des leçons ? Peut-être avais-je pris ces décisions dans le but de comprendre qu'au final ce n'étaient pas de drames et de tristesse que je rêvais, mais juste d'amour. Un amour tel que Bunker savait le donner. Inconditionnel. Juste de l'amour car, après tout, qu'y a-t-il de plus beau ?

En examinant la signature sur le chèque de cent dollars de Clay, je me suis demandé si c'était ma mère qui lui avait suggéré de me l'envoyer, ou s'il y avait pensé tout seul. Je n'étais pas important, tout était pour le mieux. J'allais rester positive toute la journée, faire en sorte que mes pensées soient au beau fixe, comme savait le faire Bunker. Et toute cette énergie positive permettrait à Bunker de s'en sortir sans le moindre problème.

Je me suis levée et je suis rentrée m'habiller. Bunker a sautillé légèrement quand j'ai accroché sa laisse sur son collier, probablement convaincu que nous partions pour notre promenade quotidienne au parc. Je l'ai aidé à monter en voiture, puis nous avons quitté Queen Anne et traversé Fremont pour gagner Wallingford. Le soleil était radieux, mais je ne m'en réjouissais pas particulièrement ; j'appréciais tout autant la pluie que le beau temps, consciente qu'il y a du bon dans les deux.

Bunker a franchi les portes vitrées du centre médical avec circonspection. Une fois que j'ai eu signé tous les papiers et rempli le chèque, une assistante m'a dit qu'il pouvait venir avec elle. Je lui ai donné la laisse en me répétant *mon Dieu, mon Dieu, mon Dieu*, une prière paniquée et muette pour que mon chiot survive à cette journée, réprimant les visions de sol ensanglanté, de la scie en train de glisser, de la main tenant le scalpel agitée d'un soubresaut malencontreux. Je me suis agenouillée à la hauteur de Bunker qui tirait sur sa laisse pour revenir vers moi, sans doute mal à l'aise à cause de l'odeur bizarre de cette femme à la blouse couverte de motifs de traces de pattes multicolores.

« Tout va bien se passer, mon grand. Sois fort. Il ne t'arrivera rien. Je reviens demain, tu n'as qu'une nuit à passer ici et je viendrai te chercher dès qu'ils m'appelleront. »

Je me calmais tout en le rassurant. J'ai posé ma joue contre la sienne et murmuré :

« Je t'aime. »

J'ai tenté d'essuyer mes larmes. J'avais sûrement l'air d'une idiote aux yeux de cette réceptionniste et des deux autres personnes, un homme et une femme, assis dans la salle d'attente. Mon imagination a immédiatement invoqué une foule de gens à l'expression désapprobatrice, qui me disaient : *Personne ne t'aime. Il n'y a que ce chien qui en soit capable, parce qu'il est trop bête pour se rendre compte qu'il a tort.* J'ai hoché la tête et battu en retraite vers l'extérieur, une main sur la bouche, en m'adjurant d'arrêter. *Sois positive. Pense positif.*

J'ai repris le chemin de la maison, mais la panique m'a saisie de nouveau à quelques rues de la clinique. *S'il meurt, je meurs. S'il meurt, je meurs.* J'ai commencé à suffoquer, incapable de stopper le flot de mes pensées, et j'ai passé tout le trajet à répéter « Oh, mon Dieu, oh, mon Dieu » avant de me garer sur Taylor Avenue et de foncer au lit. Il me restait une heure pour me rendre au bureau, mais je n'osais même pas regarder le réveil. Mes pensées fusaient, incontrôlables, et je suivais le mouvement. Quand j'ai tenté de respirer normalement, j'ai failli m'étouffer en imaginant Bunker dans cette salle d'opération glacée et effrayante, tout seul.

J'ai fini par me reprendre suffisamment pour aller au travail, m'asseoir derrière le bureau de la réception, trier le courrier interne et préparer du café. J'étais désemparée ; la fraîcheur du hall d'entrée obscur ainsi que la routine prévisible de mes tâches m'aidaient à me distraire. Le cabinet d'avocats se trouvait au vingtième étage, derrière des fenêtres teintées. Une blague récurrente au bureau voulait que l'architecte du gratte-ciel ait été originaire de Californie, puisque à Seattle aucun bâtiment n'avait jamais besoin de filtrer la lumière du soleil.

À quatorze heures, l'attente de nouvelles de la part du chirurgien me donnait l'impression d'avoir une boîte de conserve entre les deux oreilles. Je me sentais légère, éthérée, comme si je risquais de m'envoler et de disparaître dans l'espace via le trou de la couche d'ozone si j'essayais de prendre une inspiration. Mes pensées défilaient : Bunker est-il encore vivant, là, à cet instant ? Est-il réveillé ? Se rend-il compte de ce qui se passe ? A-t-il mal ? Et si quelque chose de terrible était arrivé ?

« Olson and Smithfield, que puis-je faire pour vous ? »

C'était ce que j'étais censée dire en décrochant. Chaque appel était susceptible de venir de la clinique, porteur de nouvelles effroyables, ou bien de la réceptionniste pour me dire que mon chèque avait été rejeté, ou encore de la banque m'annonçant que j'avais dépassé mon plafond.

« Julie ? a demandé une voix que je n'ai pas reconnue.

— Euh, oui, c'est moi. Que puis-je faire pour vous ?

— C'est moi, ton frère. »

Jamais je n'aurais fait le lien entre cette voix et Clay.

« Maman m'a dit que c'était aujourd'hui, l'opération, a-t-il repris. Je voulais juste te dire que je pense à toi, et que je suis sûr que tu retrouveras Bunker en pleine forme. »

J'ai ouvert la bouche, mais rien n'est sorti. J'avais un frère et j'étais incapable de reconnaître sa voix ; cette idée me taraudait. Pour ma défense, elle sonnait étrangement métallique, comme si son cerveau savait quels mots il voulait dire mais que ses lèvres n'étaient pas sûres de la manière de les prononcer.

« Allô ? Tu es là ? »

J'avais le regard perdu dans le hall vide. Il était midi, l'heure à laquelle la plupart des employés et des avocats du cabinet sortaient chercher leur déjeuner ou passaient devant la réception pour se rendre en salle de pause, Tupperware à la main. Il n'y avait personne. Pas âme qui vive.

Ce cabinet d'avocats aurait pu être celui dans lequel mon père avait passé tant de longues journées pendant que Clay et moi nous battions à la maison. En faisant ainsi alliance avec l'adversaire, j'avais trahi ma famille, et je mettais maintenant à l'épreuve ma loyauté envers ma propre justice et ma nouvelle famille. Toutes ces idées m'ont traversé l'esprit et j'ai eu l'impression de rêver en m'entendant répondre :

« Merci… merci d'avoir appelé.

— De rien. Bon courage, ça va bien se passer. »

Sa voix sonnait comme s'il était déjà en train de passer à la tâche suivante. Je ne me rappelle ni la suite de l'appel ni comment il s'est terminé, juste que je me sentais simultanément émue et mal à l'aise. Avait-il raccroché en pensant que j'étais débile de m'attacher comme ça à un chien ? Avait-il immédiatement rappelé ma mère pour lui dire, c'est bon, c'est fait, tu es contente maintenant ? Quelle importance ? Bon sang, pourquoi me préoccupais-je autant de ce que Clay pensait de moi ? À cet instant, je me suis souvenue de ma promesse : pardonner à la petite fille qui ne cherchait que l'amour de son grand frère. Il avait appelé, c'était gentil de sa part, c'était une bonne chose.

Je me suis surprise à raconter à tous ceux qui passaient devant le comptoir que je venais de parler au téléphone avec mon frère. Quand on me demandait comment j'allais, je répondais :

« Bien, mon frère vient de me téléphoner. »

Trois heures plus tard, j'étais toujours en train de dire aux gens : « J'ai parlé à mon frère, aujourd'hui. » Juste pour voir ce que cela faisait de prononcer cette phrase.

Je me suis mise à déplier des trombones et à aligner ces longues lances métalliques sur mon sous-main, écartées d'un centimètre. Le téléphone a sonné tout l'après-midi mais ce n'était jamais le vétérinaire. Une douleur sourde dans la poitrine me forçait à tapoter mon sternum du poing ; un géant semblait s'être assis sur mon cœur. J'ai tenté de prendre une grande inspiration. En vain.

Bunker. Tout en chuchotant son nom, je le sentais qui s'éloignait de moi. Je voyais son corps inerte sur une civière, sa tête entre les mains du chirurgien. Une simple erreur, une maladresse. Je mourrais. Je me suis approchée des fenêtres, vingt étages au-dessus du sol, et la couleur a déserté mon visage lorsque j'ai compris : elle était là, la dépression. La terreur glacée. Elle était juste là. Peut-être qu'elle ne m'avait jamais quittée, que je ne m'en débarrasserais jamais. Elle attendrait simplement que Bunker s'éloigne pour m'assaillir à nouveau.

À cette seconde, persuadée que Bunker avait quitté ce monde, j'ai pensé distinctement : *Je me fiche de mourir.* J'ai posé une main sur la vitre, soulagée qu'il soit impossible de l'ouvrir, et frissonné. Mes parents avaient eu raison, Seattle était bel et bien une ville froide.

« Bunker. »

J'ai tapoté la vitre du bout d'un trombone déplié avant de reculer et de rendre au morceau de métal sa forme originelle.

« Sois en bonne santé, je t'en prie. »

Quand le vétérinaire a enfin appelé, j'ai su que c'était lui avant même de décrocher. Ils avaient des nouvelles de mon chiot. J'étais devant le fax quand le téléphone a sonné, et j'ai tout laissé tomber pour me jeter sur le bureau, perdant une chaussure dans ma hâte.

« Allô ? »

Au moment où j'ai entendu une voix féminine débiter : Ici bla-bla-bla du Centre de chirurgie animale de Seattle, le temps a semblé s'étirer, ralentir, s'arrêter presque. J'ai retenu mon souffle. Pendant ces quelques secondes, avant que le verdict ne tombe, j'ai décidé que je me posterais devant la clinique avant de me jeter sous un camion s'ils l'avaient tué. J'ai planifié ma mort rapide, le ventre tordu d'amertume et de peine, étendue une fois de plus sur le plancher sale de ma cuisine de New York.

« Je souhaitais simplement vous informer, poursuivait la femme avec une lenteur intenable, que Bunker se repose en ce moment même. Il va très bien, l'opération s'est déroulée comme prévu. »

Le silence est retombé comme un rideau, comme si quelqu'un venait de crier : *Coupez !* La tragédie n'avait plus cours. J'ai eu honte de moi et de mon plan si dramatique, si stupide, si histrionique et morbide. Le dénouement était familier : après la poussée d'adrénaline, la rechute. Puis la culpabilité. *Crétine absolue. Idiote de petite sœur.*

« D'accord. Merci. »

Espèce d'imbécile, tu ne changeras jamais, vociférait la dépression depuis le fin fond de mon esprit, enragée par sa défaite.

« Merci infiniment. Merci. Vous n'imaginez pas combien je suis soulagée. Je suis tellement contente.

— Vous pourrez venir le chercher demain matin à partir de neuf heures, il vous attendra. Relisez bien les instructions données sur le formulaire de décharge, comme ça vous saurez comment le transporter de votre voiture à chez vous.

— D'accord. Tout est déjà prêt pour lui, j'ai tout préparé. »

Et, comme par miracle, l'horrible petite voix dans ma tête a disparu aussi prestement qu'une bulle de savon.

Bunker avait besoin de moi. J'étais *nécessaire* à quelqu'un. Mon chien bien-aimé, mon âme jumelle, qui m'avait sauvée et que je venais de sauver à son tour. J'avais une mission à accomplir – l'aider à recouvrer la santé, et j'avais déjà mémorisé toutes les instructions du formulaire afin de la mener à bien, aménageant ma chambre et sa cage comme pour l'arrivée d'un nouveau-né : j'avais poussé la cage contre la fenêtre, je l'avais garnie de couvertures colorées et de coussins et j'avais ouvert le haut de telle façon qu'il pourrait sortir la tête et s'étirer s'il en ressentait le besoin. J'avais également déplacé le lit pour le mettre juste à côté de la cage ; ainsi, je pourrais dormir une main sur le dos de Bunker, comme quand il était chiot. Enfin, je lui avais acheté une peluche que j'avais posée dans un coin de la cage.

J'avais encore du mal à prendre soin de moi, mais avoir quelqu'un d'autre à choyer m'aidait. Je servais à quelque chose. Je savais reconnaître la souffrance sur le visage de Bunker, et ses yeux, ses yeux à la profondeur fantastique, fenêtres ouvertes sur son âme éternelle exprimant toute la douleur, la joie et l'espoir de nos désirs combinés, m'aidaient à m'apercevoir que je souffrais, moi aussi. Je pouvais me pardonner, car je savais que Bunker n'aurait pas voulu que je me fasse du mal. Quand j'étais heureuse, il exultait, et je trouvais mon bonheur en souhaitant le sien. Les yeux rivés sur l'horloge, dont chaque mouvement d'aiguille me rapprochait de la fin de ma journée de travail et du moment où je retrouverais Bunker, je me suis fait la réflexion que ses cicatrices apparentes seraient les mêmes que celles, invisibles, que je gardais en moi-même. Il me faudrait les reconnaître, les soigner, le guider sur le chemin de la guérison, et veiller sur nous deux autant que possible, de toute la force de mon être.

RÉUNIS

Février 1997

« Il va avoir envie de courir », m'a prévenue l'infirmière. J'attendais l'arrivée de Bunker dans une salle de consultation.

« Mais il ne doit pas. Il doit rester le plus immobile possible pendant quatre semaines. La première semaine, il ne faut même pas qu'il sorte de sa cage, juste le porter dehors pour faire ses besoins. La deuxième semaine, il peut marcher, mais seulement à l'intérieur, et pas de parquet ni d'escaliers. Juste des tapis et de la moquette. La troisième, il peut sortir tant que vous le tenez en laisse, et que vous le portez dans les escaliers. Mais toujours pas de parquet. Pas pendant un bon mois. »

Elle ne s'est pas tue quand la porte s'est ouverte sur Bunker. Sa patte arrière gauche rose, complètement tondue. Et deux énormes cicatrices, l'une d'environ dix-huit centimètres et l'autre de douze, avec vingt-six agrafes à la Frankenstein. Le choc m'a coupé le souffle pendant une fraction de seconde, puis j'ai croisé son regard et il était toujours là, c'était toujours lui, nous deux, ensemble. Rien n'avait pu l'affecter, ni lui ni son pouvoir de guérison ; il s'est avancé vers moi en gémissant, et je me suis assise par terre pour l'accueillir. L'infirmière qui le tenait en laisse refrénait son allure tandis qu'il marchait avec un boitillement à peine perceptible.

« Vous voyez, a repris la première infirmière, il est persuadé d'aller bien. Il n'a aucune idée de ce que son corps vient de traverser. Votre travail, ça va être de le forcer à se reposer et à se modérer, histoire que ses os se ressoudent correctement.

— Oui, bien sûr. Ça va aller, mon grand, ne t'en fais pas. »

Allongé sur sa hanche valide, il m'a léché le cou et les oreilles en poussant de petits jappements. J'avais le corps parcouru de picotements. Il n'avait pas un an et il avait dû subir ça. Les incisions étaient longues, courbées, et les agrafes me rappelaient si vivement des instruments de torture médiévaux que j'en avais la chair de poule. J'ai fermé les yeux pour mieux le sentir, ressentir sa douceur, sa sérénité.

« Oh, mon ange. »

Trop de souffrance trop tôt risquait de changer ce merveilleux animal pour toujours. Mais si la souffrance était suivie par l'amour d'un compagnon, d'un parent ? Alors il pourrait s'en sortir sans problème, j'en étais sûre. J'ai regardé mon chiot en me laissant engloutir par notre amour, notre lien, notre miracle, et je lui ai chuchoté :

« Bientôt, tu pourras de nouveau courir. Et je courrai avec toi. »

Il a enfoui son museau dans mon cou avec un profond, très profond soupir. Il était épuisé, mais de retour chez lui. Ensemble, où que l'on se trouve, nous étions chez nous.

J'ai fait le trajet du retour une main tendue en arrière pour lui tenir la patte. Comme il était encore sous l'effet de l'anesthésie et complètement éreinté, je l'avais étendu sur la banquette arrière. Arrivée à la maison, j'ai garé la voiture et ouvert la porte d'entrée avant de retourner le chercher. Il a essayé de se mettre debout, sans succès.

« Chut, chut. Laisse-moi faire. »

Passant mes mains sous son corps, je l'ai soulevé de la banquette comme s'il ne pesait pas plus lourd qu'un oreiller. J'ai gravi les marches du perron sans faillir, animée d'une force et d'une détermination inébranlables.

« Tout va bien, tout va bien. »

Je l'ai déposé dans sa cage par l'ouverture du dessus, lentement, précautionneusement, sans ressentir la moindre tension dans mes muscles. Mon corps tout entier était maintenant dévoué au rétablissement du sien, et je me sentais plus forte que jamais, libérée de tous mes griefs.

« Et voilà, Bunk. On va rester là-dedans un petit moment. »

Sa queue a remué faiblement au son de ma voix. J'avais employé le même ton que celui que ma mère prenait pour m'apaiser quand j'étais enfant. Je sentais encore sa main calleuse contre mon cou alors qu'elle écartait les cheveux de mon visage.

« Il n'y a pas de mal à pleurer », ai-je chuchoté, et soudain j'étais mon père, mon incroyable père, au milieu du lac, qui me demandait de tout lui raconter. « Tu as le droit de gémir. Tu as mal. Bien sûr que tu peux te plaindre. »

Je suis restée assise à son chevet en lui chuchotant des paroles rassurantes jusqu'à ce qu'il s'endorme. J'aurais pu demeurer à cette place des mois durant, des années même, aussi longtemps qu'il le faudrait, à le regarder et à prendre soin de lui. S'il devait rester dans sa cage, isolé du monde, alors je resterais avec lui. Je ne le laisserais pas souffrir tout seul.

Au bout de quelques minutes de veille, j'ai été surprise de constater que je souriais. Je savais, sans le moindre doute, que Bunker guérirait et pourrait courir à nouveau. Des voitures passaient en trombe à l'extérieur, le vent secouait l'énorme pin devant la maison, les oiseaux virevoltaient dans le ciel, et, auprès de mon chiot, j'étais tout à ma méditation émaillée de prières, soulagée et pleine d'espoir parce qu'il avait survécu et que nous étions réunis.

L'infirmière avait eu raison : Bunker a voulu courir avant même de se remettre à marcher. Le premier jour, il a geint pour que je le laisse sortir. J'ai ouvert la porte de sa cage et il s'est mis debout, la patte arrière levée et de toute évidence douloureuse. Accroupie devant la porte ouverte, je lui ai parlé.

« Écoute, mon grand, il faut que tu te poses un peu. Prends ton temps. Je vais te porter dehors pour faire pipi et renifler tout ce que tu veux, mais tu ne marches pas. D'accord ? »

Il m'a rendu mon regard, impassible. Je l'ai appelé. Après être sorti de la cage en boitillant, il n'a pas résisté quand j'ai passé une main sous son poitrail, l'autre sous son ventre et que je l'ai soulevé pour lui faire franchir la porte d'entrée déjà béante. J'ai descendu les marches avec lenteur. Bunker attendait patiemment que je le repose.

Il s'est soulagé, a fait quelques pas hésitants, puis m'a adressé un regard qui voulait dire : Je suis prêt à retourner au lit, maintenant. Je l'ai rapporté délicatement jusqu'à sa cage avant de lui donner ses anti-inflammatoires, enroulés dans une tranche de jambon qu'il a avalée sans mâcher. Ses yeux se sont immédiatement clos sous le poids de la fatigue, mais il faisait l'effort de les rouvrir de temps à autre comme pour demander si j'allais bien.

« Je vais très bien, Bunk, lui ai-je répondu. Et toi aussi. Tu seras sur pied en un rien de temps, mon petit guerrier. »

TOUT OU RIEN

Mars 1997

Par un après-midi nuageux, trois semaines après la première opération, Greg m'a demandé si je voulais bien le rejoindre dans le salon. Chris et Melissa étaient absents. Il s'est assis sur le canapé et m'a dit :

« J'ai besoin de savoir ce qu'on fait, maintenant.

— Comment ça ? »

Je savais exactement ce qu'il voulait dire, mais je ne rêvais que de continuer mon chemin et d'emmener Bunker prendre l'air. Sa rééducation se déroulait parfaitement et il avait à présent le droit de sortir, même s'il avait encore besoin d'aide dans les escaliers et devait toujours emprunter le sentier de moquette ménagé pour lui entre ma chambre et la cuisine. Chaque jour, j'ajoutais un demi-pâté de maisons à notre promenade : on en était à sept. L'opération suivante aurait lieu dans environ trois semaines, et je me sentais capable de lui faire recouvrer la santé. Je nous imaginais faire une balade à Marymoor dans quelques mois : lui en train de s'ébattre dans l'herbe, sans douleur, et moi, quelques pas plus loin, me délectant de sa joie.

« Maintenant que l'opération est passée, il faut que je sache si je dois commencer à chercher un nouveau logement », a dit Greg.

Je me rendais bien compte qu'il lui avait fallu des jours pour trouver le courage de me parler. Ses mots pesants heurtaient le sol à mes pieds avec un son métallique. Je me suis assise face à lui, réticente.

« Je ne sais pas. »

C'était la pure vérité.

« Il faut que je sache, a-t-il répété, cette fois avec une pointe de colère dans la voix.

— Je ne sais pas… Je suis perdue, c'est tout. Complètement perdue. Je… »

Il a regardé ses pieds en se tordant nerveusement les mains, les coudes posés sur ses genoux.

« Dans ce cas, la réponse est claire.

— Non, ce n'est pas ça, ai-je balbutié. C'est juste… je ne peux pas m'engager dans une relation, pas maintenant.

— C'est bon, j'ai compris », a-t-il dit sèchement, la mâchoire serrée.

Je ne savais pas quoi répondre. Je mourais d'envie de m'enfuir, de courir le plus vite possible vers le sommet de la colline jusqu'à ce que mes poumons crient grâce. La douleur, la détresse physique pourraient m'aider à y voir plus clair.

« D'accord. »

Je me suis levée en appelant Bunker, qui m'a rejointe d'un pas prudent tout en agitant sa queue. J'ai profité de ce que je lui tenais la porte pour couler un dernier regard vers Greg avant de sortir. Les coudes toujours posés sur les genoux, il avait courbé la tête.

Bunker m'attendait sur le porche. J'aurais voulu courir jusqu'aux confins les plus sombres de Seattle, sauter sur un ferry et mettre les bouts jusqu'aux Olympic Mountains, où je pourrais me laisser tomber au cœur de la forêt la plus humide que je trouverais et attendre que le lichen me recouvre, que d'énormes limaces parcourent ma poitrine et pénètrent dans mes oreilles.

« Tu viens, Bunk ? »

Je l'ai porté jusqu'au bas des marches, les yeux embués de larmes. Bunker a fait deux pas prudents avant de se mettre en marche, toujours aussi volontaire malgré ses os douloureux.

Je suis tellement stupide. Les pensées se succédaient, un kaléidoscope de toutes mes erreurs, mais je parvenais à les visualiser comme des nuages qui s'éloigneraient aussi vite qu'ils étaient venus. Je me suis pardonné ces idées noires. Et, à quelques maisons de la nôtre, je me suis accroupie auprès de Bunker, le visage dans son cou, pour murmurer :

« Je suis désolée. »

J'ai inhalé son odeur, vivante et végétale.

« Je suis tellement désolée, mon ami fidèle. »

Bunker a fouetté l'air de sa queue et fait un pas en avant comme si mon changement de comportement le satisfaisait ; j'ai recommencé à marcher. Lentement, progressivement, nous nous sommes éloignés de la maison. Bunker a levé les yeux vers moi et m'a adressé un large sourire tandis que nous traversions la rue.

Au bout d'un pâté de maisons, je listais dans ma tête toutes les raisons pour lesquelles je n'avais pas besoin d'un nouveau petit ami, d'une nouvelle histoire déchirante, dans mon état encore fragile. Puis j'ai pensé que cette relation-là était vraiment différente des précédentes, et que j'étais en train de repousser cet homme et sa douceur. Mon ancienne thérapeute, Mya, m'avait expliqué qu'il était normal que les relations amoureuses me brisent le cœur et me dépouillent de toute confiance en moi : c'est ce que j'en attendais. La souffrance émotionnelle m'était devenue si familière qu'elle me rassurait. « C'est pourquoi vous recherchez ce ressenti dans vos liaisons, disait-elle. Cela peut paraître simpliste, mais prenez le temps d'y penser. »

J'essayais désespérément d'imaginer à quoi ressemblerait une histoire d'amour différente. Greg m'avait proposé une partie de ses économies pour sauver mon chien. Il m'avait également fait rire comme jamais auparavant. Il était brillant, déterminé, mais aussi bienveillant. Ses caresses au cœur de la nuit me faisaient me sentir chez moi… Mais je n'avais toujours pas l'impression d'avoir besoin de lui.

Au bout de deux pâtés de maisons, j'ai commencé à paniquer. Peut-être que c'était cela, la marque d'un amour sain. Et si je n'étais pas censée avoir besoin de lui ? Je pouvais aimer passer du temps avec lui, et aimer être seule. Ce concept me semblait tout le contraire du romantisme, pas assez passionné pour moi : dans toutes mes relations amoureuses, le combustible avait été la désespérance.

La rue suivante, je me suis demandé si ce n'était pas à cause de cela que toutes ces passions s'étaient éteintes.

À la quatrième intersection, j'ai résolu de faire le point sur tout ce qui définissait Greg. Ses yeux bleus. Ses mains douces. Sa générosité. Son humour. Le fait qu'il me désirait, *moi* – pas la Julie coiffée et maquillée pour sortir, mais celle qui traînait dans la maison le dimanche matin, en pyjama et tee-shirt déchiré, avec la gueule de bois.

À la cinquième, les yeux clos, j'ai revu la dernière fois qu'il m'avait rejointe au lit à deux heures du matin, avant toute cette histoire avec Glenn. Il prenait d'abord appui sur le matelas avec la main droite, son poids me faisait basculer vers lui, sa main gauche se posait sur ma nuque, ses lèvres sur les miennes, et tandis que je tirais la couverture sur lui il m'enveloppait de ses bras tel un soldat tout juste rentré du front. Venues de nulle part, des larmes de joie pure embuaient parfois mes yeux à son arrivée.

Au sixième croisement, je me suis arrêtée.

Bunker m'a imitée en levant les yeux pour voir vers où j'allais me diriger. Il faisait de même à tous les coins de rue, s'arrêter et me regarder : je l'avais dressé à cela. Quand je m'immobilisais ainsi au coin de Nob Hill et Newton Street, il n'y avait que deux directions possibles : le terrain de football ou la maison. D'ordinaire, Bunker me tirait vers le terrain. Mais ce jour-là, il n'a pas bougé. Il a continué à me dévisager calmement, et quand j'ai hoché la tête et lancé un regard en arrière, vers la maison, il a fait demi-tour sans protester.

Je l'ai porté pour monter les marches du perron. Il m'a léché les poignets, un signe de soumission et de gratitude, et je l'ai déposé maladroitement sur le porche avant d'ouvrir la porte, espérant contre toute logique retrouver Greg toujours assis sur le futon, en train d'attendre mon retour.

Un silence total régnait dans la maison, brisé seulement par Bunker qui s'est dirigé droit vers la cuisine sur son chemin de moquette pour boire dans son écuelle. J'adorais l'entendre laper avidement l'eau et en mettre partout, sur son museau, son front, le sol. Puis le silence est retombé et je me suis précipitée à l'étage. La porte de Greg était fermée. *Faites qu'il soit là. Faites qu'il soit là. Faites qu'il soit là.*

J'ai frappé deux fois, puis deux autres encore ; pas de réponse. En poussant la porte, j'ai aperçu ses pieds croisés au bout de son lit. Il était allongé, les yeux dans le vague, enveloppé d'une aura de tristesse presque visible. Je me suis assise au bord de son matelas et j'ai tendu une main vers lui. Il n'a pas bougé. En bas, Bunker retournait à grand bruit se coucher dans ma chambre, fatigué par notre promenade.

« J'ai… Je viens de changer d'avis. »

Greg a fait de son mieux pour ne trahir aucune réaction, mais l'ombre d'un sourire est passée sur son visage. Il était en colère, il n'avait pas envie de sourire, et je trouvais irrésistible qu'il ne puisse pas s'en empêcher.

« C'est un peu un truc de pauvre conne, ça aussi, a-t-il dit.

— Je sais, je sais. J'apprends. Il faut que tu comprennes… Je n'ai pas l'habitude des mecs bien. D'avoir quelqu'un de réglo qui veut vraiment de moi. Je ne sais pas… Comment t'expliquer ? Tu n'es pas un connard. Tu es quelqu'un de bien. Gentil, et sensible. C'est nouveau pour moi. Mais j'ai besoin de quelqu'un qui reste à mes côtés pendant tout ce bordel. »

Chaque mot pesait une brique, et je me vidais, petit à petit.

« Parce que je te préviens, le bordel, c'est ma spécialité. J'en apporte partout où je vais, j'en ai plein à l'intérieur, et on ne sait jamais quand je risque de m'ouvrir et de déverser tout ce bordel horrible sur toi. Et là, tu te demanderas, mais merde, qu'est-ce que je fous avec elle ?

— Peut-être. Mais ça m'étonnerait. »

Le soulagement évident qu'il éprouvait face à mon revirement me mettait mal à l'aise, me donnant envie de fuir à nouveau. Qu'est-ce qui pouvait bien le pousser à vouloir de moi ? Il fallait que je lui montre dans quoi il se fourrait. J'ai poursuivi sur ma lancée.

« Gamine, j'ai eu des problèmes. Pas des problèmes gravissimes, mais je crois qu'ils ont vraiment foutu en l'air mon estime de moi. Et j'ai traversé des relations pas terribles, du coup, je ne vais pas très bien. »

Je voulais lui dire : *Je suis dépressive.* Le poids de ces mots rôdait sous mes paroles, de plus en plus proche de la surface.

« Une fois, j'ai essayé de sauter de la voiture de mon père en plein milieu de l'autoroute. Et une fois j'ai voulu faire croire à ma mère que j'allais me poignarder avec un couteau. J'ai pété un plomb à Manhattan. Je veux dire, vraiment. Et si j'ai survécu à l'été dernier, c'est uniquement grâce à Bunker. Je tiens à lui plus que tout, de manière anormale, parce que je suis… »

Les battements de mon cœur résonnaient jusqu'à mon crâne. Je ne savais pas pourquoi je racontais tout ça à Greg : sans doute pour qu'il ne veuille plus de moi, ou pour que notre relation puisse commencer dans l'honnêteté la plus totale.

« … argh… »

J'ai toussé un peu à cause de la salive coincée au fond de ma gorge, juste au moment de prononcer le mot fatidique.

« … dépressive. Une dépression clinique. Je suis obligée de prendre des médocs, histoire de ne pas aller me jeter du haut d'un pont sans raison apparente. En ce moment, j'essaie de découvrir pourquoi je suis comme ça et pourquoi tout ça m'est arrivé, et je vais vraiment mieux. J'adore Seattle. Je suis tellement heureuse ici. »

Je pleurais.

« Et toi, tu es tellement incroyable. Tu es comme une lumière qui vient vers moi alors que j'en ai besoin, juste quand je ne peux pas accepter. Mais je vais essayer d'accepter quand même. Si tu veux toujours de moi. Tu es tellement gentil, et doux, et drôle. Et je pense que je pourrais carrément, complètement tomber amoureuse de toi. Tu es… »

J'ai levé les yeux vers son visage : il semblait partagé entre l'envie de rire et celle de partir en courant.

« Oh, mon Dieu, je n'arrive pas à croire que je viens de dire ça. Tu dois me prendre pour une folle. Pardon. C'est juste qu'avec toi je ne ressens pas cette espèce d'amour insistant et… en fait, je ressens quelque chose de tout doux et de calme, et je me dis que je ferais peut-être mieux de suivre celui-là. Enfin, non, ne le prends pas mal, je veux dire que que ça ressemble peut-être à ça, une relation saine… »

J'aurais continué à parler pendant des heures s'il ne m'avait pas interrompue de la seule manière qu'il connaisse, en posant ses lèvres sur les miennes. Il m'a attirée contre lui avec une force que je n'aurais jamais soupçonnée, et nous étions à nouveau ensemble, nos deux corps alignés sur son matelas à même le sol ; une image m'est venue à l'esprit, celle d'une double hélice d'ADN entourée de fleurs des champs, de soleil, de hautes herbes et de papillons. Mon Dieu, c'était magnifique.

Notre premier rendez-vous officiel a eu lieu quelques jours plus tard dans un restaurant français de Pike Place Market. Greg avait proposé qu'on recommence de zéro. « *Table rase.* » Face à la deuxième chance qui m'était offerte avec cet homme, je me suis juré de ne plus jamais commettre les mêmes erreurs. Ce soir-là, j'ai remonté la Première Avenue et je l'ai aperçu au coin de Pike Street, un bouquet de tulipes à la main.

« Aux nouveaux départs, a-t-il déclaré en me le tendant.

— Aux nouveaux départs. »

Je lui ai pris la main.

En rentrant, j'ai écrit pour la première fois dans le journal intime tout neuf qui traînait sur ma table de nuit depuis des semaines.

« Ceci est mon nouveau journal. On verra bien combien de temps ça durera. Mais j'ai envie d'écrire parce que je crois que j'ai rencontré l'homme que je veux épouser. J'ai envie de le noter pour que nos enfants puissent le lire un jour. Mais c'est bizarre, parce que c'est un sentiment vraiment calme, ce que je ressens. »

DEUXIÈME HANCHE

Avril 1997

Presque un mois plus tard, la nuit précédant la seconde opération de Bunker, Greg a passé la nuit entière dans ma chambre. D'ordinaire, il retournait dans la sienne en catimini vers une heure du matin, mais j'avais besoin de réconfort et on a fini par s'endormir.

« Je crois que j'ai laissé ma porte ouverte hier soir, a chuchoté Greg quand je me suis levée. On est peut-être grillés. »

Melissa n'a fait aucune remarque, mais sa façon de dire bonjour m'a montré qu'elle savait tout.

« Ouaip, fini la comédie, ai-je glissé à Greg une fois revenue dans ma chambre.

— Chaque chose en son temps. Aujourd'hui Bunk est notre priorité numéro un. »

Je l'ai regardé caresser mon chien en essayant de ne pas imaginer le pire et de me rappeler les pensées positives qui m'avaient aidée à tenir pendant la première opération.

Greg a pris le volant et je me suis assise à l'arrière avec Bunker. Arrivé à la clinique vétérinaire, ce dernier a tiré sur sa laisse pour ne pas franchir les portes.

« Il n'est pas bête, a fait remarquer Greg.

— Tu peux nous laisser une minute ?

— Pas de problème, je vous attends à l'intérieur. »

Ma requête n'a pas eu l'air de le perturber. Greg comprenait que ma relation avec Bunker était celle de deux âmes sœurs, et il n'essayait pas d'y changer quoi que ce soit. Il n'était pas jaloux de ma dévotion envers mon chien ; au contraire, il l'admirait, et racontait à ses amis et à sa famille que j'avais un véritable don avec les chiens, que j'étais capable d'anticiper les besoins du mien de façon remarquable, et qu'il n'avait jamais rencontré un chien aussi génial que Bunker.

Je me suis assise sur le sol du parking et j'ai posé mes deux mains sur ses épaules. Les poils sur sa patte gauche avaient légèrement repoussé, doux comme du duvet.

« Tu te rappelles le truc horrible qui t'est arrivé, sans que tu comprennes pourquoi ? »

Il s'est assis face à moi et j'ai passé mes jambes autour de lui.

« Ça va recommencer, d'accord ? Ça va être horrible encore une fois, tu comprends ? Mais ensuite je t'aiderai, et Greg et Melissa et Chris aussi. Et tu vas guérir, Bunk. Tu iras tellement mieux. On pourra aller à Marymoor et *courir*. Ce ne serait pas génial, ça ? »

En entendant la joie dans ma voix, il a remué la queue. Une voiture s'est garée un peu plus loin ; la conductrice est descendue, m'a remarquée en train de communiquer avec mon chien, et nous a adressé un sourire. Les gens de Seattle sont tellement fabuleux.

« Ça va aller, d'accord ? Tu peux le faire. Prêt ? »

Il s'est levé. J'ai commencé à me diriger vers la clinique et il a hésité à nouveau avant de se résigner, la queue entre les jambes, la tête basse. La réceptionniste l'a reconnu tout de suite.

« Mais c'est Bunker ! Oh, tu es revenu ! »

Elle s'est tournée vers moi pour expliquer :

« On est tous tombés sous le charme de ce petit gars la dernière fois. Quel bon chien ! Coucou, mon grand ! »

Bunker avait toujours la queue entre les jambes, mais il l'a légèrement agitée tout en laissant échapper un son entre le gémissement et l'aboiement. Je me suis penchée à son oreille.

« Tout ira bien. »

La réceptionniste m'a pris la laisse et a franchi les portes battantes avec Bunker ; je l'ai entendue lui dire :

« Oh oui, tu es un bon chien. On est trop contents de voir que tu vas bien. Regardez, tout le monde ! Bunker est revenu ! »

Greg m'a regardée en souriant. Je n'ai pas pu lui rendre son sourire. J'en étais incapable, on m'avait pris mon chiot et il fallait attendre encore une journée de cauchemar avant de savoir s'il irait bien. La réceptionniste est revenue, radieuse et pleine de joie comme si elle m'avait volé une dose d'antidépresseurs, et j'ai fait de mon mieux pour ne pas craquer tandis qu'elle me réexpliquait les procédures à suivre et me rappelait que je recevrais un coup de téléphone vers quatre ou cinq heures avec des nouvelles de Bunker, que je pourrais récupérer dès le lendemain matin.

Je l'ai remerciée tout en adressant une prière muette à l'univers, exactement comme je l'avais fait la première fois. Il fallait que je reproduise à l'identique mon comportement lors de la première opération, et tout irait bien. Pensées positives. Patience. Que des bonnes choses. Greg m'a pris la main en retraversant le parking et je me suis sentie ébranlée, menacée. J'ai bouclé ma ceinture et essayé de me débarrasser de ce sentiment. Greg a démarré.

Plus on s'éloignait et plus la menace s'appesantissait sur ma tête. Paniquée, je me suis rendu compte que Greg n'était pas venu avec nous le jour de la première opération. J'avais tout fait seule, déposer Bunker à la clinique, le rassurer, conduire jusqu'au travail, et tout s'était déroulé à la perfection. Pourquoi avais-je laissé Greg nous emmener cette fois-ci ? Ma superstition était si profonde que j'ai éclaté en sanglots, incapable de parler, le visage dans les mains, la respiration saccadée. J'ai pleuré comme jamais je n'avais pleuré devant d'autres gens, à l'exception peut-être de mes parents et de mes thérapeutes. C'était le même genre de sanglots que dans la douche, à New York, quand je craignais pour ma santé mentale. Je ne contrôlais plus rien. Et je ne voulais pas regarder Greg, embarrassée et convaincue que quelque chose d'affreux allait se produire simplement parce que je l'avais laissé venir alors que je n'aurais pas dû. Ce matin sacré concernait Bunker et moi. Pas Bunker, moi et Greg.

Je n'ai pas remarqué tout de suite que Greg avait arrêté la voiture sur le bord de la route ; c'était une autoroute à deux voies, très empruntée, mais il était parvenu à se garer sans à-coups et à couper le moteur.

« Tout va bien se passer, a-t-il dit. Tu as vu comment ces gens l'ont accueilli ? Ils l'adorent, ils vont prendre soin de lui. »

J'ai hoché la tête sans ôter mes mains de mon visage. Je ne me voyais pas avouer à Greg que quelque chose en moi s'était ouvert à la volée – que j'avais l'impression de briser un pacte en le laissant venir avec moi pour déposer mon chiot bien-aimé à sa seconde opération odieuse et traumatisante. Je n'étais pas prête à laisser quiconque s'introduire aussi loin dans mon intimité, pas plus qu'à lui faire confiance pour ne pas s'enfuir en courant parce que sa nouvelle copine était bonne à enfermer. J'imaginais déjà toutes les horreurs qu'il pourrait dire ou faire : me traiter de folle, rester assis en silence à attendre que je me calme, puis ne pas savoir quoi dire et me laisser en plan, désolée, humiliée, avec le regret mordant de l'avoir laissé me voir dans un tel état de vulnérabilité.

Je gardais les mains plaquées sur mon visage comme si j'étais atrocement défigurée. Je ne voulais pas que la lumière revienne. Je ne voulais pas lever les yeux et voir son expression, ignorante de ce que je découvrirais. J'étais tellement plus à l'aise dans le noir, le visage à l'abri de mes paumes. C'était un endroit trop familier, trop réel, trop tentant. Greg ne parlait pas et je me gardais bien de l'y inciter, concentrée afin de retrouver une respiration régulière et de garder mes traits dissimulés. Mes mains sont devenues brûlantes, mon visage en sueur. Cinq minutes se sont écoulées, peut-être davantage, et je me suis demandé ce qui se passait. Est-ce qu'il s'était endormi ? Me fixait-il comme si j'étais un animal de foire ? À moins qu'il ne trouve pas les mots pour me signifier son dégoût ?

J'ai fini par ôter mes mains et lentement ouvrir les yeux. L'air frais sur mes joues et mon front m'a fait frissonner. J'ai regardé droit devant moi, les voitures qui nous doublaient sur la gauche, le pare-brise légèrement embué par mon haleine, avant de me tourner légèrement sur le côté, incertaine de ce que j'allais voir.

Et j'ai vu Greg, serein, patient, aimant. Il a penché la tête à droite et m'a dévisagée longuement avant de prononcer les trois mots les plus beaux qu'il m'ait été donné d'entendre :

« Je suis là. »

Et j'ai su que, quoi qu'il arrive, jamais je ne perdrais cet homme une deuxième fois.

MARYMOOR

Mai 1997

Bunker a survécu à sa seconde opération. Il m'a fait confiance pour le porter dans les escaliers pendant encore plusieurs semaines et a semblé comprendre que nos promenades s'arrêtaient momentanément pour recommencer plus tard. Il avait l'air satisfait, comme s'il se savait sauvé, comme s'il était prêt à endurer cette pénible convalescence afin de pouvoir reprendre son existence avec moi et tous ceux qui l'aimaient. Il passait des heures assis dans sa cage sans plafond, le museau posé sur le rebord de la fenêtre ouverte, heureux de voir les oiseaux se poser sur les branches du grand pin. Sa truffe tressaillait et il reniflait furieusement chaque fois qu'un chien passait à proximité. Quand les autres colocataires rentraient le soir, la première chose qu'ils faisaient était de venir saluer Bunker d'une caresse et d'un hurlement de loup, qu'il leur rendait le museau pointé vers le ciel. J'étais émerveillée par le bonheur qui émanait de lui, même avec une patte complètement rasée et des dizaines d'agrafes saillant le long des deux profondes incisions sur sa hanche. Confiné dans sa cage, Bunker savait encore passer de la contemplation la plus sereine à la joie la plus frétillante juste en sentant approcher un ami. Bien sûr, c'était encore une leçon pour moi, un enseignement par l'exemple. Il n'avait pas d'opinion sur ses hanches défectueuses ou sur sa situation inconfortable. Sa deuxième période de réclusion ne semblait pas l'affecter outre mesure. Il restait assis à observer, remuer la queue, exister. Il acceptait notre amour et notre attention, inhalait profondément, examinait avec curiosité les nouvelles odeurs qui se présentaient, puis se roulait en boule pour une longue sieste. Un modèle de comment vivre, ou je ne m'y connais pas.

Greg et moi avons avoué notre amour clandestin à Chris et Melissa, qui ont répondu en chœur :

« Ouais, on sait… »

Ce qui en dit long sur notre capacité à garder un secret. Pourtant, dès que notre relation est devenue officielle, la dynamique de la maison s'est modifiée et nous avons tous porté le deuil de l'ambiance « famille d'amis » qui nous était si chère. Il y avait à présent deux amis et un couple.

Peu après le rétablissement complet de Bunker, j'ai reçu un appel de Clay.

« Julie ? Je voulais savoir si tu voulais bien venir à mon mariage. Megan a sélectionné des robes, elle t'appellera pour discuter des tailles et tout. Ce serait génial que tu viennes. Je serais vraiment content. »

J'ai hésité avant de répondre. Le mariage n'était que dans six semaines et je me suis demandé si j'étais une invitée de dernière minute, si ma mère avait insisté pour que Clay m'appelle. Quoi qu'il en soit, cette demande était une étape décisive.

« Oui, avec plaisir », ai-je répondu, et j'ai senti que c'était la meilleure chose à dire.

J'ai proposé à Greg de venir avec moi dans l'Ohio pour la cérémonie. Toute ma famille l'a adoré, commentant sans ambages que j'avais fini par devenir raisonnable et choisir un homme bien. Aurora et Bob, eux, le considéraient déjà comme un membre de la famille.

Le jour du mariage, je me rappelle avoir observé le photographe en train d'immortaliser mon frère, flanqué de part et d'autre par mes parents qui lui tenaient chacun une main. Souriant, il les dominait de son mètre quatre-vingt-dix. Les larmes me sont montées aux yeux : mes parents avaient leurs défauts, mais ils faisaient de leur mieux pour aimer. Ils avaient volé à mon secours quand ma situation émotionnelle était devenue critique. Comment leur dire que, en dépit de tout, leur dévotion envers moi pendant ces semaines cauchemardesques m'avait sauvé la vie ? Que leur foi en moi était ce qui m'avait permis de finalement apprendre à m'aimer ? Le photographe a fait une pause entre deux clichés et Clay a inspiré profondément. Il était adulte à présent. Marié. Mais, peut-être pour la première fois, je distinguais le petit garçon au fond de lui, les blessures qui saignaient juste sous sa peau, ses complexes d'infériorité, le vide laissé par son père aimant mais absent, son incapacité à parler avec sa mère, sa peur de ne pas être à la hauteur de sa sœur et la colère qui en résultait. J'ai compris qu'il avait trouvé du réconfort auprès de ses meilleurs amis, une bande de garçons du lycée qui étaient devenus comme ses frères et qui l'ont aimé et soutenu, tout en buvant je ne sais combien de bières, depuis maintenant près de trente ans. Dans son désespoir, Clay s'était constitué sa propre petite famille d'amis, et j'ai ressenti une immense tendresse envers eux tous, souriants devant l'objectif du photographe. L'allégresse communicative du mariage y était sans doute pour quelque chose ; mais, surtout, je crois que j'ai commencé à comprendre mon frère et les moyens dont il avait usé pour supporter les douleurs de l'enfance.

Les mauvais traitements de mon frère n'ayant rien à voir avec moi, il me restait à essayer, encore et encore, de ne pas en supporter les conséquences dans mon esprit. Cela allait devenir pour moi un exercice de tous les instants et pour le restant de mes jours : ne pas penser d'horreurs sur mon propre compte, ne pas tirer de conclusions hâtives, négatives, catégoriques et chagrines à propos de la moindre de mes actions. Je passerai toute ma vie à combattre ma haine de moi-même, une discipline dont Bunker a été le premier – et le plus influent – de mes professeurs, toujours heureux et débordant d'amour pour moi en toute circonstance. Quelle que soit mon apparence, mon humeur, mon énergie, mon odeur, il m'aimait sans retenue, au-delà de toute mesure, et je le lui rendais bien. Je l'avais sauvé ; nous nous étions sauvés mutuellement. Son amour inconditionnel m'a enseigné comment puiser en moi de l'amour-propre pur, empathique. Il m'a fallu du temps, parce que la guérison se trouve souvent au bout d'un chemin tortueux et interminable, mais avec la méditation, les médicaments, la thérapie, mes amis, l'amour de Greg et énormément d'écriture, j'ai fini par me rendre compte que la petite fille innocente au plus profond de moi, celle qui adorait les animaux, ne cherchait qu'à aimer, à être aimée, et qu'il ne serait jamais trop tard pour réaliser ces deux rêves.

Deux mois après la seconde opération, Bunker et moi avons pris la voiture pour nous rendre à Marymoor. C'était notre première visite là-bas depuis l'incident avec mes parents et Aurora, depuis la chute fatidique de Bunker. Quand j'ai quitté l'autoroute pour m'engager dans la rue du parc, il a commencé à s'agiter et à aboyer.

« On y est presque, mon grand. »

Je me suis garée sur le parking en riant.

Bunker a jailli de la voiture comme un ressort, parcouru une demi-douzaine de mètres à toute vitesse, puis s'est retourné afin de vérifier que je le suivais. J'essayais laborieusement de verrouiller la portière. J'ai glissé les clés dans la poche à fermeture Éclair de mon blouson. Il courait en rond et aboyait, impatient. Sa manière de m'aimer, si complète, limpide et sans exception, me rappelait chaque jour d'essayer d'offrir ce même amour aux autres et à moi-même. Chaussée de mes tennis, j'ai couru vers lui et il s'est élancé de toute la vitesse que ses hanches bioniques lui permettaient – il n'était pas très rapide, juste assez lent pour que je puisse me maintenir à son rythme, derrière lui, et regarder ses nouvelles hanches légèrement rigides faire leur travail. Il ne courrait jamais comme un chien normal, et je ne l'en aimais que davantage : ses deux pattes arrière penchaient vers la gauche, mais ça ne l'empêchait pas de cavaler de toutes ses forces, de bondir par-dessus les branches, la langue pendante, insouciant comme je ne l'avais jamais vu. En arrivant au bord du ruisseau, il s'est arrêté, m'a contournée trois fois, et a lancé son hurlement caverneux de loup sauvage. Je me suis agenouillée à ses côtés, la main sur ses oreilles soyeuses, et j'ai murmuré :

« Non, mon ange. Merci à toi. »

Épilogue

Encore quelques petites choses que vous devriez savoir

Quatre ans après cette course à Marymoor, Greg et moi avons célébré notre mariage dans une toute petite église au milieu des bois de San Juan Island. Mon père m'a conduite à l'autel et, au dernier moment, j'ai demandé à Clay d'être garçon d'honneur, ce qu'il a gracieusement accepté. Il a même mis un smoking, tout comme Bunker, qui était notre porteur d'alliances officiel : Melissa l'a mené le long de l'allée centrale avec une laisse bleu clair ; il s'est assis à côté de moi tandis que je jurais à Greg un amour éternel. Nous sommes mariés depuis quinze ans aujourd'hui, et cela n'a pas toujours été facile, mais il est encore là, je suis toujours amoureuse et je sais apprécier la valeur de sa nature calme, son sang-froid et sa solidité. Nous avons deux filles merveilleuses, dont l'une a hérité de ses yeux bleus et l'autre d'un vert somptueux, couleur des forêts, la combinaison parfaite de nos deux teintes. Ces filles sont nos rayons de soleil.

Avant notre mariage, en 2000, Chris nous a organisé une fête de fiançailles dans son appartement de Belltown, près du centre-ville de Seattle, avec un film magnifique résumant nos quatre années ensemble, en tant que couple et en tant que groupe d'amis. Ce soir-là, Chris a emmené Melissa dormir dans la maison de ses parents et ils se sont embrassés pour la première fois. Lorsqu'elle m'a appelée le lendemain matin pour me mettre au courant, j'ai crié si fort que j'ai probablement brisé quelques fenêtres au nord de Seattle… Ils se sont mariés deux ans après nous, et la réception a eu lieu dans un restaurant au bord de Lake Union d'où l'on voyait notre ancienne maison, rebaptisée « The Love Shack », puisqu'elle nous avait si tendrement hébergés et offert de nouvelles amours et de nouvelles vies. Melissa et Chris ont maintenant trois fils, et vivent à Los Angeles. Nous nous rendons visite à la moindre occasion.

En ce qui concerne ma dépression : il m'est arrivé à de nombreuses reprises de penser que je n'étais plus dépressive, et que je n'avais plus besoin de médicaments. J'ai essayé d'arrêter les antidépresseurs quatre ou cinq fois, et je ne tiens pas plus de six mois avant de devoir recommencer à les prendre. Je me sens replonger dans les ténèbres, et c'est insupportable. J'espère avoir suffisamment bien décrit dans cette histoire ce mur qui emprisonne mon esprit, cette noirceur absolue, cette voix qui m'ordonne d'en finir à tout jamais. Une fois, quand j'ai recommencé à prendre mon traitement, cela n'a pas fonctionné et j'ai dû changer en urgence. Cette expérience terrifiante m'a montré qu'il est stupide de vouloir se passer d'antidépresseurs. À quoi bon ? Quel intérêt aurais-je à jouer avec ma vie ? Je me rappelle le discours du présentateur télé Mike Wallace, dans lequel il disait qu'il ne pourrait jamais se passer de médicaments ISRS, et qu'il était reconnaissant à ceux qui les avaient créés car sans eux il aurait depuis longtemps mis fin à ses jours. Je ne saurais pas mieux dire. Ces antidépresseurs sont pour moi aussi essentiels que l'eau. Aux neurobiologistes qui ont inventé les ISRS, merci. Je vous dois la vie.

J'ai posé des questions à Clay sur certains des incidents survenus pendant notre enfance : il m'a répondu qu'il se souvenait de quelques-uns, pas de tous, mais qu'il me croyait et qu'il était désolé. Ses excuses ont été à la fois sincères et un peu décevantes. Elles n'effaçaient pas le passé. Quand je le vois aujourd'hui, je sais qu'il n'est plus le même qu'à cette époque ; moi non plus je ne suis plus la même. C'est un homme bien, un mari et un père aimant. Il s'en sortira. Moi aussi. J'ai pardonné à Clay, mais je veux m'assurer que mon histoire ne sera pas oubliée. Trop de frères et sœurs se font du mal ; la violence fraternelle est l'une des formes de maltraitance les moins sanctionnées. Les parents disent souvent qu'il est normal pour des frères et sœurs de se battre, et même si une part d'agressivité entre eux est inévitable, les parents devraient connaître des moyens d'intervenir et de stopper l'escalade de la violence avant qu'elle ne dégénère. La violence physique et les insultes ne devraient jamais être autorisées. On ne devrait jamais laisser un enfant intimider, torturer ou frapper ses frères et sœurs, parce que les conséquences physiques et émotionnelles de cette maltraitance peuvent affecter toute une vie.

Bunker est décédé en 2007. Tout au long de sa vie extraordinaire, j'ai redouté le moment où il devrait me quitter, au point de pleurer avec lui sur le perron de ma maison alors qu'il n'avait que six ans, juste parce que je savais qu'il en était à la moitié de son espérance de vie. Nous avions déménagé dans le Connecticut en 2000 pour le poste d'enseignant-chercheur de Greg, puis à Berkeley en 2005 lorsqu'il avait obtenu un poste de professeur. Bunker avait alors neuf ans, et son visage tout entier avait blanchi sous l'action du temps, mais il était encore en pleine santé. En 2006, je l'avais emmené chez le vétérinaire pour un bilan complet, et tout semblait en excellent état.

En avril 2007, notre fille aînée avait deux ans et j'étais enceinte de sept mois. On venait d'acheter une maison, et peu après avoir emménagé Bunker avait pris l'habitude de dormir dans la chambre de notre fille, comme s'il avait compris qu'elle faisait souvent des cauchemars. Il s'était ménagé un nid douillet au milieu des peluches et passait chaque nuit à veiller sur elle, mû comme toujours par son instinct de guérisseur. Un matin, en allant la réveiller, j'ai découvert une étrange tache de sang près de l'endroit où Bunker dormait.

Cette période coïncidait avec une alerte sur la nourriture pour animaux : certains produits élaborés en Chine avaient empoisonné de nombreux chiens et causé leur mort par hémorragie interne. J'ai immédiatement pris rendez-vous avec le vétérinaire pour le jour même, et j'y suis allée pendant que ma fille était à la crèche. Le vétérinaire a emmené Bunker faire une radio de l'abdomen, puis il me l'a rendu en disant qu'il devait examiner les clichés. Je m'attendais à une fausse alerte. Après tout, j'avais tant pris soin de Bunker tout au long de sa vie que la plupart des consultations le déclaraient en pleine santé, tout en me prouvant que je me faisais trop de souci.

Mais cette fois, le médecin m'a appelée dans une salle de consultation différente.

« J'ai de mauvaises nouvelles. »

Quelque chose s'est brisé en moi. Le sang a afflué à mon visage et j'ai pensé, *Non, non, non.*

« Dans le coin de la radio, ici, on voit que ses poumons sont presque entièrement recouverts de tumeurs cancéreuses. »

Non, non, non, non. Il avait onze ans. Je n'étais pas prête à le perdre. J'étais une jeune mère. J'avais besoin de son soutien, de sa constance. J'avais besoin de lui.

Après avoir quitté le vétérinaire, j'ai appelé ma mère. Je l'ai appelée en premier parce qu'elle est toujours là pour moi. Toujours. Elle a décroché et j'ai éclaté en sanglots pareils à ceux de New York. Des sanglots terribles, monstrueux.

« Bunker a un cancer. Le véto ne lui donne que six à huit semaines. Bunker va mourir, maman !

— Oh, mon Dieu. »

Et dans sa voix j'ai entendu des larmes.

Ensuite, j'ai appelé Greg. Le monde entier vibrait sous le choc de cette sentence, mais il fallait déjà que je me reprenne en main et que j'aille chercher ma fille de deux ans à la crèche, cette magnifique petite fille que je devais protéger et aimer. Peut-être Bunker s'en rendait-il compte. Peut-être pensait-il que sa mission était accomplie. Il avait pris soin de moi et m'avait laissée prendre soin de lui jusqu'à ce qu'il sache que je m'en sortirais, et maintenant il commençait à lâcher prise.

Les nuits suivantes, je me réveillais en pleurant. Bunker avait recommencé à dormir auprès de moi, parce que je le lui avais demandé, et je gardais une main posée sur son dos comme je l'avais fait quand il était chiot et après son opération : je voulais sentir sa respiration. J'ai passé des jours à pleurer à torrents. Une nuit, Greg m'a entendue et est venu se blottir contre moi.

« Oh, Julie, ma chérie. »

Ensemble, nous avons fait face à cette possibilité inimaginable : le décès de Bunker.

« Bunker, a murmuré Greg à mon oreille, quel bon chien ! »

Il est mort dix jours après le diagnostic. Le vétérinaire m'avait prévenue que, s'il devenait léthargique et commençait à respirer vite et laborieusement, il faudrait que je le fasse piquer. Le neuvième jour, tous ces symptômes étaient réalité. J'ai emmené Bunker à la clinique, et ils nous ont guidés jusqu'à une salle faiblement éclairée, avec une couverture étalée au sol.

Mais je n'ai pas pu, j'avais besoin d'une dernière nuit avec lui.

« Juste une nuit, ai-je supplié. S'il vous plaît. Vous croyez qu'il tiendra encore une nuit ? »

Le médecin m'a avertie que ce qui se tramait dans le corps de Bunker était grave. Les organes commençaient à lâcher les uns après les autres, et il avait vu des chiens imploser sous la pression et mourir dans d'atroces souffrances qui auraient pu être évitées.

« Mais je ne peux pas. Je ne peux pas lui dire adieu maintenant. Je reviendrai avec lui demain. »

Je me sentais égoïste et déraisonnable en quittant la clinique. Je ne voulais en aucun cas voir souffrir Bunker, mais je ne me sentais pas capable de vivre sans lui. Il me restait vingt-quatre heures pour apprivoiser l'idée de son départ. Vingt-quatre heures pour lui dire adieu. Greg s'est occupé de notre fille pendant que je passais la journée au lit avec Bunker, en larmes, et que je lui demandais de continuer à veiller sur moi.

« S'il te plaît, mon grand. Tu me montreras que tu es toujours là ? Par n'importe quel moyen. Montre-moi que je ne suis pas seule. Merci d'avoir passé ta vie avec moi. Merci mille fois de m'avoir aidée à guérir, de m'avoir aidée à comprendre que je pouvais devenir quelqu'un de meilleur, que je pouvais survivre et me construire une belle vie, que choisir un homme bien était la meilleure décision possible. Merci de m'avoir montré que je n'étais pas si cassée que ça. Que j'étais capable de guérir. »

Bunker semblait absent, les yeux dans le vague. Puis j'ai placé mon visage en face du sien et il m'a reconnue. Sa queue a remué faiblement. Mon chiot. Mon ange gardien.

Le lendemain matin, Greg est allé acheter le meilleur steak qu'il puisse trouver et l'a fait griller sur le barbecue dans le jardin. J'ai aidé Bunker à descendre le perron. Il était si faible qu'il ne tenait pas debout, et il a fini par se laisser tomber dans l'herbe, les pattes écartées, l'air chagrin.

« Il faut partir, Bunk. Je vais m'en sortir. Je te le promets. Tu as fait tout ce qu'il fallait. Tu m'as guérie, et tu as aidé tellement d'autres gens. C'est toi qui m'as sauvée, tu sais ? »

Sa vieille truffe bosselée a reniflé l'odeur de son dernier repas. Greg a soigneusement découpé le steak en petits morceaux qu'on lui a donnés un par un, assis de part et d'autre de lui. Notre chien. Il nous restait trente minutes avant l'euthanasie. J'ignorais complètement si j'aurais la force de l'emmener. J'avais trente-trois ans, j'étais mariée, avais un jeune enfant et étais enceinte d'un deuxième, mais je n'imaginais pas l'existence sans Bunker. C'était impossible.

Greg a arrêté la voiture en face de la clinique. Bunker a refusé de descendre, résistant de toutes ses forces, et je me suis mise à pleurer. Parce que je savais qu'il fallait que je le fasse, et lui aussi. Il fallait qu'il m'abandonne. Et je craignais d'être en train de faire une erreur, mais les mots du médecin, *les organes implosent*, jouaient en boucle dans ma tête tel un mantra terrifiant. Je devais protéger mon chien de toute cette douleur, le soutenir pendant sa mort comme il m'avait soutenue tout au long de notre vie.

Au moment où le vétérinaire a planté la seringue dans sa patte, quand son âme s'est envolée, tout a changé de couleur. La lumière semblait différente. Recroquevillée sur mon énorme ventre, j'ai sangloté au-dessus de son corps inerte. Le médecin nous a laissés, Greg et moi, faire nos adieux. J'ai posé mon front contre celui, sans vie, de Bunker.

« Merci. Merci. Merci. Merci pour tout, mon amour. Tu vas tellement me manquer. Merci. Merci pour ma vie. Tu seras toujours mon ange. »

Quand, en rentrant de la crèche cet après-midi-là, nous avons annoncé à notre fille que Bunker était monté au paradis, elle m'a regardée droit dans les yeux avec ces lagons jumeaux hérités de son père et demandé :

« Qui va me protéger des monstres ? »

J'avais envie de poser la même question. Moi aussi, j'avais besoin de lui pour me protéger des monstres. Mais il m'avait appris que j'étais capable de me défendre toute seule, de choisir d'être positive, de choisir la lumière. Et même d'aider les autres à se soigner. Alors j'ai rendu son regard à ma fille, je lui ai pris les mains et j'ai répondu :

« Papa et moi, on va te protéger, ma douce. On sera là pour toi, chaque jour de ta vie. »

Un an plus tard, alors que l'anniversaire de notre deuxième rayon de soleil approchait, j'ai décidé qu'il était temps de disperser les cendres de Bunker dans l'océan. Il adorait nager librement, et je voulais que son âme s'élève dans les cieux. En toute honnêteté, je voulais que son esprit soit suffisamment libre pour pouvoir me revenir. Je voulais un signe me prouvant qu'il n'avait pas disparu pour de bon.

Je me suis rendue à Santa Cruz avec trois autres amies qui voulaient elles aussi jeter quelque chose dans l'océan, quelque chose qui nous tenait énormément à cœur, quelque chose dont il nous fallait nous séparer si nous voulions nous rétablir. L'une d'elles, tout juste sortie d'un douloureux divorce, a jeté un pendentif en forme de cœur dans la mer, derrière les brise-lames. Une autre s'est débarrassée d'un talisman de Ganesh, espérant peut-être un avenir plein de promesses et d'amour. Quant à moi, je me suis aventurée aussi loin que possible dans l'eau, serrant l'urne contre ma poitrine. Le jean trempé, le tee-shirt mouillé jusqu'à la poitrine, j'ai déclaré :

« Bunker, où que tu sois, saches que je suis là, je t'aime toujours, et je n'ai pas oublié ce que tu as fait pour moi. Je vais bien, mais parfois j'ai vraiment besoin de toi, et j'ai besoin de savoir que tu es toujours près de moi, quelque part. Comment est-ce que je peux en être sûre ? »

Il me fallait un signe. Dormir avec ses cendres sur ma table de nuit ne m'avait pas donné les rêves magiques et les apparitions miraculeuses que j'attendais.

J'ai pris mon élan et jeté l'urne tout entière aussi loin dans le Pacifique que j'ai pu. À la seconde où j'ai lâché prise, les regrets m'ont assaillie. Je ne voulais pas laisser partir Bunker. J'ai lutté contre l'envie d'aller la récupérer à la nage : l'eau était glacée, et puis j'avais pris ma décision. Une fois de retour sur la plage, j'ai pleuré, incertaine. Une de mes amies a pointé le doigt vers la mer.

« Regarde ! Elle revient ! »

J'ai levé les yeux et vu l'urne qui dansait sur l'eau, poussée vers la rive par les vagues. La lune attirait la marée vers nous, vers moi, de plus en plus proche. L'urne s'est échouée sur le sable et mon amie est allée la ramasser. Elle l'a posée à mes pieds et je l'ai serrée contre moi, trempée et couverte de sable, en pleurant. Et j'ai ri à travers mes larmes parce que Bunker était revenu vers moi, et s'appuyait contre mes jambes pour me dire que tout irait bien, qu'il serait toujours là, avec moi, et qu'un amour comme le nôtre ne meurt jamais.

Julie et Bunker en 2007.

Remerciements

Je voudrais remercier Adam Wahlberg de Think Piece Publishing pour avoir été mon champion et mon éclaireur lors de l'écriture de *Dog Médecine*. Adam, travailler avec toi revient à travailler avec un ami – un ami brillant et intrépide. Merci mille fois d'avoir cru en mon histoire et d'avoir embarqué avec moi sur ce chemin.

Une gratitude immense à mon mari bien-aimé, Greg, sans qui rien de tout cela n'aurait été possible. Greg, merci de m'avoir aidée à ménager un espace et à trouver le temps pour écrire. C'est toi qui m'as le premier encouragée à écrire sans prêter attention au reste, et je t'en suis éternellement reconnaissante. Merci d'avoir essuyé mes larmes et ri avec moi dans les moments difficiles. Il n'y a rien au monde qui me soit plus cher que l'étincelle dans tes yeux quand tu es sur le point de rire.

À nos filles Rachel et Lucy, je vous aime. Souvenez-vous de toujours dire votre vérité. Gardez votre cœur ouvert. Et soyez sûres que, tout comme votre grand-mère a toujours été là pour moi, je serai à vos côtés à chaque seconde où vous aurez besoin de moi. C'est ainsi que fonctionnent les femmes de notre famille : en étant présentes les unes pour les autres. Rachel, merci pour ta musique, elle est tout simplement sublime ; Lucy, merci de m'avoir appris à quel point il est précieux de savoir entrer dans une pièce avec un sourire optimiste.

À mon frère, que j'aime, merci de m'avoir donné ton accord pour ce récit et d'avoir eu le courage, si difficile que cela ait pu être, d'offrir cette histoire au monde. Tous mes lecteurs qui connaissent le véritable « Clay » savent qu'il est devenu avec l'âge quelqu'un d'aimant, d'attentif, de drôle et de généreux. Je te dois beaucoup, mon frère, d'avoir accepté de partager notre cheminement douloureux. Je crois que cela aidera bien des gens.

À ma mère et mon père, qui m'ont sauvé la vie tant de fois (vous vous souvenez du jour où j'ai voulu savoir ce qui arriverait si j'enfonçais un cintre dans une prise électrique ?), je vous aime au-delà de toute expression. Vous avez toujours été là pour moi, et vous l'êtes encore. Je suis consciente de ma chance, et heureuse que vous soyez mes parents.

À Brigid et Rob Robinson, merci de m'avoir poussée depuis le début à réaliser mon rêve. À Doug et Sue Barton, merci de m'avoir inspiré l'écriture d'un livre que vous voudriez lire un jour. Plus encore, merci à chacun de vous d'avoir élevé notre Greg.

À Marcia Jimenez, merci de m'avoir montré que mon lien avec la nature et les animaux n'était ni bizarre ni honteux. À Rich, Adriane et Corinne, je vous adore. Merci de m'avoir acceptée comme l'une des vôtres. Cela m'a apporté tellement de réconfort, à un moment de ma vie où j'en avais vraiment besoin. Ross, tu es le meilleur frérot-cousin qu'on puisse rêver.

À mamie et papy Hill, je vous aime et je sens votre présence auprès de moi. Je garde une photo de vous à côté de mon bureau. Merci pour mon père adoré. Vous avez élevé un être humain extraordinaire.

À mamie et papy Houdek, merci de m'avoir montré à quoi ressemble une vraie famille. Dans tous les aléas de la vie, les hauts, les bas, les surprises et les déceptions, j'ai toujours pu compter sur l'odeur de votre maison et les pains tressés et les spritz de mamie. Merci pour la force de toutes les femmes de la famille. Linda, Rich, Angie et Tina, merci d'avoir partagé avec moi votre amour des chiens. Je vous aime tous.

À Tom, Whitney, Mele, Koa et Nanea, merci pour votre soutien. Whitney, ton aide m'a été infiniment précieuse à la fin de ce processus et je ne l'oublierai pas.

À la famille que j'ai choisie : Erik et Michelle. Vous avez été les seconds parents de Bunker. Merci à toi, Michelle, de m'avoir appris ce qu'est l'amitié vraie. Erik, tu es une véritable inspiration, et je te voue une admiration sans bornes. Négocier les premières années de ma vie d'adulte à vos côtés a été l'une de mes plus grandes chances. Henry, Ben et Shane : je vous aime, les garçons. Je suis fière de vous. Otto et Dudley, vous êtes géniaux.

À mes sœurs du Vermont College of Fine Arts, Dawn Haines et Robin Oliveira : je vous adule toutes les deux. Dawn, ce livre n'aurait jamais vu le jour sans ton œil attentif, tes corrections soigneuses et ta connaissance de la phrase et de la structure. Merci pour ton expertise et ton amitié. Robin, merci d'avoir tracé le chemin et de m'avoir inspirée avec tes livres fabuleux, ton talent immense et ton soutien sans faille. Merci également d'avoir répondu au téléphone et accéléré mon retour au calme pendant mes crises de larmes hystériques – plus d'une fois.

Merci à Lisa Grantham. Merci pour ton amitié et pour avoir bâti le lien entre Adam Wahlberg et moi. Je t'en serai toujours reconnaissante. Merci aussi d'affirmer que les amis casaniers sont de tout aussi bonne compagnie que ceux qui sortent sans arrêt.

À Robin MacArthur et Anne Kelley Conklin pour vos corrections attentives, vos paroles sensées et votre gentillesse. À Karen Lynch pour avoir pris le temps de m'aider à modeler cette histoire quand elle n'en était encore qu'à ses balbutiements, m'avoir encouragée et avoir pavé mon chemin.

À tous mes professeurs de Kenyon College, Southern Connecticut State University (SCSU), Vermont College of Fine Arts et Esalen Institute : P.F. Kluge, Tim Parrish, Vivian

Shipley, Rosalyn Amenta, Sue William Silverman, David Jauss, Larry Sutin, Pamela Painter, Laurie Alberts, Steve Almond, Cheryl Strayed, Pam Houston, Samantha Dunn et Alan Heathcock – merci pour votre sagesse, vos encouragements et votre inspiration. Aux gens des sections d'Études féminines et de Lettres de SCSU, merci de m'avoir soutenue. Je vous dois tant. Aux merveilleuses personnes du Vermont College of Fine Arts, vous avez créé une oasis de sécurité, de créativité et de génie. Merci de m'avoir aidée à intégrer votre merveilleux programme. Il a changé ma vie.

À tous les écrivains d'Esalen : je vous adore tous jusqu'au bout des ongles. Merci et amitiés à Lisa Russ, Melanie Simonich, Karen Lynch, Amy Sterne, Amy Kortuem, Lalé Shafaghi, Hilary Tellesen et Sarah Pape.

Immense gratitude envers cette chère Laurie Wagner et toutes les belles âmes qui vident leur cœur sur le papier autour de sa table sacrée des 27 Powers : continuez à écrire aussi mal que possible, l'écriture la plus sublime finira par émerger.

À Illana Berger, mon enseignante : vous avez été la première adulte à vraiment confirmer que mon lien avec la nature était un don. Merci pour votre sagesse sans faille, votre amitié et votre amour. À Jennifer Brault pour ton amitié. Je t'aime, ma sœur spirituelle. À mon groupe de femmes sacrées : je vous adore. Merci d'avoir pris avec moi le risque d'être à cent pour cent honnêtes les unes avec les autres.

À mes amis du Piémont, merci pour votre soutien et votre enthousiasme, et merci de m'avoir rejointe en cours de route. Je ferais bien une liste, mais j'ai trop peur d'oublier quelqu'un. Vous vous reconnaîtrez.

À Ryan Scheife, qui a pris une photo vieille de seize ans et l'a transformée en la couverture de livre la plus saisissante que j'aie jamais vue. Waouh ! Merci. Ta patience et ton talent sont inimitables.

À tous les chiens qui ont précédé : Bunker premier du nom, Sam, Midnight, Ebony, Blarney, Cinder, Bogey, Rocky et Ben. Vous êtes tous des anges.

À Bunker. Merci. Tu me manques. Je t'aime. Ce livre est pour toi. Tu as apporté tant de guérison dans la vie de tant d'êtres. Je t'emmène partout où je vais, toujours. Parfois je passe de vieilles vidéos de toi juste pour entendre ton hurlement. Merci de m'avoir aimée si complètement, Bunk-a-doo. Tu m'as tout appris.

Enfin, à mon chien actuel, Jackson, un corniaud de refuge qui, à huit ans, est toujours aussi infatigable qu'un chiot. Même si tu n'es pas le remède canin dont j'ai l'habitude – même si tu es parfois extrêmement casse-pieds –, tu apportes ta propre forme de guérison. Merci d'avoir passé tant de temps dans le panier à gauche de mon bureau pendant que j'écrivais cette histoire. Je sais que tu m'as aidée par magie. Tu es un bon chien. Je t'aime. Promenade ?

l'esprit d'ouverture

Collection dirigée par Fabrice Midal

Shawn Achor
Comment devenir un optimiste contagieux, 2012
Choisir l'optimisme. Comment être heureux par mauvais temps, 2015

Karen Armstrong
Compassion. Manifeste révolutionnaire pour un monde meilleur, 2013

Bashô, Issa, Shiki
L'Art du haïku. Pour une philosophie de l'instant, 2009

Tal Ben-Shahar
L'Apprentissage du bonheur. Principes, préceptes et rituels pour être heureux, 2008
L'Apprentissage de l'imperfection, 2010
Apprendre à être heureux. Cahier d'exercices et recettes, 2010
Choisir sa vie. 101 expériences pour saisir sa chance, 2014

Andrew Bienkowski
Le Grand-Père et le Veau. Leçons de vie et d'espoir, 2012

Tara Brach
L'Acceptation radicale, 2016

Dr Michael Breus
Quand ? Faites votre révolution chronobiologique et réalisez pleinement votre vie, 2017

David Burns
Bien ensemble. Comment résoudre les problèmes relationnels, 2010

Dana Caspersen

Reprendre la conversation. 17 principes pour sortir du conflit et se faire entendre, 2016

Yu Dan

Le Bonheur selon Confucius. Petit manuel de sagesse universelle, 2009

Le Bonheur selon Tchouang-tseu, 2015

David Deida

L'Urgence d'être. Zen et autres plaisirs inattendus, 2009

Norman Doidge

Les Étonnants Pouvoirs de transformation du cerveau. Guérir grâce à la neuroplasticité, 2008

Guérir grâce à la neuroplasticité. Découvertes remarquables à l'avant-garde de la recherche sur le cerveau, 2016

Stefan Einhorn

L'Art d'être bon. Oser la gentillesse, 2008

Robert Emmons

Merci ! Quand la gratitude change nos vies, 2008

Les Fehmi et Jim Robbins

La Pleine Conscience. Guérir le corps et l'esprit par l'éveil de tous les sens, 2010

Erich Fromm

L'Art d'aimer, 2015

Gerd Gigerenzer

Le Génie de l'intuition. Intelligence et pouvoirs de l'inconscient, 2009

Dr Michael Greger et Gene Stone

Comment ne pas mourir. Les aliments qui préviennent et renversent le cours des maladies, 2017

Christopher Hitchens

dieu n'est pas Grand. Comment la religion empoisonne tout, 2009

Russell Jacoby

Les Ressorts cachés de la violence. D'Abel et Caïn à nos jours, 2014

Ursula James

La Source. Manuel de magie quotidienne, 2012

Jia Jiang

À l'épreuve du non. 100 jours d'un désopilant combat pour surmonter la peur du rejet, 2017

Thupten Jinpa

N'ayons plus peur. Oser la compassion peut transformer nos vies, 2016

Dan Josefsson et Egil Linge

Du premier rendez-vous à l'amour durable. Identifier ses problèmes relationnels, se libérer de l'insécurité affective, vaincre la peur de l'engagement et construire enfin une relation durable, 2012

Jack Kornfield

Bouddha mode d'emploi, 2011

Une lueur dans l'obscurité. Comment traverser les temps difficiles grâce à la méditation, 2013

La Sagesse du cœur. La méditation à la portée de tous, 2015

Satish Kumar

Tu es donc je suis. Une déclaration de dépendance, 2010

John Lane

Les Pouvoirs du silence. Retrouver la beauté, la créativité et l'harmonie, 2008

Martha Lear

Mais où sont passées mes lunettes ? Comment gérer au quotidien les petits troubles de la mémoire, 2009

Roberta Lee

SuperStress. La solution, 2011

Takanori Naganuma

Prendre soin de son intestin. La méthode japonaise pour ouvrir les voies de l'intuition, retrouver l'énergie vitale et renouer avec le moi profond, 2016

Dzogchen Ponlop Rimpoché

Bouddha rebelle. Sur la route de la liberté, 2012

Richard David Precht

Qui suis-je et, si je suis, combien ? Voyage en philosophie, 2010

Amour. Déconstruction d'un sentiment, 2011

L'Art de ne pas être un égoïste. Pour une éthique responsable, 2011

Pourquoi j'existe ? Et autres leçons de philosophie pour les enfants curieux, 2014

Todd Rose

La Tyrannie de la norme, 2017

Mark Rowlands

Le Philosophe et le Loup. Liberté, fraternité, leçons du monde sauvage, 2010

Gretchen Rubin

Opération Bonheur. Une année pour apprendre à chanter, ranger ses placards, se battre s'il le faut, lire Aristote… et être heureux, 2011

Sharon Salzberg

Apprentissage de la méditation. Comment vivre dans la plénitude, 2013

L'Amour qui guérit, 2015

Brenda Shoshanna

Vivre sans peur. Sept principes pour oser être soi, 2011

Adam Soboczynski

Survivre dans un monde sans pitié. De l'art de la dissimulation, 2011

Carlo Strenger

La peur de l'insignifiance nous rend fous. Une quête de sens et de liberté pour le XXIe siècle, 2013

Le Mépris civilisé, 2016

Scott Stossel

Anxiété. Les tribulations d'un angoissé chronique en quête de paix intérieure, 2016

Chade-Meng Tan

Connectez-vous à vous-même. Une nouvelle voie vers le succès, le bonheur (et la paix dans le monde), 2014

Thich Nhat Hanh

Prendre soin de l'enfant intérieur. Faire la paix avec soi, 2014

Vivre en pleine conscience : manger, 2016

Vivre en pleine conscience : s'asseoir, 2016

Vivre en pleine conscience : marcher, 2016

Vivre en pleine conscience : aimer, 2016

Peter M. Wayne

Taï-chi : la méditation en mouvement. Une approche scientifique pour un art millénaire, 2014

Composition et mise en pages
Nord Compo à Villeneuve-d'Ascq

MIXTE
Papier issu de
sources responsables
FSC® C003309
FSC
www.fsc.org

Cet ouvrage a été achevé d'imprimer en avril 2017
dans les ateliers de Normandie Roto Impression s.a.s.
61250 Lonrai (Orne)
N° d'impression : 1700715
Dépôt légal : mai 2017

Imprimé en France